X. Schriftstellerkongreß der DDR
24.–26. November 1987

Arbeitsgruppen

X. Schriftstellerkongreß

der Deutschen Demokratischen Republik

Arbeitsgruppen

Schriftstellerverband
der Deutschen Demokratischen Republik
Aufbau-Verlag Berlin und Weimar

Schriftstellerkongreß der DDR
⟨10, 1987, Berlin, DDR⟩:
X. [Zehnter] Schriftstellerkongreß der Deutschen Demokratischen Republik : [24.–26. Nov. 1987]; Arbeitsgruppen. – 1. Aufl.
Berlin ; Weimar : Aufbau-Verl.; Berlin : Schriftstellerverband der DDR, 1988. – 307 S.
NE: HST

1. Auflage 1988
Alle Rechte vorbehalten
Printed in the German Democratic Republic
Einbandgestaltung Sibylle Juraschek
Lichtsatz INTERDRUCK Graphischer Großbetrieb Leipzig – III/18/97
Druck und Binden LVZ-Druckerei „Hermann Duncker“, Leipzig III/18/138
Lizenznummer 301. 120/253/88
Bestellnummer 613 734 4
I/II 01600

X. Schriftstellerkongreß 1–2
ISBN 3-351-01255-1

Diskussion in den Arbeitsgruppen
am 25. November 1987

Arbeitsgruppe I
Literatur und Wirklichkeit

Gerhard Holtz-Baumert
Liebe Kolleginnen und Kollegen, wir tagen heute vormittag in
vier Arbeitsgruppen, die zahlenmäßig etwa gleiche Stärke haben. Auch die Zusammensetzung ist in allen vier Gruppen ähnlich: Es sind Autoren der verschiedenartigsten Handschriften
und Genres vertreten. Unterschiedlich sind wahrscheinlich vor
allem die Interessen, die die Wahl eines jeden für das eine oder
andere Thema bestimmt haben.
Keine lange Vorrede, nur ein Wort zur Verständigung. Wir begrüßen auch ausländische Gäste, sie haben selbstverständlich
ebenfalls die Möglichkeit, hier zu sprechen. Auch liegen bereits
einige Wortmeldungen vor, das heißt, es haben sich Kollegen
zu unserem Thema vorbereitet. Dennoch bitte ich euch herzlich, mir zu helfen, einen Diskussionscharakter zu erhalten;
wer zu dem, was gesagt wurde, etwas zu bemerken hat, der
sollte sich sofort zu Wort melden.
Ich leite die Diskussion. Landolf Scherzer wird morgen im Plenum über diese Arbeitsgruppe zusammenfassend berichten.
Walter Flegel gibt zunächst eine Einleitung.

Walter Flegel
„Literatur und Wirklichkeit" – um dieses Thema nicht wie der
alte Briest seines mit dem Satz abzutun: „... das ist ein zu wei-
tes Feld", habe ich mich nach einem überschaubaren Ausschnitt umgesehen, nach einem Teil gesucht, in dem sich das
Ganze zeigt.
Zwischen dem Hause, in dem ich wohne, und seinem Nachbar-
grundstück verbirgt eine drei Meter hohe Mauer einen parkarti-
gen Garten. Ihre dem Weg zugewandte Seite füllt sich seit Jahren mehr und mehr mit Namen, Begriffen, Gebilden, die für

7

Erinnerungen, Idole, Betroffenheit und als Aufforderung stehen. Zeichen der Wirklichkeit, hervorgerufen von Empfindungen und Ereignissen, ausgelöst vom Drang der Menschen, sich mitzuteilen. Manches davon gewiß in den Putz gekratzt, weil es anderswo nicht gesehen oder gehört sein wollte oder will, von der Kommunikation ausgeschlossen war oder noch ist.

Schreiben wir nicht auch deshalb?

Vor sechs Jahren etwa entdeckte ich an der Wand zum ersten Mal jenes Zeichen, das in vielen Ländern der Welt für die Forderung der Menschen steht: „Frieden schaffen ohne Waffen". Das war zu der Zeit, als wir uns mit diesem Zeichen ungeheuer schwer taten. An der etwa fünfzig Meter langen Wand ist es das einzige solche Zeichen geblieben. Aber regelmäßig aufgefrischt, ist es bis heute leserlich. Unter ihm entdeckte ich die Anfangsbuchstaben zweier Vornamen, den eines Pfarrerssohnes und den der Tochter eines Offiziers, Klassenkameraden meiner Tochter. Deren erste Liebe endete nicht wie die der jungen Veroneser. Aber zweifellos erschütterte sie die Beteiligten nicht weniger als einst das Schicksal von Romeo und Julia. Wohl stärker noch, weil die Familien nicht wirklich verfeindet waren. Aber so weit entfernt voneinander durch Zeit und Wirklichkeit, daß die Abstände von den zwei Kindern nicht zu überbrücken waren. Dieses Zeichen an der Wand ist inzwischen in die Beziehungen gebracht worden, die die Welt betreffen. Nicht weit von ihm ist heute zu lesen „Krist", auf der anderen Seite „Michail", und zwischen alledem steht „dead or life".

An dieser Wand finde ich Zeichen für menschliche Haltungen und Überzeugungen nahe beieinander, die im gesellschaftlichen Alltag häufig scharf voneinander abgegrenzt oder noch ausgeschlossen werden. Manches, was ich auf der Wand entdecke, wird ausgelassen in Bildung und Erziehung, bei kommunalpolitischen Vorgängen, in den Medien. Wenn in der Literatur Auslassungen begangen werden, aus welchen Gründen auch immer, verliert der Wirklichkeitsbegriff seine Weite. Erfolgen gehen Mißerfolge voraus oder hinterher. Entwicklung bringt auch Verluste. Glück, das keine Verzweiflung kennt, bewegt niemanden. Neben menschlicher Güte und Anteilnahme gibt es bei uns Gleichgültigkeit und hoffnungslose Vereinsamung. Und zum Leben gehört der Tod. Wirklichkeit läßt sich nicht über Ausschließlichkeitsansprüche bewältigen, schon gar nicht in der Literatur.

Angesichts dieser Wand denke ich an eine oft vernommene Aufforderung, die stets auch Vorwurf ist: „Die Geschichten liegen doch auf der Straße herum." Oder, füge ich hinzu: „Sie stehen an Wände gekratzt."

Seit ich literarisch mit der Wirklichkeit umgehe, begreife ich von Stück zu Stück genauer, daß Schreiben mehr Mühe macht, als sich zu bücken und aufzusammeln, zu strecken und abzupflücken, daß Schreiben mehr Mühe machen muß. Goethe hat einmal gesagt, auf die Malerei bezogen: „Im ersten Strich bist du Meister, im zweiten Sklave." Das gilt auch fürs Schreiben, meine ich, und trifft ziemlich eindeutig den besonderen Charakter unserer Beziehungen zur Wirklichkeit. Was ich mir mit dem ersten Strich oder Satz vorgebe, bestimmt mich bei jedem weiteren. Der erste macht mich nicht abhängig, aber fordert mich auf, verlangt von mir konzentrierte schöpferische Arbeit, die einem künstlerischen Individuum immer auch Arbeit an sich selbst abfordert. Das ganze Bemühen jedes einzelnen von uns ist zeitlebens ein Ringen um Bewußtheit, um die Fähigkeit, die Dinge so zu sehen und zu gestalten, wie sie *wirklich* sind.

Steht bei manchem Produkt unserer Literatur nicht das Resultat vor den Bemühungen, die Absicht vor der Arbeit? Das Entscheidende aber sind die Bemühungen des Schriftstellers, wenn er neues Leben schaffen will. Irgendein Denker hat vor langer Zeit einmal gesagt: „Kunst, Literatur verhält sich zum Leben wie der Wein zur Traube. Sie nimmt Material aus dem Leben und gibt über das Material hinaus, was in seiner Eigenschaft noch nicht vorhanden ist."

Hier ist der künstlerische Schaffensprozeß des Individuums, das Teil der Wirklichkeit ist, in seiner komplizierten Dialektik erfaßt, meine ich. Betrachten wir unter diesem Zusammenhang die Verbindung zwischen Schriftstellern und Kombinaten des Landes, ist wohl nach den ersten zwei Jahren festzustellen, daß wir in dieser Sache noch viel zu sehr auf rasche literarische Resultate aus sind, zu sehr von der Absicht her denken und handeln. Zu viele Beteiligte halten diesen Vorgang für einen Versuch mehr, für eine zeitweilige Pflicht, aus der man sich folgenlos verabschieden kann, wenn er nicht gleich gelingt. Sie sehen ihn zu eng und verstehen ihn noch nicht als wichtige Möglichkeit, die geistigen Dimensionen der Wandlungen in der Wirklichkeit zu erfassen, um sie gestalten zu können.

Die wissenschaftlich-technische Weiterentwicklung wartet auf uns nicht, bewegt sich rasch vorwärts. Sie wirkt auf die Psyche des Menschen, auf seine Kreativität, auf geistige und soziale Profile und ganze Gesellschaftsstrukturen. Wie wirkt sie und wodurch, was verändert sie? Wenn wir das erfahren und miterleben, dann vermögen wir zu erzählen und zu gestalten, daß der Mensch nicht allein Produkt herrschender Produktionsverhältnisse ist, sondern an seiner Entwicklung viele andere und wesentliche politische, soziale, moralisch-ethische und geistig-kulturelle Weltvorgänge beteiligt sind, deren Wirkung weiter zunehmen wird – in einer Welt, deren Staaten und Gesellschaftsordnungen durch vielfältige Erscheinungen verbunden und Vorgänge voneinander abhängig sind, also in einen Zustand geraten sind, der die schärfsten Gefahren für die Menschheit in sich trägt und gleichzeitig die menschlichste Chance, die sie je besaß. Das alles betrifft nicht nur die Arbeiterklasse. Es geht um mehr. Es geht um den Platz des Volkes in unserer Literatur. Jede Einschränkung bedeutet Enge, auch in der Wirkung von Literatur. Unsere Mühe muß immer das Ganze im Auge haben, sonst wird das Einzelne nicht zum Besonderen. Wenn auch die ganze Wirklichkeit nie der Gegenstand des Denkens, der individuellen künstlerischen Bemühungen ist, bleibt es nötig, ihre konkreten gesellschaftlichen Erscheinungen in die Summe Wirklichkeit einzuordnen. Es sollte im Kunstwerk schon spürbar sein, daß der Autor ums Ganze weiß.

Sehe ich mich an der Wand zwischen unseren Grundstücken um, entdecke ich zahlreiche Details aus gesellschaftlichen Erscheinungen, eine Fülle von Äußerungen zur Wirklichkeit und von Reaktionen auf sie.

Unserer Literatur wird hin und wieder bescheinigt, sie sei genauer und gründlicher im Umgang mit gesellschaftlicher Wirklichkeit als die Philosophie und Gesellschaftswissenschaft. Solche Feststellungen beziehen sich auf den besonderen und unersetzbaren Charakter der Literatur und ihrer Wirkung. Sie ehren die Literatur, aber sie belasten sie auch. Vergleiche mit „besser" und „weiter" bringen uns nicht weiter. Zu fragen ist, wie wir gemeinsam vorankommen, damit wir die Mühen aller Bereiche des geistigen Lebens darauf richten, die Wirklichkeit ganz zu erfassen und sie zu verändern.

Wenn in der Literatur die Wirklichkeit aufgeteilt wird, die einen über angenehme Gesellschaftsvorgänge schreiben und andere über unerfreuliche, schreiben sie dann nicht nebeneinander her und neben der Wirklichkeit her? Beginnt sich dann nicht auch die gesellschaftliche Kommunikation auf die eine oder andere Erscheinung zu konzentrieren, sich in Argumentationen gegeneinander zu erschöpfen, statt sich mit der ganzen Realität zu befassen? Und erfüllt dann Literatur ihre Funktion der Wirklichkeit gegenüber noch?

Mühelos läßt das alles sich nicht bedenken und schon gar nicht literarisch leisten. Die subjektive Wirklichkeit des Schriftstellers trifft auf die des Lesers. Aus der Begegnung beider entwickeln sich Erkenntnisse, Selbstbewußtsein, schöpferischer Umgang mit sich selber, mit der Wirklichkeit, und Gesellschaftsbewußtsein.

Immer, wenn ich an der erwähnten Wand vorübergehe, fällt mir auf, daß die Entfernung zu ihr meine Sicht auf sie bestimmt. Bin ich ihr zu nahe, erkenne ich Einzelheiten, selten Zusammenhänge. Bin ich zu weit entfernt von ihr, verschwimmen alle Zeichen zur Konturenlosigkeit. Den richtigen Abstand zu finden in Zeit und Raum gehört zu meinen künstlerischen Mühen, wenn ich Erscheinungen überschaubar und durchschaubar machen und erreichen will, daß der Leser die Besonderheiten literarischer Wirklichkeit begreift.

„Die Kunst fordert nicht die Anerkennung ihrer Werke als Wirklichkeit", schrieb Feuerbach. Mit dieser Maxime gehen wir noch zu zaghaft um. Wir lassen zu, daß sie auf den Kopf gestellt und eine enge Auffassung von Wirklichkeit in die Literatur gedrängt wird, eine Auffassung, die historische, ideologische und ästhetische Dimensionen unberücksichtigt läßt. Wenn Realismusgehalt der Literatur vor allem an Überprüfbarkeit, an Häufigkeit und Vernehmlichkeit gemessen wird, verkümmern wesentliche Elemente der Literatur, die Phantasie, die Visionen, die Entwürfe geistiger und gesellschaftlicher Natur. Wenn ich „wir" sage, meine ich eben nicht nur Leser aller Kategorien, sondern auch uns, die Schriftsteller und die Literaturkritiker und -wissenschaftler.

Verwandt jenen, die erklären, die Geschichten lägen auf der Straße herum, sind jene, die uns die Auswahl literarischer Themen, gestaltenswerter Konflikte und Wirklichkeitsbereiche abnehmen wollen und Kataloge zusammenstellen. Der Literatur kann nicht vorgeschrieben werden, was sie in der Wirklichkeit zu entdecken hat, was sie in welcher Weise widerspiegeln soll oder darf. Dürfen ist für unsere Art von Umgang mit der Wirklichkeit ein untaugliches Verb. Es ist ja auch nur ein Hilfszeitwort.

Zusätzlich erschwert wird der Vorgang „Literatur", sobald Literaturwissenschaft und -kritik schon vorhandene Kataloge zusätzlich einschränken, indem sie vor allem mit den ihnen genehmen Werken umgehen, und wenn die Medien ihre Kataloge gegen Literatur stellen.

Die Zeichen an der Wand, die ich seit langem beobachte, verändern sich, erweitern sich. Manche verblassen nach kurzer Zeit und tauchen nie wieder auf, andere bleiben, werden in Beziehung gesetzt und verwandeln sich. Wirklichkeit ist Bewegung, ununterbrochener Prozeß, progressiver, der ohne regressive Momente nicht denkbar ist.

Die gegenwärtige Weltbewegung ist von neuem Beweis für diesen dialektischen Vorgang, dem wir uns immer neu stellen müssen, mit der gesamten Gesellschaft, also auch in der Literatur. Ästhetische Kategorien sind ein Ausdruck von Wirklichkeit und bedürfen dauernder Prüfung. Nicht um Aufhebung geht es, sondern um den Erhalt ihrer Lebendigkeit. Werden nicht schon zu häufig solche Kategorien wie Schablonen gebraucht? Wirken sie dadurch nicht schon beschränkend auf einen der lebhaftesten und bewegendsten Gesellschaftsvorgänge – Kunst und Literatur? Begriffe wie Typisches, Volksverbundenheit, Parteilichkeit werden durch dauernden falschen Gebrauch zu Säulen, die nichts mehr tragen, denen keiner mehr traut. Und es gibt künstlerische Methoden wie Zuspitzung, Überspitzung, Verfremdung, die schon, wenn sie nur ausgesprochen werden, saure Gesichter machen und gleich Vorsicht und Wachsamkeit hervorrufen.

Dürrenmatt hat einmal gesagt: „Eine Geschichte ist dann zu Ende erzählt, wenn ihre schlimmste Wendung aufgeschrieben ist." Verhindern wir häufig nicht selbst diese schlimmen Wendungen? Wie sind solche Zensoren gegen unsere Sensoren zustande gekommen?

Parteilichkeit ist die Dialektik der Widersprüche oder die Dialektik von Konsequenz und Toleranz. Parteilichkeit bedeutet für mich, aufrichtig zu sein, wahrhaftig. Wer die Wahrheit schreiben oder sagen will, braucht Partner, denen er sie sagen kann, auch die bittersten Wahrheiten, weil sie die vertragen und für notwendig halten, als wichtig achten für sich selbst und die Gesellschaft. Parteilichkeit ist nicht das Weglassen von Wirklichkeit oder literarische Gestaltung gewünschter Wirklichkeit. Die schrumpft aber auch, wenn Literatur Mißverständnisse und Mißstände, die wohl zu benennen sind, zu Widersprüchen und Konflikten erhebt. Wirklichkeit, wenn sie durch Umschreibung beschränkt wird, gerät zur Fälschung. Sozialistischer Realismus hat mit Einseitigkeit nichts zu tun. In dem Begriff ist und bleibt das Hauptwort „Realismus".

Ich habe sagen hören, der sozialistische Realismus sei als Begriff und Schaffensmethode denunziert. Und ich höre neue Definitionen, wie „kritischer sozialistischer Realismus" oder „dialektischer Realismus". Aber würde durch neue Definitionen eine Denunziation aufgehoben? Es geht doch nicht um Definitionen, von denen wir wahrhaftig genug haben. Um Inhalte geht es, um unsere uneingeschränkte offene Beziehung zur gesellschaftlichen Wirklichkeit, zu den Menschen und ihren Hoffnungen, Freuden, Sorgen, Bitternissen, Leiden und Leistungen. Und Inhalte haben nun einmal, wenn es sich um künstlerische handelt, ihre Einmaligkeit und Unverwechselbarkeit. Das unterscheidet die künstlerische Arbeit von allen anderen geistigen Umgangsformen mit der Wirklichkeit.

Das kritische und dialektische Element gehören für mich seit je zu unserem Realismusbegriff. Ich betone das Hauptwort in ihm und lasse das Adjektiv „sozialistisch" nicht weg. Es geht ja doch wohl um Sozialismus und um nichts weniger, auch in allen unseren literarischen Bemühungen. Nicht um eine Utopie geht es, sondern um eine reale Gesellschaftsordnung, die allerdings noch viel Zukunftsbewußtsein nötig hat. Was wäre die Wirklichkeit ohne unsere Ideale? Eins gegen das andere zu stellen wäre undialektisch. Die Alltäglichkeit ist nicht das Wesen. Aber das Wesen zeigt sich im Alltäglichen.

Ich zitiere Plechanow: „Kunst ist nicht immer Ausdruck des Lebens, sondern eine Antithese zu ihm. Eine Seite unserer Psyche lebt sich in der Kunst aus, die im normalen Leben brachliegt."

Auch diese Dialektik gehört zu unserem Schaffensprozeß. Sie ermuntert mich, und sie trifft Erfahrungen um das Literaturverständnis in unserer Gesellschaft. Wer vermag das besser zu erweitern und zu vertiefen als gute Literatur, als Schriftsteller. Es gibt wenig andere, denen wir das mit gutem Gewissen überlassen könnten. Und Literaturverständnis braucht und bewirkt Gesellschaftsverständnis.

Manche Mitteilung an der Wand zwischen den Grundstücken, an der bisher Obszönität weder im herkömmlichen noch im politischen Sinne zu entdecken war, ist auch die eine oder andere Seite einer Psyche, die im wirklichen Leben unseres Landes noch brachliegt, weil wir zu offener, rückhaltloser Kommunikation noch nicht immer und überall bereit oder fähig sind, selbst in der Literatur nicht.

Vieles von dem, was ich an der Wand entdecke, sind Abbilder der Wirklichkeit, und wenn ich sie zu literarischer Wirklichkeit machen will, muß ich hinter die Abbilder kommen. Mögliche Literatur wird aus solchen Zeichen, wenn ich Konflikten nicht ausweiche. Wenn ich lerne, die Zwischentöne zu vernehmen und zu verarbeiten. Wenn ich tatsächlich die Geschichten *der Leute* erzähle und sie nicht nur gebrauche, um immer *meine* Geschichten zu erzählen. Wenn ich mich bemühe zu erfahren, was die Menschen wirklich bewegt, was sie über sich selbst hinaus so bewegt, daß es auch andere angeht und bewegt. Und wenn ich das alles als Teil der Jahrhundertbewegung darzustellen versuche.

Gerhard Holtz-Baumert

Ich danke Walter Flegel für die Einführung in ein ozeanisches Thema. „Literatur und Wirklichkeit", das wäre eigentlich ein Kongreß von mehreren Wochen. Inzwischen sind noch einige Wortmeldungen eingegangen. Ich wiederhole meinen Vorschlag: Wenn jemand zu dem, was einer sagt, unmittelbar etwas entgegnen will, bekommt er das Wort außer der Reihe. Wir werden uns auf Handzeichen verständigen, wenn ihr so einverstanden seid. Als erster Redner der Diskussion spricht Rolf Floß, ihm folgen Christa Kožik und J. K., unser der strengen Wissenschaft wie der schönen Literatur eng verbundener Freund Jürgen Kuczynski.

Rolf Floß

Wirklichkeit, diesen schillernden Begriff, müßte man erst einmal definieren, aber dazu verspüre ich nicht die geringste Lust. Ich kann nur etwas über das Aufnehmen mir fremder Wirklichkeiten sagen und über Schwierigkeiten, die es jüngeren Autoren heute bereitet. Vielleicht gibt es zwischen ihnen und mir Parallelen, das muß aber nicht sein.

Als ich zu schreiben anfing, hatte ich großes Glück, denn meine Generation trat nahezu gleichzeitig in vielen Bereichen an. Sie tauchte in Werkleitungen und in manchen anderen Gremien auf. Da wir ähnliche Erfahrungen mitbrachten, verstanden wir uns relativ schnell. Außerdem war die Gesellschaft in Sicherheitsfragen noch nicht so perfekt, und für mich bedeutete es kein sonderlich schwieriges Problem, ein Jahr lang in einer Werkleitung dabeizusitzen und zuzuhören, sogar stellenweise mitzureden, weil die Leiter mich kannten, und ich kannte ihre Mentalität auch. Das sind Dinge, die es heute in diesem Umfang nicht mehr gibt, die auch nicht wiederholbar sind. Junge Leute, die heute ein Krankenhaus, einen Betrieb oder einen anderen fremden Lebensbereich kennenlernen wollen, haben es schwerer, weil sie jenes Vertrauen, das mir sofort entgegengebracht wurde, erst erwerben müssen, um danach zur Offenheit zu gelangen. Gestern ist ja sehr nachdrücklich darüber gesprochen worden.

Wir müssen im Verband jeden einzelnen jungen Autor konkret unterstützen. Pauschale Aufrufe helfen da nicht. Oft geht es ja zunächst einmal um schlichte Dinge. Zum Beispiel muß jemand, der für einige Zeit in ein Kombinat geht, von diesem finanziell unabhängig sein. Niemand darf Stunden nachrechnen, mit dem Bleistift überprüfen, ob der Autor unmittelbar für das Kombinat nützlich sei. Funktioniert diese Unabhängigkeit vom Hauptbuchhalter nicht, kommt man schwerlich an die wirklichen Probleme heran. Gelingt dies jedoch, beginnt in der Regel erst der Kampf. Mit diesem Wort sind wir ja oft schnell bei der Hand, aber die Wiedergabe von komplizierter Wirklichkeit erfordert bei uns nun mal Kämpfe. Zunächst holt man sich Beulen. Meistens wird einem gesagt: Das, was du dort gesehen hast, ist nicht das, was wir sehen wollten, weshalb wir dich dorthin geschickt haben. Die Wirklichkeit ist viel widersprüchlicher, als wir sie in manchen Medien dargestellt finden. Wir nehmen sie als Schriftsteller auf, wir sind auf die Zuspitzung von Konflikten aus, nicht auf deren Glättung. Oft übernehmen wir auch in unseren Büchern die Aufgaben anderer Medien, was der Gegenwartsliteratur nicht immer guttut. Wie man dem entgehen kann, weiß ich nicht.

Ich kann also keine großen Vorschläge machen, mir fällt nur einiges auf. Deshalb bin ich auch wohl gebeten worden, heute hier zu sprechen, weil ich in unserer Berichtswahlversammlung in Dresden gesagt habe, daß in der Literatur, die mir zugänglich ist – nicht von jedem Buch erscheinen Hörkassetten –, mir einiges an Utopie fehlt. Nicht im Sinne von Wunschdenken, sondern von Vorstellungen über das Gesellschaftsmodell, das verwirklicht werden soll. Ich glaube, dieser zeitweilige Verlust hängt mit der Phase zusammen, in der wir uns zur Zeit in der Gesellschaft befinden. Dort fehlt die Utopie mitunter auch. Als nüchtern denkender Mensch bin ich sehr für Pragmatismus, zudem weiß ich noch, welche Zeiten des gefährlichen Wunschdenkens wir überstehen mußten. Aber hinter all dem Pragmatismus brauchen wir unbedingt die Vorstellung von dem, was in der Entwicklung des einzelnen geschehen soll. In Betrieben, die ich kenne, und in manchen anderen Bereichen, in denen ich mich zeitweise aufhalte, fehlt mir dieses Denken an das Ziel.

Seitdem ich kaum noch sehen kann, werde ich häufiger als früher angesprochen, ist man offener zu mir. Auch so eine seltsame Korrelation, die sich einstellt. Dadurch weiß ich ziemlich genau, wie groß die Probleme sind, daß die Belastung des einzelnen so stark zugenommen hat, daß vieles, was früher möglich war, geringer geworden ist. Zum Beispiel ein konzentriertes Aufnehmen von Kunst, ein Nachdenken über Dinge, die nicht mit der unmittelbaren Wirtschaftsaufgabe zusammenhängen. Mir scheint auch die Zahl der sogenannten unpolitischen Menschen zugenommen zu haben. Alles das sind gefährliche Entwicklungen, gegen die ich anzuschreiben versuche, indem ich mir überlege, wie weit wir in den vergangenen vierzig Jahren, die ich aus eigener Erfahrung kenne, in der Entwicklung von Moral und Ethik gekommen sind.

Was ist geschehen, was haben wir geschafft, was haben wir nicht geschafft?

Noch immer glaube ich, daß man einen prägnanten Punkt finden kann, um diese Widersprüche, die auf einen einstürmen und die andere gar nicht so gern formuliert haben wollen, zu ordnen. Hat man ihn gefunden, kann man noch am ehesten so darüber schreiben, daß man etwas bewegt. Diese Chance hat die Literatur bei uns.

Ich glaube, daß wir in Vorbereitung des vierzigsten Jahrestages unserer Republik uns alle verpflichtet fühlen sollten, dazu beizutragen, daß es eine öffentliche Diskussion über das Erreichte, das noch nicht Erreichte und das vielleicht überhaupt nicht Erreichbare gibt. Natürlich sind wir auch mit Zielvorstellungen angetreten, die sich nicht verwirklichen lassen. Diese umfassende Art der öffentlichen Diskussion fehlt mir zur Zeit. Daß wir sie in unseren Büchern herzustellen suchen, ist gut, aber nicht ausreichend. Die Gesellschaft braucht mehr Offenheit.

Zum Beispiel verstehe ich nicht die Meinung, die man oft aus anderen Medien hört, daß der Mensch durch seine Siege groß wird. Ich habe es, viele andere haben es auch anders erlebt. Siege, wenn sie schon mal gelingen, bestätigen einen, aber wirklich menschlich entwickelt man sich ja nur durch überstandene Niederlagen. Wie einer wieder aufsteht, nachdem er hingefallen war, ist entscheidend. Daß wir das oft auszuklammern versuchen, daß wir glauben, es sei etwas uns nicht ganz Gemäßes, daß wir ständig von Sieg zu Sieg schreiten sollen, wie es früher oft formuliert wurde, halte ich für eine gefährliche Sache.

Wir brauchen ein genaues Nachdenken über den Stand unserer Gesellschaft, wie sie heute ist, wie sie einmal werden sollte und wohin unsere jetzige Entwicklung zeigt. In diesem Sinne fehlt mir zur Zeit etwas Utopie hinter dem Pragmatismus in der Gesellschaft und auch in der Literatur.

Christa Kožik

Mein Potsdamer Kollege Walter Flegel hat in seiner Diskussionsgrundlage auch die Phantasie als Teil der Wirklichkeit erwähnt. Daran möchte ich anknüpfen.

Als ich Studentin der Dramaturgie war, habe ich meine Abschlußarbeit über Phantasie und das Phantastische geschrieben. Ich suchte damals sehr danach, meine Ideen auch theoretisch verankern zu können. Bei Karl Marx fand ich dann einen Satz, der mir zum Schlüsselsatz wurde. Er lautet: „Die Phantasie erhebt über die Wirklichkeit, um tiefer in sie einzudringen." Marx befreite also die Phantasie von jeglicher Mystik und erklärt, daß die Wirklichkeit die unerschöpfliche und nie versiegende Quelle der Phantasie ist.

Dieser Satz war für mich sehr ermutigend; denn ich bin ja ein Kind der vierziger, fünfziger Jahre, und da hatte das Phantastische, Märchenhafte noch etwas Anrüchiges, einen immer negativen Beigeschmack, so als könne zu viel Phantasie lebensuntauglich machen und keine sozialistischen Menschen, sondern Tagträumer schaffen.

Ich ahnte damals noch nicht, daß dieser Satz von der Phantasie, die über die Wirklichkeit erhebt, um tiefer in sie einzudringen, unbewußt zum Leitmotiv meiner schriftstellerischen Arbeit wurde. Es war ja zugleich die Ermutigung, beide Ebenen nahtlos miteinander verbinden zu können, so wie Webfäden ineinandergehen, und auch selbstverständlich, weil es für Kinder selbstverständlich ist, mit offenen Augen zu zaubern, oder daß im Alltag Wunder passieren. Der *fließende* Übergang zwischen beiden Ebenen war mir sehr wichtig, um den Einstieg glaubhaft zu machen und damit eine poetisch-philosophische Dimension schaffen zu können.

Ich bediente mich also der real-phantastischen Erzählweise und sah in den Kindern die Ureinwohner des Landes Phantasie, das grenzenlos ist und das Erfolgserlebnisse für alle hat. Mit meinen Geschichten wollte ich die Kinder ermutigen, niemals das dritte Auge und den bunten Blick zu verlieren und sich aus diesem Land Phantasie durch die notwendige, aber bedrängende Realität nie ganz vertreiben zu lassen.

Manchmal, wenn ich den Mut zum Schreiben verloren habe, angesichts des leeren Papieres, der vollen Buchläden, der *Welt*literatur, der emsig schreibenden Kollegen, der bedrängenden Lautstärke anderer Medien, mutlos angesichts unentschlossener, ängstlicher Lektoren und vor allem des Wissens darum, wie gering die Spuren von Büchern und Filmen sind, wie wenig wir damit bewirken können angesichts der Bedrohtheit unserer Welt, möchte ich aufhören zu schreiben – manchmal.

Aber dann kommt von irgendwo ein Brief, so wie kürzlich aus Glauchau. Dort ist ein Filmklub gegründet worden. Er nennt sich „Kinderfilmklub Moritz", angeregt durch Buch und Film vom „Moritz in der Litfaßsäule". Der Filmklub hat in seinem Emblem und Briefkopf den Satz: „Für alle, die die Welt noch mit drei Augen sehen können." So ein Brief macht mich wieder schreibfähig, weil ich spüre, die Flaschenpost, die leise, ist nach Jahren dann doch angekommen.

In der Phantasie kann ein Stein sprechen, eine Badewanne verwandelt sich in ein Raumschiff, ein Engel kann vom Himmel auf die Erde flüchten zu einem Mädchen in ein Hochhaus und sich große engelhafte Mühe geben, ein Mensch zu werden – bis ihm wegen Übertretung des Flugverbotes die Flügel beschnitten werden. Das alles geht in der Phantasie.

Die Kinderliteratur unseres Landes ist eine bunte Farbe in unserer Nationalliteratur. Aber sie bedient sich nicht nur der hellstrahlenden, sondern auch der dunkelbunten Farben. Literaturkritiker bestätigen ihr ein hohes Maß an Konfliktbewußtsein, das nicht halt macht vor gewichtigen ethisch-moralischen, weltanschaulichen und anderen komplizierten Problemen und Konflikten unserer sozialistischen Wirklichkeit. Und es gibt eine Tendenz der Zunahme real-phantastischer oder märchenhafter Geschichten, auch in der Literatur für Erwachsene. Das hat sicher seine Gründe.

Ich habe mich anfangs schutzsuchend hinter den breiten Rücken von Karl Marx gestellt, bis ich merkte, daß es auch mein Platz ist. Aber noch aus einem anderen Grund habe ich mich für diese Erzählweise entschieden: weil ich hier einen breiteren Spielraum habe, eine Freiheit im Umgang mit Personen, Orten und Geschehnissen, die mir bei der puren Widerspiegelung der Wirklichkeit vielleicht nicht möglich wäre. Es war also nicht nur Spiel-Trieb, sondern auch die Erkenntnis, auf solche Weise einen größeren Freiraum zu haben, komplizierte, ungute Zustände oder Geschehnisse verfremdet darzustellen. Bei der Verfremdung mit phantastischen Mitteln können Bitterstoffe umgewandelt werden in Wehmut oder schmerzliche Ironie. Von einem bestimmten Punkt meines Schreibens an habe ich mich dieser Mittel ganz bewußt bedient.

In meinem jüngsten Buch, genauer gesagt noch Manuskript, „Kicki und der König", habe ich mir erlaubt, eine Katze zu erfinden, die die außerordentliche Begabung hat, die Wahrheit riechen zu können. Diese Katze lernt ihren König kennen, den König von Maienland, und klärt ihn mittels ihrer Wundergabe unverblümt über alles auf, was noch ungut ist in Maienland. Und wenn ihr der König nicht glaubt und auf die „Königlichen

Landesblätter" verweist, die solches nicht berichten, da sagt die Katze nur: „Komm mit, König, ich zeig es dir." Und sie führt ihn auf den ungeputzten Wegen. So lernt der König durch Kickis Wahrheitsriechen – sie verkörpert ja die Stimme des Volkes – sein Land besser kennen und gerechter zu regieren. Gewidmet habe ich das Buch allen, die Kinder, Katzen und die Wahrheit lieben.

Wie viele von uns verehre auch ich den Dichter Tschingis Aitmatow. Seine große Kunst besteht darin, bittere Realitäten in einen großen mythischen Zusammenhang zu stellen, um die Wirklichkeit damit durchschaubarer zu machen. Kürzlich habe ich sein neuestes Buch, „Die Richtstatt", gelesen und war erschüttert von der weltumfassenden Sicht anhand der Härte des Schicksals einzelner.

Und beim Festival des sowjetischen Films war es besonders der Film „Vogelscheuche", der mich tief berührte. Der Film ist eine harte Abrechnung darüber, wie ein Klassenkollektiv ein Mädchen quält und erniedrigt, bis es sich, um seinen Schmerz öffentlich zu machen, den Kopf kahlscheren läßt, wie auf einem alten Bild, das eine seiner leibeigenen Ururgroßmütter darstellt.

Angesichts dieser Kunstwerke komme ich mir ein bißchen vor, als würde ich Zuckerwatte produzieren, zuweilen aufgefordert, dieselbe noch ein wenig mehr zu verzuckern. Leicht habe ich mir das Schreiben eigentlich nie gemacht. Aber es wird seltsamerweise immer schwerer, je mehr ich es als Handwerk gelernt habe und je tiefer ich mich in die Wirklichkeit hineinschreibe.

So werde ich mich weiter hinter den breiten Rücken von Karl Marx stellen und den der Phantasie, die Flügel verleiht und der Wirklichkeit etwas vorauseilen kann.

Jürgen Kuczynski

Als Gesellschaftswissenschaftler möchte ich euch sagen, daß, wenn in hundert Jahren Historiker etwas über unsere Wirklichkeit wissen wollen, sie keine gesellschaftswissenschaftlichen Schriften zu lesen brauchen; dort steht nichts darüber drin. Da-

21

gegen werden sie unsere Romane lesen, unsere Lyrik und überhaupt unsere schöne Literatur. Es herrscht eine bedauerliche Defensive auf verschiedenen Gebieten in unserer Gesellschaft, und die Gesellschaftswissenschaftler sind führend in dieser Defensive, während die Schriftsteller die Wirklichkeit nicht nur kennen, sondern sie auch schildern.

Natürlich, gelegentlich findet man bei Gesellschaftswissenschaftlern etwas über den Widerspruch zwischen PK und PV, zwischen Produktivkräften und Produktionsverhältnissen, aber das ist ungefährlich, weil nach Marx, Engels und Lenin dieser Widerspruch durch die ganze Geschichte und in alle Zukunft gehen wird und von niemandem bewußt konkret bemerkt wird. Dagegen, über die Widersprüche in unserem täglichen Leben in unserer Gesellschaft findet man sehr wenig. Kein Schriftsteller aber kann etwa einen Roman schreiben, ohne auf die Widersprüche in der Gesellschaft einzugehen, seien es Widersprüche in der Ehe, seien es Widersprüche auf der Ebene des wissenschaftlichen Lebens – wie etwa Helga Königsdorf – oder seien es andere, noch ernstere Widersprüche in unserer Gesellschaft. Dabei haben die Klassiker des Marxismus-Leninismus doch gesagt, daß es die Widersprüche sind, die die Geschichte bewegen und deren Lösung uns vorwärtsbringt. Diese uralte Grundlehre des Marxismus-Leninismus ist vielleicht einer Reihe von Schriftstellern nicht bekannt. Aber das Leben lehrt sie täglich diese Weisheit.

Ich entsinne mich, daß die Sekretärin von Lenin, die Genossin Stassowa, mir einmal erzählte, wie H.G.Wells – er ist ja der erste moderne Schriftsteller der Science-fiction – in der Sowjetunion war und ein Interview mit Lenin hatte. Wells war sehr fortschrittlich, aber sehr eitel, und er versuchte Lenin mit Fangfragen hereinzulegen. Als ihm das nicht gelang, hatte am Schluß Lenin das Gefühl, H.G.Wells würde nicht sehr glücklich von dem Interview weggehen, und so sagte er: „Plaudern wir noch einfach so vor uns her bei einer Tasse Tee." Und H.G.Wells sagte: „Aber, Herr Lenin, ich hab noch eine Frage. Ich habe so viele Menschen hier in Moskau gesehen, die unzufrieden sind und meckern." Und Lenin sah ihn einen Augenblick an, und dann strahlte er und sagte: „Ja, sehen Sie, das ist das, was uns vorwärtsbringt." Damals war die Gesellschaft in der Sowjetunion eine Gesellschaft, in der man unzufrieden war und meckerte und daraufhin handelte, um die Widersprüche zu beseitigen.

Ich bin ja schon dreiundachtzig Jahre alt und werde es nicht mehr erleben, aber ihr werdet es hoffentlich noch erleben, daß das „Neue Deutschland" am 2. Januar eines neuen Jahres herauskommt und über eine ganze Seite eine große Überschrift hat: „Genossen, freut euch, wir haben neue Widersprüche entdeckt, deren Lösung uns in diesem Jahr weiter voranbringen wird!"

Ähnlich wie mit unserer falschen Haltung den Widersprüchen gegenüber verhält es sich auch mit dem Bestreben, die Kontinuität in unserem Leben dauernd zu rühmen, obgleich doch die Klassiker darauf hingewiesen haben, daß Kontinuität natürlich in evolutionären Prozessen notwendig ist, aber daß mindestens so wichtig Diskontinuität und revolutionäre Prozesse sind. Es ist doch einfach grotesk, in unserer Presse zu lesen, daß während der Zeit der wissenschaftlich-technischen Revolution unsere Wirtschaft kontinuierlich vorwärtsgeht, statt, so wie es in jeder Revolution sein muß, diskontinuierlich, in Sprüngen, in der Wandlung von Quantität und Qualität. Und wenn man unsere Schriftsteller liest, dann kann weder in einer Ehe noch irgendwo anders – Gott sei Dank – von einer dauernden Kontinuität die Rede sein. Es gibt nur eine Revolution, in der es kontinuierlich vor sich geht, die hat Hašek, der Verfasser des „Braven Soldaten Schwejk", erfunden, eine Revolution im Rahmen der Gesetze. Nun, solche Revolution gibt es ja sehr selten.

Auch was, sagen wir, die bürokratischen und formalistischen Hemmnisse in unserem Leben betrifft – Kant hat ja gerade treffend in der „Summe" darüber geschrieben –, finden wir nichts, aber wirklich gar nichts in unseren gesellschaftswissenschaftlichen Schriften, dagegen vieles in unseren Romanen.

In einer Sache muß ich euch um Hilfe bitten. In einer Beziehung sind religiöse Menschen uns Marxisten heute überlegen.

Wenn ich zum Beispiel an „Horns Ende" denke, dann finde ich die Darstellung ganz großartig, aber es fehlt mir ein Hauch dessen, was der Sozialismus an Fundamentalem, Großartigem gebracht hat. Christen werden bei allem Ärger, den sie am Tag haben, und allem, was passiert, durch das Gebet morgens und abends an Gott erinnert, das heißt daran, daß das ganze Geschehen in der gesamten Welt einschließlich des Himmels und des Paradieses doch letztlich eine großartige Sache ist. Im Islam wird man dreimal daran erinnert. Und ich suche vergeblich nach einem Ersatz für das Gebet, der uns bei all dem Ärger, den wir täglich haben, bei all den vielen Hindernissen, die unserem Streben täglich oder mindestens wöchentlich begegnen, eine Art Gebetserinnerung ist an das Fundamentale, Große, das der Sozialismus uns gibt: keine Arbeitslosigkeit, keine Obdachlosen, nun, ich brauche nicht alles aufzuzählen. Wenn man einen Hauch davon überall in unserer schönen Literatur, gerade in solchen Darstellungen wie etwa „Horns Ende", finden könnte, wäre es gut. Ich habe versucht, zu den Problemen des Gebet-Ersatzes einen Artikel zu schreiben. Er brauchte gar nicht abgelehnt zu werden, weil schon alle meine Freunde, denen ich ihn vorher zeigte, ihn ablehnten. Aber ihr als Schriftsteller habt vielleicht eine Idee, was man tun könnte, um die Erinnerung an das Große – denn alles andere sind ja sekundäre Entscheidungen, die wahrlich wichtig sind, die wahrlich unser Leben ganz stark beeinflussen, weil sie so alltäglich sind –, um dieses Große ein- oder zweimal am Tag in unser Gedächtnis zu rufen.

Gerhard Holtz-Baumert
Gibt es Wortmeldungen zu diesem Beitrag? – Horst Matthies meldet sich, aber er steht ohnehin auf der Rednerliste. Ich frage, ob jemand direkt zu Jürgen Kuczynski etwas sagen möchte.

Horst Matthies
Es ist etwas Ergänzendes.

Gerhard Holtz-Baumert
Ihr seid einverstanden, Horst Matthies das Wort zu erteilen.
Bitte. – In der Reihenfolge der Wortmeldungen kommt nach
ihm Daniela Dahn.

Horst Matthies
Ich hoffe, es erscheint nicht vermessen, wenn ich mich nach
dem großen J. K. zu Wort melde. Aber er hat hier gesagt, daß
die Historiker kommender Zeiten in der Literatur unseres Landes nachlesen werden, wenn sie sich kundig machen wollen,
und nicht bei den Wissenschaftlern. Ich möchte dem schon zustimmen, aber ich habe doch da auch meine Bedenken, und die
möchte ich gern formulieren.
Von allen klugen und weniger klugen Worten, die bisher auf
diesem Kongreß gesprochen wurden, von den wohlformulierten
Sätzen und kaum verfolgbaren Worttiraden ist mir ein Satz besonders tief unter die Haut gegangen, weil er mich persönlich
betraf. Ich wiederhole ihn hier noch einmal: „Es ist leichter,
sich als Vertreter einer Institution, einer Organisation oder gar
eines Landes zu fühlen, als einmal ‚Ich‘ zu sagen.“ Und Helga
Königsdorf, die diesen Satz ausgesprochen hatte, sagte weiter:
„Unsere Welt braucht ‚Ich‘ bei Strafe des Untergangs.“
Der Satz hat mich nicht deshalb etwa so betroffen gemacht,
weil ich eben bei dem Versuch, „Ich“ zu sagen, eine Niederlage
erlitten hatte, sondern weil er einen Problembereich auf den
Punkt brachte, der auch mich schon lange beschäftigt: Wieviel
Ich ist in unserer Welt, in unserem Verhalten, in unserer Literatur?
Ich glaube, es versteht hier jeder, daß ich mit diesem Ich nicht
jenes bezeichnet haben möchte, das etwa in der sich landesweit
mehr und mehr durchsetzenden Formel „Privat geht vor Katastrophe“ seinen Ausdruck findet. Nein! Ich meine jenes Ich,
das Ausdrucksform einer in Kämpfen erworbenen und auch ge-
festigten persönlichen Überzeugung ist, einer Haltung, die von
dem Anspruch ausgeht, wahrhaft Eigenes einzubringen in die
Kämpfe unserer Zeit, und die Beulen am Kopf nicht scheut, die
da nicht vom Klassenfeind stammen, um nicht vom Helm zu

sprechen, denn in diesen Kämpfen steht man schutzlos da, und nicht selten kommt die Rückendeckung oder das freundliche Schulterklopfen erst im nachhinein und gewissermaßen hinter vorgehaltener Hand.

Ich habe auf der Wahlversammlung unseres Bezirksverbandes in Rostock von den Lasten gesprochen, die wir Autoren unseres Landes mit uns herumtragen, so wir nicht zu einer Generation gehören, deren Haltung sich in ganz anderen Kämpfen heraus-gebildet und gefestigt hat, von den Lasten, die uns daran hin-dern, zu den eigentlich notwendigen Geschichten zu finden, je-nen Geschichten, an deren innerer Konsequenz man sich als Autor nicht vorbeimogeln kann, die auf den Punkt gebracht werden und dadurch zu jener Lüge werden, die uns die Wahr-heit besser erkennen läßt, wie das Picasso einmal als das für die Kunst geltende Charakteristikum bezeichnet hat.

Diese Lasten sind uns zutiefst eingewachsen, weil wir sie gewis-sermaßen mit der Muttermilch in uns aufgenommen haben, nämlich die Gewohnheit, uns in unserem Verhalten immer wieder mehr nach einer kollektiven Meinung zu richten als nach eigenen Überzeugungen, selbst dann, wenn diese kollek-tive Meinung Ausdruck des Willens einer Überzahl von Klein-geistern ist, und daß uns unsere ganz persönliche soziale Si-cherheit – um nicht zu sagen: unser materielles Wohlbefin-den – immer noch mehr wert ist als die Bereitschaft, ein wirkliches Risiko einzugehen, wenn wir versuchen, einen Platz für uns zu finden in den Kämpfen unserer Zeit.

Ich nehme mich selbst von diesem Vorwurf nicht aus, habe ich gesagt und davon erzählt, wie ich Mitte dieses Jahres, als Offi-zier der Reserve, voll ohnmächtigen Zorns über meine eigene Feigheit, während eines militärischen Zeremoniells, nach Marschmusik mit gestreckten Beinen und zum Stahlhelm ge-winkeltem Arm an einem symbolträchtigen Stück Stoff vorbei-defiliert bin, ein Akt, den ich eigentlich hätte verweigern müs-sen, weil während der wochenlang andauernden Vorbereitungs-arbeiten für dieses militärische Zeremoniell – die hier zu schildern einer kabarettistischen Aktion gleichkäme, die ich mir verkneifen möchte –, weil also während dieser Vorbereitungsarbeiten ein junger Soldat, achtzehnjährig, einziger Sohn eines Lehrerehepaars, der sich auf Anraten seiner Eltern, um mit Sicherheit einen Studienplatz zu bekommen, für drei Jahre verpflichtet hatte, an den Folgen eines Arbeitsunfalls verstorben war. Das ist also der Punkt, wo ich meine, daß wir ganz bestimmte Geschichten noch aussparen, die den Historikern fehlen werden. Dieses Buch wird nicht geschrieben werden, habe ich erklärt, wie auch so viele andere Bücher nie geschrieben werden, weil wir noch nicht fähig sind, sie zu schreiben, weil wir uns – und nun gebrauche ich die mir durch den Satz von Helga Königsdorf zugewachsene Erkenntnis – noch immer zu sehr als Institution oder Organisation empfinden, weil wir noch nicht genug fähig sind, „Ich" zu sagen, mit aller Konsequenz „Ich" zu sagen, oder – um mit einem Begriff von Genossen Jaruzelski zu sprechen, den er auf dem Moskauer Treffen geprägt hat – weil wir auf dem Weg zu einer „Kultur des sozialistischen Individualismus" noch nicht weit genug vorangekommen sind. Das aber scheint mir eine unbedingte Notwendigkeit zu sein, wenn wir in der Literatur weiterkommen wollen, in jener Literatur, die Bezug auf unsere Wirklichkeit nimmt. Und ich möchte deshalb Helga Königsdorf ganz persönlich für diesen hier auf dem Kongreß an der richtigen Stelle gesprochenen Satz danken.

Gerhard Holtz-Baumert

Ich bin hier nicht berufen, Urteile abzugeben oder Zensuren zu erteilen, nur, finde ich, ist es kühn, kollektive Meinung allgemein als Ausdruck des Willens einer Überzahl von Kleingeistern zu benennen. Habe ich richtig gesehen, Gerhard Bengsch, du willst etwas erwidern? – Bitte.

Gerhard Bengsch

Es ist zunächst eine Frage. Kollege Matthies, ich habe das mit diesem Arbeitsunfall nicht begriffen. Es kann ja passieren, daß jemand auf einem Reservistenlehrgang ärgerliche Erlebnisse hat – das begreife ich. Es kann einen Arbeitsunfall geben, das begreife ich auch. Jetzt versuche ich mich aus den wenigen

27

Stichworten in diese Situation zu versetzen: War das kein Arbeitsunfall, sondern, sagen wir mal, das unzulässige Verhalten eines Vorgesetzten, dann würde ich bis zum Generalstaatsanwalt laufen, mich darüber beschweren und für klare Verhältnisse in dieser militärischen Abteilung sorgen. Und darüber würde ich dann vielleicht auch schreiben. Und würde man dann dieses Buch nicht drucken wollen – über meinen, meinetwegen, Michael-Kohlhaas-Kampf –, dann würde ich das an die große Glocke hängen. Und würde man es dann immer noch nicht tun, würde ich wahrscheinlich in eine sehr konträre Situation geraten zu den Leuten, die mich da am Aussprechen einer Wahrheit hindern. Das heißt, so etwas muß man richtig aufklären; man kann es aber nicht bei Halbheiten lassen. Das zu diesem Thema. Darüber hinaus etwas anderes, das mit der Wahrheit zu tun hat und in diesem Fall nicht nur eine Erwiderung ist.

Es ist hier von Literatur und Wirklichkeit die Rede, also von Literatur und Wahrheit, denn nach meiner Auffassung ist eine in ihren Zusammenhängen begriffene Wirklichkeit Wahrheit. Ich glaube – dies zu der Einleitung von Walter Flegel –, daß natürlich umgangssprachlich der Begriff der bitteren Wahrheit geläufig ist; wenn man ihn sich genau überlegt – mir geht es so –, stimmt er nicht so ganz. Es gibt eine bittere Mitteilung, es gibt eine Wahrheit, die der, der sie hört, als bitter empfindet. Die Wahrheit ist nichts als die Wahrheit. Die Wahrheit ist weder schön noch häßlich, weder angenehm noch unangenehm, sie ist einfach wahr. Es gibt solche Substantive, die sich schwer mit Adjektiven verbinden lassen. Sie ist total, man muß sie zur Kenntnis nehmen. Und natürlich ist die erste Aufgabe des Schriftstellers überhaupt, sie so, wie sie ist – selbstverständlich in seiner Sicht, wie er etwas mitteilen will –, zu sagen. Es ist nach meiner Ansicht übrigens das Recht eines Autors, bestimmte vorhandene Wahrheiten, weil er sie nicht wahrhaben will, nicht zu sagen. Man liest ihn dann und sagt: Guck mal an, das *will* der nicht sehen! Aber das ändert nichts an der Tatsache einer Wahrheit.

Gerhard Holtz-Baumert
Jetzt Daniela Dahn. Ihr folgt Wolf Spillner. Auf der Liste steht
nach ihm, falls sich keiner zu einem voraufgegangenen Beitrag
zu Wort meldet, Fritz Rudolf Fries. Zwischendurch werden wir
eine kurze Kaffeepause einlegen.

Daniela Dahn
Wirklichkeit – wir hörten es eben – ist noch keine Wahrheit,
und Wahrheit ist noch keine Kunst. Die Wahrheit ist vielmehr,
so Kisch, „das edelste Rohmaterial der Kunst". Ich habe mich
in letzter Zeit mit relativ dicht an der Wirklichkeit angesiedel-
ten Genres herumgeschlagen, mit Originalton-Hörspiel und sogenannter dokumentarischer Prosa. Ich möchte über einige Erfahrungen beim Gewinnen besagten Rohmaterials sprechen.
Die Frage könnte lauten: Sind wir wirklich ein rohstoffarmes
Land?
Mitunter wird der Anschein erweckt, als würde, wo immer Autoren auftauchen, die Wirklichkeit wie ein Rasenteppich vor
ihnen ausgerollt. Ich bin da eher auf Minenfelder gestoßen.
Ganz und gar nicht bei Privatpersonen, um so mehr aber bei
Vertretern von Institutionen. Wenn diese spätestens nach der
zweiten Frage merken, daß es einem um die *ganze* Wirklichkeit
geht, dann blocken sie ab: Das war nicht abgemacht.
Beim Wiederlesen der Essays von Christa Wolf fand ich eine
Betrachtung von 1968 über die Vorteile des in unserer Gesellschaft lebenden Autors: „Der Autor, von dem wir reden, läßt
sich nicht in eine Außenseiterposition drängen, die fast alle
bürgerlichen Autoren heftig beklagen. Die Tatsache, daß kein
Konzernpförtner ihn am Betreten großer Betriebe und wissenschaftlicher Institute hindert, verringert die Gefahr der gedank-
lichen Selbstisolierung."
Ist hier Kassandra etwa bei zu optimistischer Prognose ertappt
worden? Aber nein, sie hatte völlig recht, denn es war kein
Konzernpförtner, der mir, verstört über den Rand der „Fußball-
woche" blinzelnd, das Betriebsverbot mitteilte. Wieso, fragte
ich, ich gehe nun seit Wochen mit der Genehmigung der Be-
triebsleitung und meinem Mikrofon ein und aus, bin gerade

einer heißen Story auf der Spur. – Eben, meinte er und las mir die in seiner Pförtnerloge liegende Hausmitteilung vor: Für Recherchen in einem Betrieb der Mikroelektronik braucht man die Genehmigung der Kombinatsleitung.

Ich überlegte, was zu tun sei. Die Genehmigung würde ich nach mehrfachen schriftlichen Anträgen und Absichtserklärungen möglicherweise in ein, zwei Monaten bekommen. Bis dahin war der jetzt brodelnde Konflikt in Abwesenheit meines Mikrofons ausgetragen. Neben der heruntergelassenen Schranke warb ein Schild um Arbeitskräfte. Ich hatte Lust auf Wallraff-Methoden. Wenn ich es mit blonder Perücke und gefälschter Kaderakte noch mal versuchen würde? Der Plan scheiterte daran, daß es keine blonden Perücken gab.

Da ich nicht zulassen wollte, daß die eingangs zitierte Gefahr der Selbstisolierung in Fremdisolierung umschlägt, nutzte ich den guten Kontakt, den ich zu allen Personen der Handlung inzwischen hatte, und suchte sie, die im Umkreis von fünfzig, sechzig Kilometern rund um jene Kleinstadt zerstreut wohnten, zu Hause auf. Mehrfach. Wochenlang. Ein äußerst aufwendiges Unternehmen, bei dem schließlich doch noch ein Hörspiel herauskam, nach dessen Motiven später ein Film entstand, der zur Zeit in den Kinos läuft.

Bei meinem nächsten Projekt lauerte mir eines Tages an einem Recherchenort ein Sekretär der Kreisleitung auf. Der trivialen Metaphorik wegen kann ich mir nicht verkneifen zu erwähnen, daß es im Schlachthof war. Er teilte mir mit, daß ich umgehend eine Konzeption abzuliefern habe, damit die Kreisleitung entscheiden könne, welche Bürger ich in mein Buch aufnehmen dürfe und welche nicht. Als ich eingeschüchtert entgegnete, daß ich dies eigentlich ganz gern allein entschieden hätte, drohte er, daß man mir in diesem Fall den gesamten Stadtbezirk für Recherchen sperren müßte.

Damals war ich dankbar, als mein Verlag den eifrigen Sekretär zur Ordnung rief. Heute bedaure ich fast, daß ich das lustige Kapitel über den Antiautor-Schutzwall um den Stadtbezirk oder den Antistadtbezirks-Schutzwall um den Autor nicht habe schreiben können.

Oft findet sich kein Ausweg. Da die Wahrheit konkret ist, bitte ich zu entschuldigen, wenn ich noch zwei kurze Beispiele anführe: In einem Amt versprach ich mir statistische Aufklärung über die harmlose Frage, ob ein traditioneller Arbeiterbezirk auch heute noch vorwiegend von Arbeitern bewohnt wird. Ein sehr freundlicher Mitarbeiter meinte, der Zeitpunkt sei günstig, es lägen gerade sämtliche Details der letzten Volkszählung ausgewertet vor. Er führte mich vor einen Panzerschrank. Hier drin sei alles, was ich brauche – aber leider, er dürfe den Schrank nicht öffnen.

Wenn es einem mit List und Tücke gelingt, eine von den zahllosen unter Verschluß stehenden banalsten Banalitäten herausbekommen zu haben, erliegt man leicht der Selbsttäuschung, schon zur Substanz vorgedrungen zu sein.

Du machst das alles falsch, sagte man mir endlich, solche Recherchen müssen von oben durchgestellt sein, dann läuft das auch. Also rief ich oben, jedenfalls so hoch ich konnte, an und bat darum, mir behilflich zu sein, an soziologische Studien heranzukommen, die gerade zu meinem Gegenstand gemacht worden waren. Aus dem hohen Haus erfolgte ein Anruf beim Direktor des betreffenden Institutes, mit der Bitte, mir Einblick zu gewähren. Als ich erwartungsvoll bei einer Mitarbeiterin des Direktors eintraf, erklärte diese mir: Was wissen die da oben, was hier geheim ist. Und ich trabte unverrichteterdinge ab. Ein rohstoffarmes Land?

Während der ganzen Zeit hatte man mir das Gefühl gegeben, als arbeitete ich nicht für, sondern gegen jemanden. Das verunsichert. Wären nicht die vielen bewegenden, aufschlußreichen Gespräche mit Leuten gewesen, ihre Lebensgeschichten mit all ihrer Tragik und Komik und Einmaligkeit – ich hätte wohl aufgegeben.

Die mühsame, oft qualvolle künstlerische Annäherung an neue oder bisher unausgesprochene Wahrheit ist oft proportional zu dem anwachsenden Vorwurf, die bisher geltende Wahrheit zu verunglimpfen. Dieses simple Spiel zieht sich wohl durch die gesamte Kunstgeschichte und wird zum Teil bis heute mit und ohne Reue betrieben. Dabei wird immer wieder unterstellt, daß bittere Wahrheiten – ich bleibe bei diesem uns allen doch geläufigen Begriff – einem verbitterten Weltbild entspringen und verbitterte Leser und Zuschauer zurücklassen. Das ist zynisch, weil inzwischen jeder weiß, daß die Leute gerade deshalb verbittert sind, weil sie Halbwahrheiten vorgesetzt kriegen, weil sie sich durch diese geistige Bevormundung gedemütigt, traurig, mutlos fühlen.

Nichts ist doch mobilisierender, als dabei zu sein, wenn Belastendes, das bislang jeder für sich geschleppt hat, durch Veröffentlichen, durch Öffentlich-Machen, auf alle Schultern der nun wissen Dürfenden verteilt wird. Wenn schon Schulterschluß, dann doch bitte dieser: Offenheit. „Die Literatur ist da, um den Menschen nicht allein zu lassen", sagte uns Anna Seghers.

Als ich jenes Manuskript abgeschlossen und auch die berechtigten Hinweise meiner Lektorin berücksichtigt hatte, kamen andernorts noch kräftezehrende Diskussionen um dreißig „bedenkliche Stellen" auf mich zu. Die Praktiken von Informationsverweigerung vor dem Schreiben und Zensur danach sind unwürdig für alle Beteiligten. Jeder mit Literatur Befaßte, auch der Leser, hat da seine Erfahrungen.

Transparenz, so ist mir klar geworden, ist keine Angelegenheit, die sich in Einzelfällen, für *einen* Autor, durchstellen läßt. Sie braucht einen Nährboden, ein Klima, in dem für alle Partner das Gefühl gedeiht, von gegenseitiger Offenheit nur profitieren zu können. Dieses Gefühl läßt sich offenbar nicht anordnen, aber – da bin ich ganz zuversichtlich – es läßt sich, behutsam, verbreiten.

Gerhard Holtz-Baumert

Ich möchte noch eine Bemerkung machen, weil beide Redner, die soeben sprachen, von wohlüberlegten Manuskripten gelesen haben. Horst Matthies, du hast dich gestern gegen vorbereitete Manuskripte gewandt, aber du hattest vorhin auch eins, von dem du abgelesen hast. Dagegen ist nichts einzuwenden, jeder muß selbst entscheiden, wie er verfahren will. Wer mit einem fertigen Manuskript spricht, ist willkommen, wer ohne Manuskript zur Diskussion redet, ebenfalls. Aber es wäre schon gut, wenn wir nicht nur monologisieren, wenn wir uns mehr aufeinander beziehen würden. – Jetzt Wolf Spillner.

Wolf Spillner
Es wurde ja gestern schon des öfteren über Wirklichkeit gesprochen, und es war immer die Wirklichkeit, die in den Städten angesiedelt ist. Darüber kann ich wenig sagen. Worüber ich sprechen kann, hat jedoch direkt und indirekt Auswirkungen auf urbanes Leben. Also versuche ich, über Natur und Umwelt und unser Verhältnis zu ihr, also über unser Verhältnis zu uns zu sprechen.
Ich bringe zwei Zitate und einige zugehörige Gedanken.
Im Scheinsommer dieses Jahres ging ich zwischen Regen und Sonne mit Kindern aus verschiedenen Ländern der Bundesrepublik an meinen See. Das ist eine schilfdurchwachsene Wasserschüssel auf glazialem Beckenton, 150 Hektar groß, zwischen Wismar und Schwerin. Für meine Gäste war das Mecklenburg pur und zum ersten Male. Ein Naturschutzgebiet inmitten produktiver landwirtschaftlicher Nutzfläche. Es bietet den Hintergrund für eine Geschichte, die ich vor einem Dutzend Jahren geschrieben habe. Einen Ausschnitt aus dieser Geschichte lesen unsere Kinder im Lesebuch der 5. Klasse. Die Kinder aus dem Nachbarland lasen die Erzählung auch, so wie manche ihrer Altersgenossen in unterschiedlichen Schulen der Bundesrepublik. Sie kamen mit zwei Betreuern in die DDR, weil sie nicht nur lesen, sondern selbst auch schreiben. Sie suchten Kontakte zu schreibenden Schülern, und sie besuchten Autoren.
Meine Gäste waren nicht wenig erstaunt, eine Landschaft wirklich so zu finden, wie sie ihnen vom Text bekanntgeworden war. Sie hatten nämlich die Mengen freilebender Vögel, die Rufe der Graugänse und die kreisenden Adler über dem See als literarische Phantasie, als pure Erfindung des Autors aufgenommen. Und als wir gar einem Trupp von Weißstörchen, mehr als ein Dutzend waren es, am Kleefeld begegneten, da wollte ihr Staunen kein Ende nehmen. Sie waren alle in dem

Alter, das an den kinderbringenden Klapperstorch nicht mehr glauben mag. Sie wußten, daß menschliche Reproduktion in Mitteleuropa seit geraumer Zeit von der Pharmachemie mit entsprechenden Pillen gesteuert wird. Müßte Adebar in ihren Bundesländern die Nachwuchsquoten regeln, bekäme der Angstruf einiger bundesrepublikanischer Politiker: „Die Deutschen sterben aus!" brennende Aktualität. Ist doch der Bestand des Weißstorchs dort auf ein kaum zu rettendes Minimum reduziert worden. Darüber sprachen wir und auch davon, daß vor drei Jahren zwischen Elbe und Oder noch immer – und wir zählen genau! – 2724 Nester vom Glücksbringer Adebar beflogen waren. Allerdings spielen für Kindersegen bei uns sozialpolitische Maßnahmen wohl eine größere Rolle als die Klapperstörche. Zudem leider bedacht werden muß, daß in mehr als tausend Nestern unserer scheinbar noch so stolzen Storchenpopulation keine Jungvögel mehr aufwuchsen!

Über Natur und Umweltschutz also sprachen wir in einem schönen und reichen Gebiet. Ein paar Wochen später kam mir ein Brief ins Haus. Christoph, am Niederrhein zu Hause, fünfzehn Jahre alt und Mitglied der Jury für den Bundesjugendbuchpreis, will einmal Journalist werden. Er schrieb mir: „Die Atmosphäre in Ihrem Naturschutzgebiet ist nicht wiederholbar, ein einmaliges Erlebnis also! An der Grenze haben wir auch keine Schwierigkeiten gehabt, obwohl die Büchermassen an DDR-Literatur erstaunte Reaktionen hervorgerufen haben. Wir waren in Schwerin in allen Bücherläden, die Sie uns empfohlen haben. Leider haben wir nicht alle Wunschbücher kaufen können. Macht nichts, unser Bücherbestand ist auch so ziemlich aufgestockt worden. Erste Begegnung hinter der Grenze: Eine protzige Raststätte an der Autobahn. Sensor-Wasserhähne und Marmorboden. Man zeigt, was man hat. Widerlich! Nun kommt eine Frage, die mich persönlich sehr interessiert: Mögen Sie es auch so wenig wie ich, wenn man von ‚Ihrem Erich Honecker' und ‚unserem Helmut Kohl' spricht? Eigentlich erhebe ich keine Besitzansprüche auf den Bundeskanzler!"

Ich habe Christoph geantwortet, und ich will es hier noch einmal tun, etwas ausführlicher. Seine Haltung zum Regierungschef der BRD kann ich teilen. Das hat damit zu tun, daß ich unserem Staatsoberhaupt meine Stimme gab. Ich hätte nicht müssen. Einem anderen Kandidaten der Nationalen Front gab ich meine Stimme nicht. Er bekundete als Ratsvorsitzender öffentlich: Wir gönnen unseren Bürgern ihren Kaffee ... Wer, so frage ich mich und andere, hat in unserer sozialistischen Gesellschaft wem was zu gönnen?

Aber auch von meinem Vorsitzenden unseres Staatsrates gab es eine Äußerung, die nicht nur mich irritierte. Sie hat mit Kaffee so wenig zu tun wie mit Literatur, viel aber mit unserer Umwelt, mit unserem Verhältnis zu ihr und zu uns. Nun ist es gewiß unmöglich, daß ein Staatsoberhaupt bis ins Detail hinein in allen Fragen kundig sein kann. Zuvörderst wichtig ist konstruktive Friedenspolitik unseres Landes. Sie trägt erkennbare Früchte, und nur sie kann letztlich – und auch das unter größten Mühen – dazu führen, weitere Schädigung der Umwelt zu vermeiden und schon entstandene nicht unbeträchtliche Verluste auszugleichen. Dazu gehört aber auch, die akuten Umweltprobleme nicht nur zu sehen, sondern auch zu benennen und in die gesellschaftliche Diskussion zu stellen.

Vielleicht, so muß ich fürchten, war unser Vorsitzender schlecht beraten vor seinem Gespräch mit Olof Palme. Im Januar vorigen Jahres lasen wir davon im „Neuen Deutschland", andere lasen es in der „Zeit". Für ihn – und dann über die Medien für die Welt – gelten die Wälder der DDR als gesund. Und mit dem sauren Regen hatten wir keine Erfahrung!* Ach,

---

* Die Interviewpassage, auf die sich Wolf Spillner bezieht, hat folgenden Wortlaut:
ZEIT: Ist das Problem des Umweltschutzes für Ihre Bürger genauso drängend wie für die Bürger der Bundesrepublik?
Honecker: Für unsere Bürger ist das genauso drängend. Wir sind auf dem Gebiet des Umweltschutzes auch schon seit langem tätig. Wir haben spezielle Maßnahmen zur Schadstoffbeseitigung festgelegt, und wir sind generell bestrebt, in Übereinstimmung mit unserer Bevölkerung dieses Problem stärker in die Hand zu bekommen. Den Begriff „sterbende Wälder" können wir bei uns allerdings nicht prägen. Wir haben – ich habe mir diese Woche noch einmal eine Karte unseres Umweltministers geben lassen – große Schädigungen des Waldes am Fichtelberg und in dem ganzen Raum zur ČSSR hin. Es gibt Ver-

wenn es so denn gewesen wäre, wenn es jetzt doch so wäre! Es ist so leider nicht, und manch anderes überkommt uns leidvoll. Es hat seine Gründe, die sind nicht hausgemacht, vielmehr Teil eines globalen Problems mit wirtschaftlichen, mit politischen Ursprüngen. Dennoch: Unser Wald ist Volkseigentum, bis auf geringe Ausnahmen, glücklicherweise. Ich meine: Das Volk sollte wissen, wie es um sein Eigentum bestellt ist! Wahrheiten können bitter wie Regen sauer sein. Mit Sicherheit sind sie nützlich. Dazu muß einem nicht Lenin und Gorbatschow einfallen. Verdrängung gebiert auf Dauer nur weiteren Schaden.

Nach dem schrecklichen und hoffentlich auch heilsamen Unglück, jenem „Störfall" in der Ukraine, der auch in meiner Gegend das frischgrüne Maienlaub unterm Geigerzähler ticken ließ, schrieb Christa Wolf: „Wir haben die Geschenke falscher Götter angenommen, und wir alle, jeder einzelne von uns, haben die falschen Speisen von den falschen Tellern gegessen."

Es ist die alte, immer neue Frage, wie denn zu leben wäre, die Frage, was denn eigentlich unsere Bedürfnisse sein sollen, die dann – vielleicht – für alle zu befriedigen wären. Angesichts vieler Millionen Hungertoter weltweit im Jahr ist sie wohl nicht unberechtigt. Wir alle wissen um die Zusammenhänge zwischen wahnsinnigen Rüstungslasten, Hunger und ökologischer Krise. Zugleich haben wir uns an diese Zustände auch gewöhnt. Die Welt lebt mit noch immer fünfzigtausend atomaren Sprengköpfen und nun endlich in der noch leisen Hoffnung, Vernunft möge sich über den winzigen und zugleich ungeheuer wichtigen Schritt des Mittelstreckenraketenabbaus fortsetzen. Als sicher veraltete Zahl dazu nur zur Erinnerung: Die jährliche finanzielle Aufwendung zur Wartung und Aufstockung al-

einbarungen zwischen der DDR und der ČSSR, um die Voraussetzungen dafür zu schaffen, daß die Wälder wiederaufgeforstet werden können, daß dort auch wieder gesunde Bäume wachsen. Ansonsten können wir jedoch sagen: Unsere Wälder sind gesund. – Auch mit dem „sauren Regen" ist es bei uns nicht so. Ich hatte mit dem schwedischen Ministerpräsidenten Olof Palme eine lange Fahrt bis Stralsund. Das ging von Wald zu Wald, und er fragte mich: „Was macht bei Ihnen der saure Regen?" Darauf sagte ich: „Ich bedaure, Herr Ministerpräsident, mit saurem Regen haben wir keine Erfahrung."

(„Neues Deutschland" vom 31. Januar 1986)

lein des atomaren Waffenpotentials der USA betrug 1983 rund neunzig Milliarden DM! Viel billiger wird im Verhältnis die atomare Gefahr anderen Ortes, von Frankreich über England bis China, ebenfalls nicht sein. Was kostet der Hunger der Welt? Was macht – auch – die ökologische Krise?

Nein, wir haben keine Geschenke falscher Götter angenommen. Wir Menschen der Neuzeit, auch nach dem Oktober vor siebzig Jahren, haben uns selbst als Götter gefühlt und zugleich unsere Götzen aufgebaut. Die falschen Speisen, heftiger denn je bunt über den Bildschirm suggeriert, schmecken uns fein, auch hierzulande, auch mir. Wenig sinnvoll wäre es, Zustände nur zu benennen und zu beklagen, als stünde man außerhalb und nicht sehr zwiegespalten und als Mitschuldiger der Probleme da!

Ich werde, ist der Kongreß beendet, wie viele andere auch, meinen Beitrag zur Umweltzerstörung leisten. Dabei bediene ich mich des kleinen, mir verfügbaren Teils einer weltweiten, hocheffektiven Massenvernichtungsmaschinerie. Jährlich schafft sie mehr Tote, Leicht- und Schwerverletzte als die beiden Bomben auf Hiroshima und Nagasaki. Jährlich, laut Aussage der Weltgesundheitsorganisation, dreihunderttausend Autotote! Zwanzigmal so viele Verletzte, Krüppel, Sieche! Nein, keine Geschenke! Wir wollen es! Und die Wälder kranken, auch daran. Nun sind wir in diesem Land zum Glück nicht in jener Situation wie jenseits der Elbe, daß etwa jeder achte Arbeitsplatz direkt oder indirekt am Automobil hängt. Und es gibt auch nicht diese profitgesteuerte, politisch maskierte Wahnsinnshaltung: „Freie Fahrt für freie Bürger!" Vielmehr wachen unsere grüngekleideten Genossen mit den weißen Mützen – auch finanziell nicht ineffektiv – auf nützliches und zugleich baumschonendes Tempolimit. Das ist schon gut. Ich weiß jedoch um den Unmut bei anderen und mir, über den IFA-Vertrieb länger als zehn Jahre auf das begehrte Kraftfahrzeug warten zu müssen. Nun kann ich mich nicht hierherstellen und ab übermorgen bleifreies Benzin und Katalysatoren fordern. Ich kenne unsere Möglichkeiten. Ich meine aber, daß Besserung schon so begönne, wenn eine hoffnungslos veraltete Technik wie der zweitaktige Trabant nicht mehr zum umweltfreundlichen Gefährt hochstilisiert und Smogalarm in der BRD oder der gesonderten politischen Einheit Berlin-West zum politischen Kampfmittel des Klassengegners abgestempelt würde.

Was, so könnte man fragen, hat dies denn mit Literatur zu tun? Alles, sage ich. Um Leben geht es, ums Überleben auf Dauer. Wenn es gelingt, die atomare Bedrohung von der Welt zu nehmen – und nur hoffen kann ich, das noch endgültig zu erleben –, steht die ökologische Krise schon jetzt als nicht minder gewichtiges Problem vor uns allen und dann erst vielleicht auch zur Lösung an. Doch jetzt schon müssen wir im Bewußtsein leben, alle wirtschaftlichen und somit politischen Fragen vom Ansatz her ökologisch zu bedenken. Anders wird langzeitige Ökonomie gar nicht möglich sein! Ökologische Fragen sind wie der Frieden als Fragen des Überlebens zu begreifen. Bislang lebt die Welt lediglich mit nachgeschalteten, sehr unvollkommenen Reparaturkonzepten. Wie unter Mühen gelernt werden mußte, daß Kriege sinnlos wurden und nicht gewonnen werden können, auch die derzeitigen nicht, so müssen wir lernen, über Natur nicht siegen zu können.

Vielleicht – und nun endlich die Literatur und ihre Möglichkeiten befragt – tragen auch Texte zu gewissen Fehlhaltungen bei. Siegeszuversicht und Technikgläubigkeit – wir sollten nie Tschernobyl und das Unglück mit dem Space-Shuttle vergessen – suggerieren über das Feld der Science-fiction, dieser Planet sei zu verlassen und die Menschheit könne neue Zukunft außerhalb des Sonnensystems gewinnen. Andererseits wird von Literatur immer wieder gefordert, auch auf ökologische Fragen Antworten zu geben. Aus vielen Gesprächen und Briefen entnehme ich mit Freude und Erschrecken zugleich, daß Autoren und ihre Texte zu einer Art von Hoffnungsträgern werden.

Ich warne mich, meine Kollegen und vor allem die Leser vor zu großer Erwartung. Literatur allein kann keine Rezepte schreiben. Sie kann und darf keine Ersatzfunktion übernehmen. Nicht nur, weil sich Produktionszeiten bei den Autoren, viel mehr aber bei Verlagen und Herstellern zunehmend verlängern, können unsere Bücher nicht all jenen Forderungen gerecht werden, die naturgemäß an Journalismus und Publizistik gestellt werden sollten! Rolf Floß sprach schon davon.

Also wünsche ich mir zunehmendes Interesse unserer Medien an ökologischen Fragen, den Mut und die Möglichkeit, scheinbar Unangenehmes zu diskutieren, um gesamtgesellschaftlich Besserung zu schaffen. Unverantwortlich wäre es, mit Verharmlosung und Verdrängung die Zerstörungen von gestern unter dem Gütesiegel von Umweltschutz fortzusetzen. Als *einen* weiteren von vielen nötigen und möglichen Ansätzen wünsche ich mir in jeden Rat des Kreises und der Bezirke einen in ökologischer Disziplin ausgebildeten Wissenschaftler, dessen Wort im Rat Gewicht hat.

Als entscheidende Grundlage sehe nicht nur ich, daß die Forderungen des XI. Parteitages sehr bald und sehr ehrlich erfüllt werden müssen, nämlich mit sehr viel weniger Energie und weniger Material sehr viel mehr Erzeugnisse solcher Art zu produzieren, die sich weltweit und dazu gewinnträchtig verkaufen lassen. Die Söhne Nippons sind ein gutes Beispiel. Auch im Hinblick auf Energieverbrauch. Unser verschwenderischer Pro-Kopf-Verbrauch an Energie – in dieser Disziplin, sagt man mir, sind wir hinter den USA Vizeweltmeister – ist unerträglich. Umweltschutz ist teuer und wird nicht billiger. Dann vielleicht könnte ich in den nächsten Jahren eine Siegesmeldung ganz anderer Art auf der ersten Seite des Zentralorgans lesen: Daß es gelungen sei, nun endlich zwanzig oder dreißig oder gar noch mehr Millionen Tonnen Braunkohle *unter* dem Plan zu erbaggern! Mag man mich naiv schelten – ich halte dies für einen so notwendigen wie realisierbaren Traum. Er wäre zudem landschafts- und damit heimaterhaltend. Nicht nur für Pflanze und Tier. Ich hoffe auch, daß zur gleichen Zeit die Wasserqualität in meinem naturgeschützten See nach überstandener Güllebelastung wieder gestiegen sein wird, daß weiterhin die Adler fliegen und die wilden Gänse schreien. Ich weiß um den Reichtum meiner Heimat, weiß, daß es seit der Jahrhundertwende nie so viele Adlerbruten, Kraniche und Schwarzstörche zwischen Dömitz und Schwedt gegeben hat. So viele, daß meine Gäste – und nicht nur die lesenden, schreibenden Kinder aus der Bundesrepublik – es kaum glauben mögen. Es sind kostbare Schätze der Heimat, durch Gesetz und praktischen Umweltschutz bewahrt. Ich weiß aber auch um den inzwischen wenig erfreulichen Zustand von Kiefern und Buchen in Mecklenburg, fern der Industrie, weiß um den stillen, unbemerkten Auszug, nein, schlechter: um die Vertreibung mancher Pflanzen und Tiere, die weniger augenfällig sind und nicht so kostbar erscheinen wie die kreisenden Adler. Ich will nicht hinnehmen, daß die Klapperstörche verschwinden. Für meine weitere Lebenszeit möchte die heimische Population des Adebar wohl noch ausreichen. Doch Kinder sind da. Nicht nur eigene. Auch Kindeskinder. Ihre Bindung an Heimat sollte nach meinem Verständnis auch weiterhin durch Gefühl und Verstand von Wald und Wiese, von Blumen und Vögeln und den farbigen Faltern mitbestimmt werden.

Für sie, die morgen und übermorgen Entscheidungen zu treffen haben, für sie schreibe ich. Auch in diesem Herbst, der kein Herbst einer Doppelnachrüstung mehr ist, sondern – auch durch unsere Politik – den Ansatz weiterführender Vernunft trägt. Um ein geringes hat die Hoffnung für mich beim Schreiben zugenommen.

Gerhard Holtz-Baumert

Nach unserer Pause möchte ich, bevor Fritz Rudolf Fries das Wort bekommt, zwei Kollegen ans Mikrophon bitten, da sie sich auf das, was Wolf Spillner gesagt hat, beziehen möchten: zunächst Harald Schleuter, nach ihm Monika Ehrhardt. Außerdem muß ich ein Versehen bekennen. Ich wurde darauf aufmerksam gemacht, daß sich Horst Haase zu Jürgen Kuczynski gemeldet hatte, das war mir entgangen; er sollte gleich nach Monika Ehrhardt sprechen, ihm folgt dann Fritz Rudolf Fries.

Harald Schleuter

Ich komme vom Bezirksverband Erfurt, bin als Gast hier und hatte vor, mich eigentlich zu einem anderen Thema zu äußern, möchte aber meinen vorbereiteten Beitrag zugunsten einiger Bemerkungen zum letzten Diskussionsbeitrag kürzen.

Aus dem, was Kollege Spillner vortrug, klingt neben einer echten Sorge, die wir eigentlich alle teilen und in der immer wieder auch offene Türen eingerannt werden, die Auffassung heraus: Ach, wenn sich doch meine Ansichten endlich mal durchsetzen könnten, wenn wir doch nur genügend Fachleute hier oder dort hätten, die wir an dieser oder jener Stelle einbauen könnten, dann würde sich doch so vieles ändern lassen! Dann würden wir vielleicht die eine oder andere Tierart erhalten können, das eine oder andere Biotop würde uns erhalten bleiben, weniger Schwefel würde regnen. Das ist aber auch nach seinen eigenen Ansichten insofern vielleicht doch ein bißchen schizophren, als er sagt: Wir wollen natürlich nicht verzichten, wir wollen nicht auf unser Auto verzichten. Wir können nicht auf unsere Waschmittel verzichten, und wir wissen doch: Wenn wir die Waschmittel mit ihren Phosphatgehalten in die Flüsse leiten, wachsen die Algen, dann haben wir Sauerstoffdefizit, das vermindert die Lebensfähigkeit des Flusses und so weiter. Da liegt eigentlich eine Aufgabe auch der Aufklärung in anderer Richtung: nicht nur die Forderung zu erheben, hier müsse von Staats wegen etwas geschehen, sondern die Verbreitung der Einsicht sollte mindestens gleichrangig sein oder Vorrang genießen: wir selbst, wir alle, die wir auch Betroffene sind, müssen dazu, wo auch immer, unseren Beitrag leisten. Sonst gleitet das doch ein bißchen in ein Wunschdenken ab. Wir sind doch alle auch in der Familie nur so stark, wie uns die Mittel das erlauben. Und da wir keine Phantasten sind, sondern sehr realistisch denken – ich nehme das für mich in Anspruch, ich habe in diesem Jahr mein dreißigjähriges Berufsjubiläum als Chemie-Ingenieur und als Mitarbeiter eines großen Kombinates gefeiert –, da wir keine Wunschdenker sein dürfen, weil das eine Gefahr in sich birgt, müssen wir uns an Realitäten halten, und die lauten: Wir können einiges jetzt noch nicht machen. Das tut uns allen weh. Es ist aber nicht so, daß das niemand wüßte, daß dafür nicht gearbeitet würde. Ich habe mit Beauftragten des Ministeriums für chemische Industrie zu tun gehabt, ich habe den Minister für Gesundheitswesen, Mecklinger, aufgesucht, und ich habe Sachkenntnis vorgefunden, habe die gleichen Sorgen vorgefunden. Wir müssen wegkommen von dem Bedauern, das wir immerfort äußern. Wir brauchen Kraft, die muß uns zuwachsen, die müssen wir organisieren. Das sage ich mal jetzt auch als ein Betriebsmann. Für mich gilt nach wie vor, daß alles nur erwirtschaftet werden kann im Zusammenhang mit unserem Bestreben, den Mitbewerber vor der Geschichte in seiner Produktivität zu schlagen, das hat für mich Primat. Dafür habe ich mich eingesetzt, will ich mich einsetzen, und es gibt kein anderes Feld; Krieg löscht Leben und Denken. Also erst Produktivität, Rechner, Mikroelektronik, Computer, die ganze Problematik – Wogatzki nannte sie gestern, ich raffe es jetzt nur ein bißchen –, das zuerst, auch parallel, soweit es sich machen läßt, und wir müssen über Prioritäten nachdenken, das ist richtig. Aber wir müssen das alles in dem Rahmen geschehen lassen, in dem wir uns bewegen. Es gibt keinen dritten Weg für mich. Es gibt nicht irgend etwas Grünlich-Frommes, Geruhsam-Beschauliches, ich kann mir das nicht vorstellen, so lange jedenfalls nicht, solange Kapitalismus existiert, und nicht nur, weil wir da Marx widersprechen müßten.

Wir würden, wenn wir anders handeln und anderem Primat, Priorität geben würden, in wenigen Jahrzehnten zum Aschenputtel der Weltgeschichte degradiert werden, und wir würden eines Tages überfahren werden mit einem Gerät, das wir nicht mehr identifizieren und auch nicht abwehren könnten. Deswegen müssen wir selbst zunächst erst produktiver sein, nicht die anderen. Nichts weniger. Und die Realisierung des technischen Teils dieser Angelegenheit ist gewaltig. Man kann zur Zeit dazu sagen: kaum überschaubar, und ich weiß, wovon ich rede. Wir Erfurter erleben zur Zeit den Aufbau der Mikroelektronik, gewissermaßen einer Befehls- und Versorgungszentrale, wenn man so will, für die Eroberung der geschichtlich notwendigen Effizienz. Und nun frage ich: Was können wir als Schreibende damit zu tun haben?

Wenn wir es ernst meinen mit diesem neuen Instrumentarium, wenn es kein Zierat sein soll – und daran darf es eigentlich keinen Zweifel geben –, dann müssen sehr viele Menschen in naher oder in für viele noch erlebbarer Zukunft Arbeitsplatz, Beruf, Ort, Landschaft wechseln, müssen Zehntausende Anlagenfahrer, Chemiearbeiter, Kaliwerker Blumen züchten, von denen hier auch die Rede war, oder in einem Dienstleistungskombinat Staubsauger reparieren, endlich. Es wird Abschiede geben müssen, Abschiede von Bleicherode zum Beispiel im Südharz, und Ankünfte, in Nordhausen vielleicht, Abschiede von Gewohnheiten, von Bindungen. Der Begriff von der mobilen, vielseitig einsetzbaren Arbeitskraft muß und wird noch vor der Jahrtausendwende in bisher nicht gekanntem Umfang vom Papier in das Leben treten, unsere Geruhsamkeit und die relative Sicherheit bestehender Strukturen, unser gesamtes gesellschaftliches Refugium antasten, uns in nicht gekannter Weise herausfordern, am Markenzeichen „Arbeitsplatzsicherheit" kratzen, eine Situation schaffen, auf die wir, wie ich meine, im Moment noch nicht richtig vorbereitet sind. Das ist eine Sorge, die ich gern mit allen teilen möchte, die hier sitzen, weil ich sie für gewaltig ansehe. Wir haben in unserem Land damit wenig Erfahrung – Gott sei Dank, wir sind stolz darauf, diese Art Probleme haben uns bisher *nicht* die Sorgen gemacht. Wir haben schon einige Diskussionen, wenn tausend Bauarbeiter von Thüringen nach Berlin fahren. Die billige Fernwärme und die Wohnung, der gesicherte Arbeitsplatz sind in unserem Staat sakrale Einrichtungen. – Und dann der Einsatz dieser neuen wirtschaftlichen Waffen! Da sind Barrieren und Widerstände schon jetzt zu erkennen. Wir werden deswegen unsere Sozialpolitik nicht ändern, aber das eine oder andere überdenken, die eine oder andere Reklamation auch anmelden müssen. Das heißt, daß der wissenschaftlich-technische Vorlauf – schwer genug machbar, aber mit administrativem Druck an den Start zu bringen – nur eine Seite ist. Zum Gelingen benötigen wir die vorbereitete Atmosphäre, einen Vorlauf an Bereitschaft zum Mittun der Menschen, die Verbreitung der Gewißheit, daß da ein Sprung nötig ist, um diese Mittel zu erarbeiten, und zwar ein Sprung, für den der Anlauf sorgfältig gemessen werden muß, und wir müssen den Balken treffen. Viele Versuche haben wir nicht. Wir müssen auch vorher klären, was da in der Grube den

Aufprall mindern könnte, damit das Risiko einigermaßen abschätzbar ist. Und wir müssen auch dafür sorgen, daß ein international gültiges Bandmaß beim Messen verwendet wird. Das können, das dürfen wir den Administratoren und Verwaltern von Prozessen nicht überlassen; denn das hängt mit der Frage zusammen, ob man in einer neuen Wohnung vielleicht die Eltern unterbringen kann oder Kaninchen züchten könnte.

Und unsere Gedanken bevölkern zuweilen den interstellaren Raum, und das ist notwendig. Aber die vor der Haustür liegenden Probleme: unser Land, unser Staat im Jahre 1993, 1995 – fast schon Gegenwart, wenn wir an den Zeitraum denken, den ein Buch von der Zeugung bis zur Geburt manchmal benötigt –, müssen wir doch schon heute erlebbar gestalten. Da sind wir genauso gefragt wie die Werkebauer, Städtebauer, Philosophen und Psychologen, die diesen Prozeß betreiben müssen. Wir können – dem Plan sei Dank – voraussehen wie in keiner anderen Gesellschaftsordnung, unter welchen Bedingungen Arbeitsplätze wann, wo getauscht werden müssen. Wir haben die Chance, diesen Prozeß und seine Konsequenzen nicht nur aufmerksam zu verfolgen, um anschließend Bücher zu schreiben: Seht her, so war es, so haben wir damals gekämpft, groß waren die Opfer und groß die Helden! Es wird *nicht* über uns hereinbrechen. Wir können diesmal durch Vorausschau vorauseilen, mit vorbereiten und dieses Feld bestellen, das wissenschaftlich notwendige Übermorgen vorausdenken, und revolutionär sein heißt heute auch – meine ich – Opfer vermeiden.

Natürlich ist das Risiko groß, da das geschriebene Wort später überprüft werden kann. Ich bin aber für dieses Risiko. Es ist ein Stück Zukunft, für die wir streiten.

Monika Ehrhardt
Ich möchte bitte nur einen Satz aus dem Referat vom Wolf Spillner nicht unwidersprochen im Raum stehen lassen, und zwar meine ich diesen Zahlenvergleich der Atombombentoten und der Autounfalltoten. Ich für meine Begriffe halte ihn nicht für moralisch.

Horst Haase

Ich möchte gegen einen Aspekt in dem Beitrag des von mir hochverehrten Jürgen Kuczynski polemisieren, zumal ich weiß, daß er solchen Meinungsstreit für sehr notwendig hält. Es handelt sich um seine Kritik an der oft recht abstrakten Beschäftigung der Gesellschaftswissenschaftler mit dem Verhältnis von Produktivkräften und Produktionsverhältnissen – falls ich ihn richtig verstanden habe. Natürlich will ich überhaupt nicht abstreiten, daß Gesellschaftswissenschaftler viele wichtige Fragen nicht adäquat behandeln. In unserer Belletristik gibt es bekanntlich aber auch Lücken, welches die Ursachen dafür auch immer sein mögen. Wie die Wirtschaft zu gestalten ist, im Sozialismus, der auf seinem Wege dafür immer neue Erfahrungen sammeln muß, ist nicht nur eine Frage der unmittelbaren Vorgänge, wie sie Literatur anschaulich erfaßt, sondern auch von Problemen auf einer theoretischen Ebene, die deshalb so lesbar nicht sind wie ein Roman. Sie zu bearbeiten ist dennoch dringend nötig; wer weiß das besser als Jürgen Kuczynski? Hier wurde in einem anderen Zusammenhang bereits Genosse Jaruzelski zitiert, und man könnte auch Genossen Kadar oder Genossen Gorbatschow anführen, deren hauptsächliche Sorgen auch auf diesem Gebiet liegen. Den theoretischen Fragen des Verhältnisses von Produktivkräften und Produktionsverhältnissen haben Gesellschaftswissenschaftler bei uns tatsächlich große Aufmerksamkeit gewidmet. Die rechtzeitige Orientierung auf die Kombinate war ein Ergebnis, das *auch darauf* zurückzuführen war; unser beharrliches Festhalten an den genossenschaftlichen Eigentumsformen, als man anderswo auf diesem Gebiet in bedenklicher Weise experimentierte, ein anderes. Man sollte das nicht so gering bewerten. Schriftsteller sollten sich sogar sehr auch für diese Ebene der Wirklichkeit interessieren.

Ich bin Literaturwissenschaftler, und auch uns kann man viele Unterlassungen vorwerfen. Hermann Kant hat das in seiner Rede getan, und daraus werden Schlußfolgerungen zu ziehen sein. Und wenn Genosse Kuczynski von den Widersprüchen gesprochen hat, die es aufzudecken gelte, dann möchte ich beispielsweise auf Werner Mittenzweis Brecht-Biographie verweisen, die ich in dieser Hinsicht durchaus für vorbildlich halte und zur Lektüre ebenfalls empfehlen möchte. Sie ist übrigens in den Buchhandlungen ebensowenig zu haben wie Strittmatters „Laden" oder Kuczynskis „Urenkel". Auch meine vor Jahren erschienene Biographie Johannes R. Bechers klammert die Widersprüche, in die dieser gestellt war, keineswegs aus.

Vielleicht ist es nicht passend, auf einem Schriftstellerkongreß solcherweise die Gesellschaftswissenschaften zu verteidigen, aber was gesagt werden muß, muß gesagt werden. In unserer Akademie für Gesellschaftswissenschaften wurden die Verhandlungen mit der Grundwertekommission der SPD geführt, aus denen jenes bekannte Dokument „Der Streit der Ideologien und die gemeinsame Sicherheit" hervorging, über das in unserem Lande und anderswo fast ebensoviel diskutiert wird wie über neue Bücher unserer besten Schriftsteller. Ich kann dieses Dokument keineswegs als ein Zeichen von Zurückgebliebenheit betrachten. Es scheint mir vielmehr durchaus auf der Höhe unserer Zeit zu sein, die wahrhaftig neues Denken hervorbringt und braucht. Die anhaltende schematische Gegenüberstellung von sozialistischer Kunst und marxistisch-leninistischer Gesellschaftswissenschaft dürfte dabei auf die Dauer nicht sehr fruchtbar sein. Vielmehr halte ich ein festes Bündnis für nötig.

Fritz Rudolf Fries

Ich bitte um Nachsicht, daß ich meine Themen etwas vermische; einige Themen sollten eigentlich auf das Podium gestern.

Literatur und Wirklichkeit, Literatur und Kritik, die Themen ließen sich auch so darstellen wie: Literatur als Kritik an der Wirklichkeit und Literatur als Kritik an der Kritik. Ich gebe zu, mir ist nicht ganz wohl, wenn ich mich hier über Dinge theoretisch auslasse, die ich lieber in meinen Büchern unterbringe als eine Art hausgemachter Poetik, als ein Rätselspiel für Kritiker und Leser. Ich lasse mich dabei von dem Satz von Konrad Wolf leiten: „Das Wissen über die Künste wird in hohem Maße von den Künsten selbst produziert."

Dabei fällt mir ein Bild ein, das ich unlängst in einer Ausstellung spanischer Malerei gesehen habe, ein unbekannter Meister aus dem Mittelalter, das Bild wird, wie ich meine, fälschlicherweise „Die bärtige Frau" genannt. Denn es kann nur das bärtige, von Furchen durchzogene Gesicht eines Mannes sein, der aber – und das ist die poetische Absurdität – dem in eine rote Windel gehüllten Säugling eine leuchtende Brust reicht. Während der Säugling fasziniert diese sozusagen säkularisierte Hostie betrachtet, blickt der Bärtige den Betrachter an, mit kühner Furcht, weil er bei seinem Geheimnis ertappt worden ist. In Gedanken an unseren Kongreß kam mir das Bild wie eine ideale Darstellung unserer selbst vor, nämlich des Autors, der alles in einer Person ist, den Leser im Arm haltend, sich selber genügend, ohne Lektor, Verleger, Zensor oder Kritiker. Aber da hatte ich eine zweite Figur im Bild übersehen, einen Mann im Schatten, das konnte doch nur, in meiner Interpretation des Bildes, der unvermeidlich auftretende Rezensent sein, der sich aber hier weder für das Kind noch für das nährende Wunder des Produzenten interessierte, sondern mit kaltem Blick einzig die Wirkung des Bildes auf den erstaunten Betrachter prüfte.

Ich gebe zu, mein Unbehagen weiter mitteilend, die Zeit lieber bei der Lektüre eines Buches zu verbringen, etwa der Biographie Mittenzweis über Brecht. Literatur als Flucht vor der Wirklichkeit dieses Kongresses? Aber da wird man von Mittenzwei schnell wieder zurückgeschickt in die Gegenwart und an die Aufrufe der Gesellschaft, sich an ihrer Gestaltung zu beteiligen. Mich hat besonders beeindruckt jenes Kapitel über die Schwierigkeiten bei der Aufführung der Lukullus-Oper. Sie erinnern sich, diese uns allen vertraute Dialektik von Macht und Geist, die damals sogar bei Dessau und Brecht beinah Ergebenheit produzierte, so als könnte man in Deutschland nicht aus einer fatalen Tradition heraus, wo doch ein Gespräch unter Gleichgesinnten – wir haben ein Bild an der Wand dazu – zur Korrektur auf beiden Seiten der gemeinsamen Front führen kann.

Aber ich wollte, Egomane meines Berufes, von mir reden, von

meinen Erfahrungen in diesem Jahr. Dazu gehört das Vergnügen, einer Gruppe von Kolleginnen und Kollegen angehört zu haben, die im Sommer in Paris und in der französischen Provinz Literatur unseres Landes vorgestellt hat. Ich glaube, nicht nur ich war überrascht über die große Bereitschaft, diese Autoren kennenzulernen; ein wenig kam es mir vor, daß wir in einem Land, wo die Linke gegenwärtig ihre Probleme hat, auch wie die Verkünder des ungebrochenen Fortschritts angesehen wurden.

Und welche Botschaft kann Literatur heute verkünden! Die Franzosen mag es überrascht haben, daß wir nicht, wie es das vom anderen Deutschland oft genährte Vorurteil will, auf dem Niveau einer durchschnittlichen Feuilleton-Seite des „Neuen Deutschland" auftraten – wo man bekanntlich als Autor von Pilzbüchern oder römischer Bäder in der Antike mehr Aussicht hat, rezensiert zu werden, als wenn man Hein, Stade, Kolbe, Elke Erb, Hilbig, Rainer Kirsch oder Fries heißt. In Paris zeigten wir eine auf Anhieb erkennbare Gemeinsamkeit, nämlich die antifaschistische Grundhaltung unserer Literatur und die vernunftbetonte Friedenspolitik unseres Landes. Darüber hinaus aber ergänzten wir einander je nach den Erfahrungen, die wir zu Hause mit den Beauftragten für Kultur, mit Lektoren und Kritikern, nicht zu vergessen mit den Lesern gemacht hatten. Wir erinnerten an eine ein wenig aus der Mode gekommene Erkenntnis, die sich genauer bei Lukács nachlesen läßt: Der Schriftsteller beschreibt seine eigene Welt, seine eigene Wirklichkeit, und auch seine Phantasien sind am Ende nachprüfbare Wirklichkeit. Dabei will ich Lukács nicht unbedingt wie einen Säulenheiligen zitieren. Die auf den Tag zusammengestückelte Anwendung seiner Ästhetik in den fünfziger und sechziger Jahren hat mitgeholfen, die Köpfe vieler Lektoren und Kritiker engstirnig zu machen.

Zu fragen ist heute auch, wie ein Autor die Welt erfährt, ob durch eigene Betroffenheit vor Ort oder bei der Zeitungslektüre am Kamin. Wie weit ist man überhaupt in der Lage zu schreiben, wenn man dem Alltag nur als Beobachter gegenübersteht, oder soll man sich wie Benito Wogatzki an die Fersen eines

Meister Falk heften oder wie Monika Maron den Dreck von Bitterfeld längere Zeit einatmen? Ich habe mich in diesen Tagen mit Michel Tournier, einem französischen Romancier, darüber unterhalten, der als Gast der Akademie in Berlin war. Er verwies mich darauf, daß Stendhal niemals über das geschrieben hat, was er erlebt hat, etwa den Feldzug Napoleons nach Moskau, wohl aber über Dinge, die er aus der Vorstellungskraft nehmen mußte. Und so, meint Tournier, ließen sich die Autoren in die Chronisten und in die Erfinder ihrer Zeit einteilen. Aber das ist ein Thema für unsere Diskussion.

Eine wiederkehrende Frage in Paris war die nach dem Verhältnis von Literatur und Information. Ich will nachträglich die Antwort mit einem Satz von Franz Fühmann geben: „Die Aktualität einer literarischen Arbeit sollte von der Kritik nicht an der Übereinstimmung mit einer Tagesfrage, sondern an der Gültigkeitsdauer gemessen werden. Nicht: heute grad passend und morgen schon wertlos, sondern: wirkungsvoll für lange Zeit." Fühmann sagte das von diesem Forum aus auf unserem Kongreß vor vierzehn Jahren. Die sechsundzwanzig Thesen, die Fühmann damals an diese Tore schlug, haben zu keiner Reformation geführt – oder doch: Der schlechte Ruf der Kritiker als Hüter einer intakten Gesellschaftsmoral – man lese das bei Fühmann nach –, der schlechte Ruf wird von Gegenbeispielen behutsam relativiert. Gerade unter jüngeren Kritikern gibt es, wie ich meine, eine zunehmende Sensibilität, die ihnen nicht vom Himmel gefallen ist, sondern im Umgang mit Literatur erworben wurde dank einer Kulturpolitik, bei der unsere Verlage die Moderne von gestern und vorgestern auf den Tisch gelegt haben. Die Welt, im Reiseverkehr immer kleiner geworden, wird so überschaubarer, und so ist es lächerlich, wie ich meine, wenn Information, und sei sie eine absichtsvoll verkürzte, nicht zur Ergänzung für mündige Leser von Zoll- und anderen Beamten freigegeben wird.

Viele von uns nahmen an der Berliner Begegnung im Mai teil: Berlin – eine Stadt für den Frieden. Das Teufelszeug der Raketen für immer zu verbannen, da kann Literatur ihren Teil beitragen, das Realitätsdenken von Gorbatschow und von

Honecker zu unterstützen. Zugleich aber sprach jeder von uns über seine Erfahrung mit der geteilten Stadt Berlin, die ein Bild der zerrissenen Welt ist, im Vertrauen darauf, Öffentlichkeit zu gewinnen und Leser aufzufordern, mit ihrer Erfahrung andere Erfahrungen zu ergänzen, wie das heute die Presse der Sowjetunion so beispielhaft tut. Dank der Bemühungen der NDL werden demnächst die Beiträge der Berliner Begegnung in extenso als Protokollband zu lesen sein.

Ich bin dafür, daß der Blickwinkel eines Autors von der Kritik ergänzt, verlängert, vielleicht korrigiert wird. Wie gut, wenn der Kritiker auch ein Linguist ist, ein Philosoph, ein Gesellschaftswissenschaftler vom Format eines Jürgen Kuczynski. Bedenklich aber ist, wenn die Wertmaßstäbe für Literatur von außerhalb ihrer selbst kommen und wenn ein Autor mehr nach dem bewertet wird, was er sagt, und nicht nach dem, was er schreibt. Auch wenn mir das Bild etwas schief gerät, die Leistung eines Ingenieurs wird nach seiner Arbeit bemessen und nicht nach den komischen Hüten, die er zum Feierabend trägt. Daß wir lange Zeit international berühmte Autoren nicht gedruckt haben, weil sie irgendwelche Sottisen zum Tage von sich gaben, ist bekannt. Und bekannt auch, daß Autoren lobend vor die Öffentlichkeit gebracht werden, deren Arbeitsergebnisse, verglichen mit den Leistungen des von mir oben genannten Ingenieurs, gerade für eine Dampfmaschine reichen. Grotesk auch der Zustand einer philosophischen, literaturwissenschaftlichen oder soziologischen Kritik, wenn sie uns Bücher suspekt macht, die dann in keiner Buchhandlung zu kaufen sind.

Freiheit der Kritik aber kann nicht heißen, die Vorlage eines Autors für dubiose Zwecke weiterzudichten. Ich habe diese Erfahrung in diesen Tagen machen müssen, da wenige Zeilen aus einem Interview im Zitat westlicher Medien seltsame Blüten treiben und dem Autor Forderungen nachgesagt werden, die nicht sein Thema waren und sind.

Oder ist da meine Erfahrung nur auf etwas gestoßen, auf ein Gewerbe, das Brecht vor Jahrzehnten einen Vergnügungsanzeiger nannte? Ich bin da nicht sicher, weil Zeilen dieser Art die Aufmerksamkeit vieler Leser auch in unserem Lande finden.

Für mich ein Anzeichen dafür, daß es nicht genügt, wenn unsere Kritik die internationalen Bestseller, die unsere Verlage nachdrucken, einschätzt, wenn zugleich so viele Autoren, die uns näher liegen, ich meine geographisch gesehen, außerhalb der Betrachtung liegen. Und Kritik meint ja hier nicht nur lobende Aufnahme, auch wenn ein anderes Thema in diesen Sätzen von mir zu kurz kommt, Literatur als Kritik der Wirklichkeit. Denn Literatur betrachtet ja eine kritikwürdige Gegenwart immer von ihrem utopischen Ansatz her und nicht von der Affirmation des nur kurzsichtigen Wohlwollens.

Wenn ich von mir rede und meinen Erfahrungen in diesem Jahr, so gehören auch Reisen dazu. Und da sind Bücher von Autoren, die ich aufzählen will, auch willkommene Nachrichten über ein Land, das diese Autoren vorübergehend und hoffentlich nicht für immer bewohnen. Ich meine vor allem Wolfgang Hilbig, Günter Kunert, Sarah Kirsch, Bernd Jentzsch, Kurt Bartsch, Thomas Brasch oder auch Klaus Schlesinger und Jurek Becker, deren Bücher mitunter bei uns verlegt werden, offenbar hinter dem Rücken der Kritik.

Literatur, auch die der genannten Autoren, wendet sich ja gegen das, was in der westlichen Welt immer mehr das Denken der Philosophen und Wissenschaftler bestimmt, nämlich den Glauben an eine fatalistische Abhängigkeit mechanischer Kräfte in uns. Ich glaube, hier hat Literatur ein gewichtiges Wort mitzureden bei der Befreiung des Menschen von einer computergesteuerten Fatalität. Da bleiben auch die Feindbilder an der Wand, denn die Alternative kann ja nur heißen, daß die humanistischen Ziele der Oktoberrevolution wiedergewonnen werden und unser Bild vom Menschen bestimmen.

Gerhard Holtz-Baumert
Auf meiner Rednerliste folgt jetzt Hildegard Maria Rauchfuss.

Hildegard Maria Rauchfuss
Gestatten Sie, daß ich zuerst an mir Kritik übe, wenn ich mit zwei Worten beginne, die sich in zunehmendem Maße bei Red-

nern eingebürgert haben: „Ich möchte." Ich möchte also kurz und schmerzhaft auf ein Kapitel unserer Literatur- und Lesegemeinschaft eingehen, unter dem Stichwort: Autor und Kritiker.

Bei der Behandlung dieser Beziehung trifft man immer wieder auf falsche Alternativen, bei denen sich die Aussagen gegenseitig ausschließen. Eine recht fragwürdige ist zum Beispiel: Wenig gelesen – gute Literatur; viel gelesen – schlechte Literatur! Das hier anvisierte Verhältnis ist doch viel komplizierter, als daß man es auf diese dürre Formel bringen dürfte.

Der wirkliche Wunsch jedes Poeten ist, gelesen zu werden, wobei ich lesen im schöpferischen Sinne verstehe. Dazu Lessings Stoßseufzer: „Wer wird nicht einen Klopstock loben? / Doch wird ihn jeder lesen? – Nein. / Wir wollen weniger erhoben / Und fleißiger gelesen sein."

Binsenwahrheit: Wenn Literatur wirken soll, muß sie angeeignet, gelesen, verarbeitet, streitbar angeeignet werden. Das ist ein vielschichtiger Prozeß, der sich mehrfach wiederholt, individuell und gesellschaftlich. Jeder künstlerisch tätige Mensch, ob er malt, komponiert oder schreibt, schafft ja nicht für die eigenen vier Wände. Er hat das berechtigte Bedürfnis nach Öffentlichkeit, nach öffentlicher Bestätigung und Bewertung. Er wendet sich einem Publikum zu, er setzt Frage- und Ausrufungszeichen, Gedankenstriche, Zeichen also, auf die reagiert werden sollte. Auch von Kritikern. – Kritiker üben ein wichtiges Amt aus! Es fällt nicht leicht zu übersehen, daß sich in Ämtern auch Bürokraten finden, Pfennigfuchser, die Stempel benützen, mit denen sie abstempeln. Ich erlaube mir deshalb als Autorin – ich hoffe auch im Namen vieler meiner Kolleginnen und Kollegen – Stellung zu nehmen. Nicht zu Akten XYZ, die ungelöst sind, sondern zu Fällen, die gelöst werden könnten.

Die persönliche Bekanntschaft zwischen Kritiker und Autor hat ja ihre positiven wie negativen Seiten, wobei ich mit Bekanntschaft jene meine, die über den Vermittler „Buch" führt. Zu den negativen Momenten gehört, daß bestimmte Kritiker nur ihre Lieblingsautoren streicheln. Mit Recht oder Unrecht, sei hier nicht untersucht. Was mich allerdings beunruhigt, ist die

Repräsentanz immer der gleichen wenigen Namen. Aber ich halte es für notwendig, daß ein Rezensent sich über das gesamte Schaffen des zu besprechenden Autors informiert. Mir widerfuhr da folgendes: Eine Kritikerin schickte mir ihre Meinung zu einem meiner Romane. Sie schloß mit der Bemerkung: „Mit diesem Roman dürfte das literarische Vermögen der Autorin erschöpft sein." – Nun gut, dachte ich, sie meint, ich hätte mich nach vierzehn Büchern „ausgeschrieben". Ich verdrängte dieses Urteil. Doch Jahre später – mein literarisches Vermögen hatte sich um einige Münzen vermehrt – hatten wir Gelegenheit, einige Zeit beisammen zu sein. Die Begegnung war und blieb herzlich. Als ich sie fragte, ob sie eigentlich bei ihrer damaligen Schlußformel gewußt habe, daß der von ihr als Endpunkt hingestellte Roman der zweite Teil eines ersten wäre, eine Fortsetzung, nur von gewisser Selbständigkeit, erschrak sie. Nein, sie hatte den Band ganz einfach isoliert bewertet. Nach weiteren Vergleichen mit anderen Büchern von mir befragt, wurde sie erst recht verlegen. Außer diesem einen Roman hatte sie weiter nichts von mir wahrgenommen. Wir lächelten uns beide versöhnlich an, allerdings etwas gequält.

Es geht hier um diese Methode der Ganzheit oder der Auswahl. Auswahl muß sein, aber wenn diese Praktik dazu führt, Fehlurteile zu fällen, muß sie kritisch überprüft werden. Ein Kritiker, der so verfährt, schadet nicht nur dem Autor, er informiert den Leser falsch, lenkt ihn in eine Einbahnstraße.

Wer von uns hat nicht durchaus eine Vorstellung von einem guten Kritiker, was nicht heißen soll, daß man von ihm nur sogenannte gute Kritiken erwartet. Ich ziele dabei auf die geistige Verfassung des Kritikers bei einer Besprechung, die mir imponiert, denn letzten Endes sagt ein Werk über seinen Autor aus, und eine Kritik eben über den Kritiker. Das Kunstwerk ist der Drehpunkt in diesem Verhältnis von Autor und Kritiker, ja mehr noch: von Autor – Leser – Kritiker – Gesellschaft und Literaturbewegung.

Wo steht der Kritiker? Als Weltkind in der Mitten? Schön wär's, denn er ist mit einer sehr wichtigen Funktion im Leseland DDR versehen. Natürlich ist auch der Leser Kritiker von besonderer Art. Gibt es da verengte Auffassungen, so können sie bei Begegnungen des Autors mit seinen Lesern, Aug in Auge, behandelt werden, oftmals streitbar. Solche Diskussionen sind außerordentlich fruchtbar, lebhaft, interessant, es gewinnen beide Seiten. Ein Dafür, ein Dagegen erregt und regt an.

Tuchfühlung zwischen Autor und Kritiker ist höchst selten. Gibt ein Kritiker verengende und verengte Haltungen und Urteile zum besten, ist die Wirkung leider schmalspurig. Empfiehlt oder bemängelt ein professioneller Gutachter, gibt es nicht wenige, die sich beeinflussen lassen.

Ein Kuriosum ist, daß mitunter ein stark verrissenes Buch gerade den Kaufreiz der Leser weckt. Da wirken, denke ich, ideologische Momente hinein. Ich weiß, man soll nicht summarisch über Kritiker witzeln oder schimpfen. Das ist nicht meine Absicht, sie haben es auch schwer, falls sie es sich nicht zu leicht machen. Und da gibt es Beispiele über Beispiele. Ich will hier pro domo sprechen: Meine ersten literarischen Gehversuche als Debütantin, von der Lyrik über die Erzählung zum Roman, wurden von einer heute hochgeschätzten Schriftstellerin in Grund und Boden gedonnert. Ein Gewitter, dessen Blitze mich seltsamerweise nicht erschlugen, sondern elektrisierten. Allerdings, die Gefährdung war groß, meine Entdeckungsfahrten in die Wirklichkeit, begleitet von Lesern, denen ich sie ja zeigen wollte, einfach abzustellen. Geholfen haben mir damals die aufmunternden Worte meines Cheflektors, dem ich, der mir vertraute! Aber was vor vierzig Jahren geschah, ist als Sitte und Mittel heute keineswegs ausgestorben. Erst vor kurzem fand ich das Beispiel einer solch fragwürdigen Kritikermethode in einer Tageszeitung, in der sich der Rezensent dazu noch hinter den Buchstaben a. m. versteckt, sich als Anonymus äußert, sozusagen als Vermummter. Ich bekam vor kurzem einige solcher Kritiken zugeschickt, die sich auf mein Buch bezogen, die alle abgezeichnet waren quer durchs Alphabet: r., sch., -eiben., Chl., S. K., R. K.. Den Schlußsatz der Debütantin nimmt der a. m. auf: „Noch blieb viel Zeit. Noch war dunkle Nacht." Daran hängt er die lakonische Wertung: „Da bleibt nur, der Autorin vor der Veröffentlichung der nächsten Arbeit Erleuchtung zu wünschen." Frage: Durch wen? Ein Verlag hat Lektoren, Außenlektoren, denen man doch zutrauen müßte, ein Talent zu erspüren, Hilfestellung zu leisten. Denn theoretisch gesehen, sollten nun Verlag und Lektoren auf den Plan treten, ihre Gründe für die Veröffentlichung darlegen. Aber da hält man sich bedeckt, auch diesem Anonymus gegenüber, der auch noch zu einer Methode griff, die geradezu vergiftend wirken kann, nämlich Erstlingswerke an bedeutenden Werken erfolgreicher Autoren abzuwerten. Zitat: „Zum einen hat man das vor Jahren, zum Beispiel in Sakowskis ,Druskat', schon besser gelesen ..." Eine Kritik kann hart sein, wenn sie nur gerecht und begründet ist. Diese Art der Bewertung gleicht dann einem Leuchtstab, der dem Autor Unentwickeltes ins Licht rückt, aber auch Gelungenes. Das zeigt Richtung, läßt die Verfasserin in dunkler Nacht nicht stehen, sondern zumindest einen Wegweiser erkennen.

Dazu zwei Sätze von Robert Musil: „Auch Kritiker, Verleger müssen viel lieben können. Aber da gäbe es auch die Möglichkeit, die Literatur zu lieben, selbst wenn man sie schlecht vertreten wähnt." Dieser Sentenz stimme ich zu, denn sie bedeutet keineswegs, den ästhetischen Anspruch herunterzuschrauben. Anders ausgedrückt: Von einem Verkehrspolizisten erwarten wir, daß er unser Freund und Helfer sei. Auf den Straßen von Literatur und Wirklichkeit wird ein Kritiker als Freund und Helfer auf falsch eingestellte Scheinwerfer hinweisen und nicht gleich Strafzettel austeilen, die Fahrerlaubnis entziehen oder das Transportmittel Autor-Auto aus dem Verkehr ziehen.

Allerdings will ich nicht verhehlen, daß mich manche freche Besprechung ungemein einnimmt, wenn sie von einer Persönlichkeit verfaßt, besser verpaßt wurde, die ich wegen ihres geistigen Niveaus schätze, wegen ihres sicheren Gespürs. Ich denke dabei an Renate Holland-Moritz im „Eulenspiegel" bei der Beurteilung von Filmen. Ihr Kommentar zu „Der große Blonde kehrt zurück" entäußert sich in einem einzigen treffenden Satz: „Das hätte er lieber bleibenlassen sollen."

Vorhandene Widersprüchlichkeiten und Unentwickeltheiten in

unserem Literaturbetrieb reizen einen nicht nur zum Lachen, man sollte sie sehr ernst nehmen. Subjektivität und Zufälligkeit des literarischen Urteils sind allen bekannt. Dazu meine eigene Beobachtung von Kuriositäten.

Eines Tages antwortete mir die Bibliothekarin eines Großbetriebes auf meine Frage, warum sie mein neuestes Buch, aus dem ich ja lesen sollte, weil man laut Einladung darüber diskutieren wollte, nicht in ihrem Bücherbestand hätte, es habe *ihr* nicht gefallen, deshalb hätte sie es eben nicht bestellt.

Amüsiert und geärgert haben mich Erlebnisse dieser Art: Die Äußerung eines Kritikers, mit dem ich nach einer Veranstaltung einen anregenden Abend verbrachte, von dem ich aber schließlich erfuhr, daß *er* der Verfasser eines unsachlichen Verrisses eines meiner Bücher war: „Wissen Sie, hätte ich Sie eher kennengelernt, hätte ich eine ganz andere Kritik geschrieben."

Randbemerkung: Haben es möglicherweise bildende Künstler mit ihren Kritikern leichter? Denn, besucht ein Kritiker eine Kunstausstellung, macht er sich ein Bild. Aber da er nicht allein von ausgestelltem Bild zu ausgestelltem Bild wandert, sondern dabei von untereinander diskutierenden Besuchern umgeben ist, kann bei ihm manches aus dem Rahmen fallen, in den er eigentlich seine Kritik einfügen wollte.

In die lebendige Wirklichkeit mit all ihren Widersprüchen einzugreifen, um zu ändern, zu verändern, das Augenmerk der Leser auf Realitäten zu lenken, sie, wie Günter de Bruyn sagt, zu enthüllen, ist die Pflicht der Kunst. Das mißbehagt manchmal den Blinden selbst, immer aber denen, die von der Blindheit anderer profitieren.

Wirklichkeit, ins Bewußtsein gerückt, führt zum Erkennen, zum Deutlichsehen. Sagt die Öffentlichkeit dazu ja, weil Unbeachtetem durch den Autor Beachtung verliehen wurde, schweigen oft die Medien. Schweigt dazu allerdings ein Kritiker nicht, gerät er selbst in kritische Situationen. Was ihm da von seiten der Presseorgane passieren kann, hat mich, wiederum ein eigenes Buch betreffend, sprachlos gemacht. Mein neuester Roman, „Schlußstrich", der das brisante Problem Alkoholismus behandelt, und zwar im Rahmen einer Familientragödie hier bei uns in der DDR, war im Handumdrehen vergriffen. Die Vorbestellungen liegen beim Verlag sehr hoch. Ein Signal dafür, daß dieses eine ganze Gesellschaftsordnung angehende Thema, abgesehen vom verbreiteten Weltproblem, sich auf der Existenz des Entdeckten gründet, es aber mit Mitteln der Kunst ins Bewußtsein zu rücken versucht. Mit ihm, warum muß man das so sagen, faßte ich ein heißes Eisen an. Im Feuer der Kritik stand dieses Buch bislang nicht, eher auf Sparflamme. Unsere wichtigste Tageszeitung, mit viel Raum für Besprechungen, nahm weder in der Spalte „Neuerscheinungen" noch auf der Literaturseite davon Notiz. Eine Zeitung, beheimatet im nördlichen Bezirk unserer Republik, ließ einen Rezensenten wissen, man verzichte auf seine Kritik. Im gegebenen Raum gäbe es kein Alkoholproblem. Sollte unter solche Praktiken statt eines Schlußstrichs nicht mehrere Fragezeichen zu setzen erlaubt sein? Wenn das Medium Presse den Schlüssel zwischen dem Autor, seinem Werk, dem Publikum radikal abzieht, welcher Code zur Wahrheit soll da öffentlich nicht entschlüsselt werden? In Morgensterns „Galgenliedern" gäbe es (unter der Überschrift: „Die unmögliche Tatsache") möglicherweise einen Hinweis. Nicht für den Autor, der sich dazu berufen fühlt, Kritiker seiner Zeit und seiner Welt zu sein, sondern für den oder jenen Chefredakteur: „Weil, so schließt er messerscharf, / nicht sein *kann*, was nicht sein *darf*."

Gerhard Holtz-Baumert
Es gab eine spontane Wortmeldung: Landolf Scherzer.

Zwischenruf
Bist du in der Lage, alle Redner noch zu Wort kommen zu lassen?

Gerhard Holtz-Baumert
Ich versuche es. Haltet euch kurz! Jetzt hat Landolf Scherzer das Wort.

Landolf Scherzer

Bei allem Respekt vor Ihnen, Kollegin Rauchfuss, wir hatten an sich über *Literatur und Wirklichkeit* sprechen wollen. Es gibt eine Arbeitsgruppe, wo man über *Literatur und Wirkung* spricht. Dort hätte Ihr Beitrag hineingepaßt.

Zu unserem Thema hier sind schon so viele gute Ansätze gesagt worden, die es wert wären, weiter diskutiert zu werden. Ich meine beispielsweise Daniela Dahns Fragen, wie schwierig es heute sei, Wirklichkeit aufzuschließen, hineinzuschauen in die Kombinate, in die Prozesse, und welche Hürden aufgebaut werden. Ich zum Beispiel war mit einem Kreissekretär der Partei vier Wochen lang von früh bis abends zusammen – es hatte sechs Jahre gedauert, bis es mir genehmigt worden war, auf diese Weise hinter die Geheimnisse der Parteiarbeit schauen zu können – meiner eigenen Partei –, und das Bezeichnende für mich an diesen Wochen war, daß eigentlich alle Informationen, über die wir hier reden, vorhanden sind. Die Panzerschränke mit soziologischen Untersuchungen zum Beispiel – dieses Material ist da, steht einem Kreissekretär und anderen zur Verfügung, die damit auch arbeiten, aber natürlich anders, als wir es tun könnten und würden. Es gibt so etwas – das ist ein böses Wort – wie ein Privileg an Informationen. Wenn wir Schreibenden uns nicht bemühen, das zu benennen und in *unserer* Art und Weise Informationen für viele zugänglich zu machen, dann haben wir etwas Wichtiges nicht getan, was man tun muß, um heutzutage Wirklichkeit beschreiben zu können.

Gerhard Holtz-Baumert

Ich überlege, ob wir in dieser Arbeitsgruppe nicht von Zeit zu Zeit zusammentreffen sollten. Ich würde vorschlagen, mit Kombinatsdirektoren, zu denen es ja schon ertragreiche Kontakte gibt, mit Leuten, die über Informationen verfügen, ein Gespräch darüber zu führen, wie man beim Recherchieren an das Material kommt, das ein Schriftsteller braucht, welche Schwierigkeiten das macht und warum. In einem Vierteljahr oder in einem halben Jahr könnten wir erneut zusammenkommen und dann ein neues, brennendes Thema diskutieren.

Wenn ihr einverstanden seid, trage ich diesen Gedanken dem Präsidium vor. – Als nächster Redner spricht Wolfgang Kröber.

Wolfgang Kröber

Den Großteil der Regeln der Höflichkeit mißachtend, werde ich versuchen, Stenografie zu sprechen, und bitte darum, die vielleicht dogmatisch oder auch metaphysisch erscheinenden Sätze mit Fragezeichen zu versehen.

Es ist gesagt worden, man könne nur über Ausschnitte schreiben und müsse um das Ganze wissen. Das glaube ich nicht. Man kann das Ganze nicht wissen. Die Allwissenheit hat schon genug Schaden angerichtet. Eine Software für die Beherrschung der Welt, selbst für eine Weltregierung, ist nicht vorstellbar. Das mag sicherlich mit dem Gehirn zu tun haben, und das mag damit zu tun haben, daß es wohl eine Intelligenz der Sachen und Sachzwänge und der Strukturen gibt, die wir nicht beherrschen können. Das mag einigermaßen chancenlos klingen. Es gibt da aber immer das Unvorhergesehene. Das ist offenbar das einzige, was uns zum Nachdenken zwingt. Es mußte erst Tschernobyl geschehen, damit dieses Buch geschrieben werden konnte und damit darüber geredet wurde, und es wird noch anderes geschehen, Zufälliges, Unvorhergesehenes. Die zufällige Existenz eines Schriftstellers, der sich anmaßt, darüber Bescheid zu wissen, ich glaube, das ist keine Chance, denn der Sinn des Zufalls ist wohl verborgen. Aber es ist unsere Sache, durch einen Akt der Willensfreiheit diesen Sinn zu entdecken.

Gerhard Holtz-Baumert

Eberhard Günther, der Direktor des Mitteldeutschen Verlags, meldet sich zu Kröber zu Wort? – Bitte. Ihm folgt nach den vorliegenden Wortmeldungen Katrin Lange.

Eberhard Günther

Ich will Wolfgang Kröber um eine Erläuterung bitten. Er sagte, man könne das Ganze nicht wissen; die Allwissenheit habe schon genug Schaden angerichtet. Sicher, ich weiß das. Aber in den einleitenden Worten heute habe ich es eigentlich vom Sinn her anders verstanden. Man muß ja nicht unbedingt in diese bös zu verstehende Allwissenheit verfallen. Man kann ja versuchen, sein Beispiel, die Geschichte, die man erzählt, das Schicksal, über das man berichtet, in größere Zusammenhänge einzubauen, ohne daß sofort von Allwissenheit, die Schaden anrichtet, geredet werden müßte. Ich frage, ob ich hier etwas falsch verstanden habe?

Wolfgang Kröber
Ich wollte der Willensfreiheit ein Wort reden und habe das mit dem Zufall, dem Unvorhersehbaren, verbunden.

Katrin Lange
So weit am Ende der Diskussion zu sprechen, regt natürlich dazu an, die Gedanken anderer Beiträge fortzuspinnen. Ich sage also erst einmal, wozu ich leider nicht reden kann, weil ich hier mein Papier habe. Zum Beispiel würde ich gern, spätestens seit ich Daniela Dahn gehört habe, eine Adresse aussenden irgendwohin, daß wir eine dritte Bitterfelder Konferenz – mit leicht nostalgischem Touch – beantragen sollten. Oder man könnte, glaube ich, auch darüber reden, daß wir verschiedene Wirklichkeiten haben – ich beispielsweise habe, mitunter auf dem ein wenig zugewachsenen Bitterfelder Weg kriechend, gemerkt, daß in Berlin manche Dinge gehen, die anderswo in der Republik überhaupt nicht gehen.
Aber ich habe mich nun einmal auf ein anderes Thema vorbereitet. Ich schreibe ausschließlich Dramatik und bin nicht nur hier, sondern eigentlich ununterbrochen konfrontiert mit dem Begriff „Leseland DDR"; eine andere Formulierung ist mir bisher auf dem Kongreß noch nicht begegnet. Ich frage mich: Sind wir nicht auch ein Zuschau-Land, nicht auch ein Zuhör-Land? Ich finde keine schöne Formulierung, aber vielleicht kann man den Begriff ein bißchen erweitern zum „Literatur-Versteh-Land DDR"? – Das als Vorspruch.
Ich möchte versuchen, das Thema Literatur und Wirklichkeit

zu befragen auf Abweichungen, Differenzierungen, Unterschiede, die vielleicht bestehen zwischen den Schreibern dramatischer und denen epischer Werke. Ich will versuchen, ohne Anspruch auf Vollständigkeit oder Antwort, ein paar Punkte zu benennen, die mir auffallen.

Die Relation Wirklichkeit – Literatur ist eine Zweibahnstraße: Wirklichkeit als Stoff – Wirklichkeit als Adressat, Empfänger ausgesandter Botschaft.

Wirklichkeit als Stoff.

Fragen: Vielleicht ist der Dramatiker bereits in seiner Stoff-Findung mehr auf Widersprüche aus, mehr auf Konfrontation? Vielleicht hat er sich da eine andere Optik anzugewöhnen als der Epiker – von vornherein?

Eigene Erfahrungen: Ich kann mich beim Schreiben kaum und vermutlich weniger als bei Roman oder Novelle *suchend* durch den Stoff tasten, Wirklichkeit schreibend lustvoll erkunden. Ich muß das vorher tun – ich muß sehr genau wissen, wo ich ankommen will: Ein Stück schreibt sich vom Schluß her. Vielleicht *eine* Ursache, daß wir Schreiber von Dramatik uns mit dem *Gegenwarts*thema vergleichsweise schwer tun? (Andere Verantwortungen außerhalb von uns seien damit nicht vom Tisch.) Bewußtseinsentwicklung, Entwicklung der Beziehungen zwischen den Menschen, ihrer Auseinandersetzung mit schnell sich verändernden Arbeits- und Lebensbedingungen – das ist wesentlicher, wesentlichster Gegenstand der Literatur, die sich mit Hier und Heute befaßt: Wie bekomme ich da gesellschaftliche Totalität in den vergleichsweise schmalen Ausschnitt, in die Konzentration eines dramatischen Textes? Wo bekomme ich meine Kontrahenten her? Die alten Theorien – auch die prägten meine Generation, nicht nur Bitterfeld – von der konfliktlosen Dramatik, vom Kampf des Guten mit dem Besseren hatten vor etlichen Jahren sicher auch dort ihre Ursprünge. Diese Theorien sind als Theorien überwunden, aber sie wirken in der Praxis in den Köpfen durchaus nach, habe ich den Eindruck. (Und: Auch wenn die Theorien überwunden sind – das Schaffensproblem für uns bleibt.) Eigene Erfahrungen: Ich brauche – unterschiedlich für die Medien sicher, Hörspiel wohl am wenigsten, Theater am meisten – Figuren, die imstande sind, sich zu *entäußern*. Selbstreflexion der Figuren und Kommentar des Autors stehen mir als Mittel erst einmal nicht zur Verfügung. Das heißt: Ich brauche Figuren, Figurenkonstellationen auf einem bestimmten Entwicklungsstand der *Bewußtheit*, Handlungsfähigkeit. Ich brauche wohl auch für mich selbst diesen Stand der Entwicklung, um ihn in der Wirklichkeit überhaupt erst einmal zu entdecken ... In Vorbereitung des Kongresses hat Marianne Krumrey, literarische Debüts einschätzend, die Introvertiertheit der jüngeren Generation angemerkt und beklagt. Marianne Krumrey schrieb ausschließlich über junge Prosaautoren: Ein paar im gleichen Zeitraum entstandene Debüthörspiele, verfaßt von den Mitgliedern der gleichen Generation – ich denke an Rude oder Honert –, zielen weit mehr auf scharfe gesellschaftliche Fragen, gewinnen weitaus mehr soziale Repräsentanz, suchen mehr auch nach Leuten, die *handeln* ... Die Absicht, Dramatik zu schreiben, zwingt vielleicht zur Suche nach solchen Konstellationen in der Wirklichkeit?

Eigene Erfahrungen – These, Frage: Eine Sache muß bis zu einem gewissen Grade erstens fertig, zweitens durch die Köpfe durch sein, ehe sie für unsereinen aufschreibbar wird. Das bedeutet aber – ich erinnere: ich ging vom Problem Stoff-Findung aus –, das bedeutet mitunter auch Einengung. Blick auf die Wirklichkeit in Hinblick auf ihre Konflikte, auf die Fähigkeit, Konflikte auszutragen – da bleibt rechts und links viel auf der Strecke, das *auch* erzählenswert wäre ... Nur: Die Erzählung steht mir nicht zu Gebote.

Ich mache jetzt einen harten Schnitt und fahre auf der zweiten Seite der Zweibahnstraße, nämlich: Wirklichkeit als Adressat ...

Wie nimmt die Wirklichkeit mich mit meinen Texten auf? Und wenn ich eben beim Nachdenken über Stoff-Findung vielleicht einige theoretische Haare gespalten habe – hier, in diesem Bereich, sind die Unterschiede zwischen Epik und Dramatik nun doch gewaltig, weil praktisch.

Ich setze: Eine Erzählung, ein Roman ist endlich fertig, der

Lektor endlich zufrieden, „Imprimatur" endlich erteilt, das Papier endlich da – nun kann nichts mehr schiefgehen. Von ein paar Druckfehlern abgesehen, erreicht der Text den Leser so, wie ihn der Autor gemeint hat. – Glückliche Autoren, die Prosa schreiben! Bei uns geht es dann erst los. Welche kleine Fan-Gemeinde liest schon Texte, wo links die Figur steht und rechts das, was sie sagt, und den Rest muß man sich denken? Wir sind angewiesen auf Koproduzenten – Schauspieler, Regisseure, Bühnenbildner, Musiker, Kamera- und Funktechnik –, sind angewiesen auf Interpreten, ehe wir mit unserem Werk vor dessen Konsumenten hin-, in die Wirklichkeit eintreten. Ja, wir stoßen da erst einmal auf die ganz andere Wirklichkeit und Wirklichkeitssicht der Interpreten: Wir schreiben einen Text – welcher literarischen Qualität auch immer –, und dann wird er nicht schlechthin veröffentlicht, sondern interpretiert. Seine Veröffentlichung ist Interpretation. Die ganz andere Sicht ganz anderer schöpferischer Leute auf Wirkliches tritt zu der unseren hinzu. Das ist unterschiedlich, sicher, je nach Medium: Je dichter am Wort, also Hörspiel, desto authentischer komme ich, kommt mein Text auf sein Publikum zu; je weiter in Richtung Bild davon entfernt, desto weniger. Aber Interpretation findet immer statt. Im Idealfall entsteht etwas Neues, etwas, das größer ist als der Interpret und ich zusammen. Das ist dann für den Dramatiker ein großes, nicht allzu häufiges Glück. Im schlimmen Fall kann man die Aufführung verbieten oder den Namen aus dem Abspann tilgen – dann ist die eigene Arbeit wie nicht gewesen.

Ich polemisiere nicht, ich beschreibe einen Zustand, der für dramatische Literatur von Anbeginn besteht: Sie tritt vor den Kunstkonsumenten nur bedingt als Literatur.

Sicher gäbe es Anlässe zur Polemik gegen einige unserer Koproduzenten; die will ich hier nicht führen, das ist Gegenstand konkreter Arbeitsgespräche.

An dieser Stelle stehend – und in diesem Zusammenhang –, möchte ich auf eine andere Frage hinaus, die mich – und nicht nur mich – in letzter Zeit stark beschäftigt: Der Platz der Dramatik – für welches Medium auch immer – in der Literaturgesellschaft scheint mir gegenwärtig – ich formuliere vorsichtig! – sehr weit am Rande. Und der Verband mit seiner starken Orientierung auf die Prosaliteratur prägt diesen Eindruck nicht unwesentlich mit.

Beobachtungen: Geringer Abdruck von dramatischen Texten in unserem Verbandsorgan. Kaum wissenschaftliche Auseinandersetzung oder Publizistik oder Kritik, bestenfalls im Rahmen der Aufführung, aber eben nicht mit dem Literaturprodukt. Kaum Beachtung von Debüts, geradezu Nichtbeachtung im Verhältnis zu jungen Lyrikern oder Prosaautoren. Beispiel: Im Vorfeld des Kongresses gab es auch in Tageszeitungen viele spezielle Untersuchungen zur Literatur. Vielleicht habe ich was überlesen – aber zur Dramatik habe ich kaum was gefunden. Und die Rede des Präsidenten gestern hat mir das noch einmal bestätigt: Da waren viele Namen und Titel – da waren fast keine Dramatiker, fast keine dramatischen Werke. Selbst wenn es ein vergleichsweise peripheres Thema wie das der DDR-Literatur in West-Verlagen ist: Es gibt DDR-Autoren auf bundesrepublikanischen Bühnen. Es gibt über westliche Fernsehstationen nicht wenige unserer Fernsehfilme. Es gibt Hörspiele von uns in westlichen Rundfunkstationen ...

Ich bedaure, daß es so wenig Kontakte zu den anderen Künstlerverbänden gibt. Ich weiß nicht, woran das liegt, man müßte das mal untersuchen – das ist, falls man von hier aus einen Antrag stellen kann, ein Antrag ... Es gibt keine Arbeitsbeziehungen beispielsweise zum Theaterverband: Ich glaube, daß man mit denen dort – denn sie sind die Macher von Theater – manche Probleme lösen könnte, von denen der Präsident gestern sprach. Auch zum Filmverband sollte der Kontakt stärker sein. Wir, die Schreiber dramatischer Texte, brauchen diese Verbindung.

Kein Zweifel daran, daß unser Verband als Interessenvertreter auch für Dramatiker gerade in der letzten Zeit einiges geleistet hat, was soziale Belange angeht, oder als potenter Gesprächspartner mit den Medien dort, wo der einzelne nicht weiterkommt. Aber die Bestimmung der *Dramatik als Literatur* kommt meines Erachtens seit Jahren zu kurz, und die kann uns kein anderer abnehmen, auch beispielsweise der Theaterverband nicht, nicht einmal dort, wo er sich mit neuer Dramatik beschäftigt, und das tut er. Theater werden sich für Stücke immer interessieren – und immer interessieren müssen! – unter dem Aspekt der Aufführbarkeit (oder dessen, was sie dafür halten), aber nicht unter dem der literarischen Qualität. Und beides, das wissen wir aus Geschichte und Gegenwart, muß durchaus nicht immer und zu jeder Zeit identisch sein.

Dramatik also als Literatur. Hegel bezeichnet das Drama als „höchste Stufe der Poesie und der Kunst überhaupt". Marx hat den Hegel vom Kopf auf die Füße gestellt, und bei der Gelegenheit sind wir wahrscheinlich mit nach ganz unten gekommen – oder wie? Im Ernst: Das 19. Jahrhundert ist vorbei, es gibt Tonträger und optische Medien, und auch das Theater hat heute eine andere Haltung zum Wort und muß sie haben. Wir müssen die Frage nach der literarischen Dimension der Dramatik wohl neu zu formulieren und neu zu beantworten versuchen.

Vielleicht zeigt sich dann, daß das gar keine „richtige" Literatur ist. Nur interpretierbare Texte etwa? Keine „richtigen" Schriftsteller? Nur Materiallieferanten für andere? Vielleicht fällt die Antwort unserer Kollegen Prosaautoren auf diese unernst formulierten, aber ernst gemeinten Fragen dann so aus, daß wir eigentlich gar nicht hierher gehören. Das müßten wir verkraften. Schwer zu verkraften ist es, ausgespart zu werden und zu wenig geistige Heimat im Verband zu haben. Das müßte uns, wenn es nur uns, die Schreiber, anginge, bei der Arbeit nicht weiter stören. Aber es geht nicht nur uns an: Wie viele – eben nicht nur Leser! –, wie viele Kunstkonsumenten nehmen Literatur durch die Medien auf? So ganz gering ist deren Zahl doch wohl nicht! Und nicht gering ist die Zahl derer, die Literatur, DDR-Literatur, das Gegenwartsthema, *ausschließlich* durch die Medien aufnehmen. Hier sind Proportionen offensichtlich verschoben: Je massenwirksamer ein Medium ist, desto geringer ist das Ansehen seiner literarischen Produkte innerhalb der Literaturgesellschaft. Das Theaterstück – ein bißchen wirkt Hegel ja doch noch nach – ist noch halbwegs ge- und beachtet. Aber wie ist es mit dem Fernsehspiel? Sicher ist – nicht ohne Grund sprach ich zunächst über Interpretation – der Anteil der Literatur im Ensemble der Künste bei Film oder Fernsehspielen nicht mehr gar so leicht zu entdecken. Muß man den Versuch dazu darum ganz aufgeben? Vielleicht sähe es mit dem Stellenwert unserer Arbeit im Arbeitsprozeß von Theatern und Medien, über den wir so oft und mitunter klagend diskutieren, ein wenig anders aus, wenn wir den Verband mehr als starke Wand im Rücken fühlten, die uns Selbstbewußtsein und Kraft gibt, uns als Verfertiger von *Literatur* mit den Interpreten in Beziehung zu setzen.

Es ist hier immer wieder die Rede davon gewesen und es wird weiter davon die Rede sein, daß unsere Aufgaben nicht kleiner werden. Wir müssen die vorhandenen Möglichkeiten einer in die Breite wirkenden Literatur ganz und stärker nutzen; Verzicht können wir uns nicht leisten. Meines Erachtens tun wir das gegenwärtig auf dem Gebiet der Dramatik nicht genug. Wir haben da eine kulturpolitische, eine ideologische – eine politische Aufgabe. Womit ich wieder beim Thema Wirklichkeit angekommen wäre.

Gerhard Holtz-Baumert

Ich muß sagen, daß auch von anderer Seite im Gespräch Kritik geübt worden ist an den Analysen des Verbandes, was andere Medien betrifft, zum Beispiel die literarische Schallplatte oder anderes. Aber ich denke, ihr habt Delegierte im Präsidium, Strahl und Kerndl sind Dramatiker, und ganz so trübe, als wäre die Dramatik im Fernsehen, im Film, im Theater vom Verband mißachtet, ist es nicht. Aber es bleibt vieles offen. – Als nächster spricht Klaus Frühauf.

Klaus Frühauf

Ich bin froh, daß ich doch noch etwas zur Science-fiction sagen kann. Dabei will ich gar nicht, Wolf Spillner, gegen deine Bemerkung polemisieren, daß Science-fiction dem Leser suggeriere, der Menschheit bliebe ja immer noch der Weg zu einem anderen Stern, wenn sie denn den ihren total zerwirtschaftet hätte. Ich glaube, das hat sie nie getan, seriöse Science-fiction jedenfalls nicht. Ich möchte vielmehr zeigen, daß den Autoren dieses Genres in den letzten Jahren andere Möglichkeiten und andere Aufgaben als zuvor zugewachsen sind, viel wichtigere, wie ich glaube.

Ich hatte kürzlich Gelegenheit, an einem internationalen Autorentreffen in Moskau teilzunehmen, das unter dem anspruchsvollen Motto „Science-fiction und die Zukunft der Menschheit" stand. Wie groß die Bandbreite des literarischen und nicht nur des literarischen Selbstverständnisses der Teilnehmer war, dokumentiert allein schon die Teilnehmerliste: zweiundvierzig Autoren aus neunzehn Ländern.

Da saß die Leningraderin Olga Larionowa, den Insidern mit Sicherheit und vielen anderen bestimmt bekannt, eine Autorin, deren Poesie eine große und humanistische Aussage hat, neben Allan Dean Foster, einem jungen amerikanischen Autor, der nicht ganz unbeteiligt an der Entstehung der Star-Wars-Filme war. Das ist für mich nur ein Beispiel von mehreren, die vieles erhoffen und manches erwarten lassen. Ein Beispiel auch, wie hoch das Gewicht dieser Literatur und der Wert des Wortes dieser Literaten international im Hinblick auf die Zukunft angesetzt ist, im Hinblick auf das vor allem, was in den nächsten Jahren auf uns und auf diejenigen, die nach uns kommen, Einfluß nehmen wird. Von unserer Sensibilität überhaupt nicht zu reden.

Tatsächlich vermag man sich ja eine Unzahl möglicher Zukunftsvarianten vorzustellen, von der rosigsten bis zur schwärzesten und alle Stufen und Abstufungen dazwischen, und die Mission guter Science-fiction sollte es unter anderem wohl sein, Autor und Leser zu Gedanken und Gefühlen darüber anzuregen, welche der gedachten und konstruierten Möglichkeiten die optimale, die menschlichste, die beste – welches Kriterium wir auch immer ansetzen wollen – sein könnte.

Ich habe mir neulich im Verein mit anderen Kultur- und Kunstschaffenden von Fachleuten erklären lassen, daß man heutzutage aus einer guten Kuh mehr als sechzig Kälber ziehen kann, indem man die Embryonen entnimmt und sie in weniger wertvolle Ammen implantiert. Hochzucht zur schnelleren und rationelleren Vervielfachung vorteilhafter Eigenschaften, das ist ein legitimer, notwendiger züchterischer Vorgang. Trotzdem war eine gewisse Betroffenheit bei den Belehrten unverkennbar, vielleicht, weil ihnen auf diese Weise deutlich wurde, daß abermals eine der Strukturen natürlicher Evolution, ein Prozeß, der letztlich auch uns so werden ließ, wie wir geworden sind, außer Funktion gesetzt und durch ein künstliches Regulativ verdrängt worden ist.

Nun bin ich einer von denen, die über den schmalen Steg zwischen Wissenschaft und Kunst zur Literatur gefunden haben, und noch immer sehr den rationalen Denkweisen meiner ehemaligen Zunft verhaftet, aber auch ich mußte mich fragen: Wo ist die Grenze des Erlaubten, da eine Grenze des Möglichen nicht zu existieren scheint? Wer oder was hindert uns eigentlich noch, die guten Eigenschaften eines Rindes nicht nur zu fünfzig oder siebzig Prozent, sondern absolut zu stabilisieren, indem von der Befruchtung der Eizelle ganz abgegangen und ihr eigener Chromosomensatz zur Teilung veranlaßt wird? Parthenogenese also, Ende der Evolution, absolute Stabilität, Ende wovon noch?

Und wer oder was garantiert, daß derartige Verfahren auf Rinder und Schweine beschränkt bleiben? Natürliche Barrieren nicht, die sind längst zur Seite geräumt, Gesetze und Verordnungen auch nicht, denn sie existieren nicht, noch nicht! Ethisch-moralische Kategorien also, die Versicherung, daß an solches nie gedacht worden sei, wozu auch? Wer aber legt fest, was moralisch ist und was der geltenden Ethik widerspricht, wenn doch beides gesellschaftlichen Wandlungen unterliegt?

Ich habe unter dem Mikroskop beobachten können, wie die In-vitro-Befruchtung tierischer Eizellen vor sich geht, ein beeindruckender Vorgang gewiß, vor allem aber einer, der es ermöglicht, die zu erwartende sogenannte Fitness des geplanten Lebewesens zu regulieren, indem die Ausgangsdistanz zwischen Ei- und Samenzellen variiert wird. Und wieder das bestürzte Atemanhalten bei der Bemerkung, daß nicht selten einer der erfahrenen Veterinäre sein Wissen in den Dienst der Humanmedizin stellt. Nun, frage ich mich, weshalb sollte er das nicht tun? Damit verhilft er Frauen, denen vielleicht eine Krankheit natürliche Empfängnis versagt hat, doch noch zu der Chance, Mutter zu werden. Ich kann dabei beim besten oder schlechtesten Willen nichts Negatives oder gar Verwerfliches finden.

Doch gleich darauf die an mich selbst gerichtete Frage, was denn nun mit der regulierbaren Distanz und der daraus resultierenden Fitness wird? Könnte es nicht sein, daß die Kinder, deren prägender Entstehungsprozeß sich unter den Augen der Ärzte vollzog, stärker, resistenter, intelligenter, kurz: lebensfähiger sein werden als wir anderen, die unsere Existenz dem jahrtausendelang praktizierten Verfahren verdanken?

Ich habe Versuchsrinder gesehen, sogenannte großräumige Kühe, weil diejenigen, in deren Mägen mehr Futter hineinpaßt, auch mehr Fleisch und Milch produzieren, denen war ein Beobachtungsinstrument installiert worden, ein armdickes, verschließbares Rohr, durch das man den Tieren nach Abnehmen eines Deckels in den Magen hineinblicken oder aus dem Magen Proben entnehmen kann, kein schöner Anblick, auch nach der Versicherung nicht, weder schade es den Tieren noch behindere es sie. Trotzdem Betroffenheit, Ablehnung, erwartete Abwehr. Selbstverständlich ist man zu Recht stolz auf das, was man da erreicht oder geschaffen hat, daß die Schweine mehr Fleisch und die Kühe mehr Milch geben, daß die Hühner mehr Eier legen und die Halme auf den Feldern größere Ähren tragen, daß dem Hunger in der Welt abermals eine nennenswerte Zahl potentieller Opfer abgetrotzt worden ist, Kinder vor allem; wer will zusehen müssen, wie Kinder verhungern?

Mehrere Hersteller von Computern vermerken die Tatsache, daß ihre Erzeugnisse in zunehmendem Maß Anzeichen einer von den Konstrukteuren nicht beabsichtigten künstlichen Intelligenz erkennen lassen, und sie werten das als positive Erscheinung. Werden also Computer eines nicht mehr allzufernen Tages nicht mehr nur Arbeiten nach vorgefertigten Mustern verrichten, sondern Kreativität entwickeln, komponieren, Bücher schreiben, malen und modellieren; werden sie uns, dem bisher einzigen kreativen Wesen auf diesem Planeten, gar den Rang ablaufen?

All diese Dinge haben mit der Zukunft der Menschheit zu tun, all diese Fragen mit ihrem Überleben, sie liegen auf der Seite der Waage, die die andere in der Schwebe hält, die mit den Bomben, die noch immer nicht weniger geworden sind, und den sterbenden Bäumen und verschmutzten Seen. Ein Einschub sei mir gestattet. Ich glaube nicht, daß es Wolf Spillner vorhin darum gegangen ist, ein biologisches Refugium zu erhalten oder eine Vogelart. Ich glaube, es ging ihm um die Schaffung von Bewußtsein, um Atmosphäre, um gesamtgesellschaftliche Bewußtseinsveränderungen, was Umwelt anbetrifft, und da stimme ich ihm völlig zu. Mit den sterbenden Bäumen, mit den hungernden Kindern, mit den verschmutzten Seen hat das natürlich alles etwas zu tun, und es liegt auf der anderen Seite der Waage und wiegt deshalb doppelt.

Und in diesem komplizierten Umfeld unsere Literatur als Mittel der Orientierung, als Lebenshilfe in gesellschaftlichen, wissenschaftlichen und Verhaltensstrukturen, für die der Mensch als natürlich gewachsenes Wesen nicht gemacht zu sein scheint.

Die Strugatzkis haben schon vor Jahren die Forderung erhoben, der Autor wissenschaftlicher Phantastik solle auch immer ein philosophisch gebildeter und engagierter Mensch sein, wenn er denn danach trachte, seinen Lesern mehr zu bieten als nur bunte Blüten seiner Phantasie. Gegen bunte Blüten habe ich überhaupt nichts, aber mir scheint doch, daß hier eine der Perspektiven der Science-fiction, und nicht nur dieses Genres, angesprochen worden ist, nämlich die literarische Befragung nach den Einflüssen wissenschaftlich-technischer Erkenntnisse und Entwicklungen auf Gesellschaft und Individuum, nach ihren moralischen Aspekten, Möglichkeiten und Gefahren.

Unter diesem Bedingungsgefüge mußte die SF in den letzten Jahren zwangsläufig eine Wandlung erfahren. Stand früher die

Gesellschaftsutopie im Vordergrund und waren es danach die umwälzenden technischen und technologischen Errungenschaften, so trägt sie heute unverkennbar humanistische Züge. Auch das ist mehr oder weniger folgerichtig; denn wenn in der Zukunft überhaupt noch Bücher geschrieben werden sollen und jemand da sein soll, der Bücher lesen oder schreiben könnte, dann bleibt uns nur ein einziger Weg, nämlich all diese so schrecklich anmutenden und dabei doch so viele positive Möglichkeiten bergenden Erfindungen und Verfahren in einer auf menschliche Würde und friedliches Zusammenleben orientierten Zivilisation sinnvoll zu nutzen. Und genau da kann und muß die Literatur und speziell die Science-fiction ansetzen, um Vorarbeit zu leisten.

Die neue Art des Denkens, die übrigens Albert Einstein bereits im Jahr 1946 forderte, wenn denn die Menschheit die Absicht habe zu überleben, ist bei vielen Autoren des Genres zur Grundlage ihrer Arbeit geworden – und nicht nur ihrer literarischen Arbeit.

Auf dem internationalen Treffen in Moskau haben die Autoren aus neunzehn Ländern einstimmig eine Deklaration verabschiedet, in der sie sich für totale atomare Abrüstung, größtmögliche Einschränkung der Umweltbelastung, gegen Überkonsumtion in den entwickelten Industrieländern und für einen Feldzug gegen Hunger und Krankheiten aussprechen. Das war der kleinste erreichbare Nenner, nichts, was die Welt sofort verändern könnte, aber daß es niemanden gab, der sich ausschloß, war schon ein gewaltiger Fortschritt. Und es war ein deutliches Zeichen gewachsenen Selbstbewußtseins.

Was die Wirkungsmöglichkeiten der Science-fiction in der Vergangenheit in nicht unerheblichem Maß behindert hat, waren ohnehin nicht die unterschiedlichen Auffassungen über Sinn und Absichten des Genres, derartiges kann Literatur nur guttun, es war auch nicht der diesem Genre immer wieder und noch immer aufgesprühte Geruch des Trivialen, des nicht wirklich Literarischen, oder die unbefriedigende Zurkenntnisnahme seitens der Literaturkritik. Beides wird hinreichend ausgeglichen durch das Interesse der Leser, wenn auch – das streite ich nicht ab – ein Stachel bleibt, mehr noch waren es gewisse, nennen wir es Verständigungsschwierigkeiten zwischen Wissenschaft und Kunst oder Wissenschaftlern und Künstlern. Für die einen ist die Welt nur in Formeln, Formen und statistisch benennbaren Werten zu erfassen, nach dem Verständnis der anderen in Bildern und Allegorien. Was Wunder also, daß es Zeit braucht, nicht mehr aneinander vorbeizureden oder gar vorbeizudenken. Und schlimm, ließe sich der Riß nicht wieder schließen. Man stelle sich nur vor, daß sich Terminologie und Denkmodelle dieser beiden wichtigen Disziplinen unseres Lebens so weit voneinander entfernten, daß sie mit einem Blickwinkel nicht mehr zu umfassen wären, und als tödlich gar könnte es sich erweisen, wenn sich eines schlimmen Tages die an sich jeden moralischen Aspektes baren Erkenntnisse der Wissenschaft nicht mehr in literarische Bilder, die Allegorien der Literatur nicht mehr in die Sprache der Wissenschaftler übersetzen ließen. Das daraus resultierende Schweigen wäre zugleich das Ende.

Nun aber glaube ich erkennen zu können – ich gebe zu, ich kann mich täuschen –, daß sich dieser Riß zu schließen beginnt, von beiden Seiten her offenbar. Schriftsteller äußern sich zunehmend unter wissenschaftlich determinierten Aspekten und Wissenschaftler häufiger als vorher zu ethisch-moralischen und auch literarischen Feststellungen. Das geschieht vielleicht alles unter dem Druck der bereits bewußt gewordenen Bedrohung des irdischen Lebens, vielleicht aber auch, weil du nicht lange schweigend neben einem hergehen kannst, mit dem du das gleiche Ziel hast.

Bei dieser Literatur geht es ja nicht um meine oder unsere oder deine Wahrheit; es geht um Wirklichkeit, um heute und um die Wahrheit an sich.

Wenn ich Tiere mit eingesetztem Beobachtungsinstrument sehe, dann tun sie mir leid. Wenn ich den Begriff „In-vitro-Fertilisation" höre, dann weiß ich, daß wir gegen den Mißbrauch dieser Erkenntnis angehen müssen. Aber ich akzeptiere beides, weil ich es für notwendig halte. Vor dem japanischen Fliederstrauch in meinem Garten, der seit dem vorigen Jahr mutierte

Zweige trägt, die wie geschuppte Kakteen aussehen und die er nächstes Jahr wieder tragen wird, habe ich tatsächlich etwas wie Angst.

Gerhard Holtz-Baumert
Ich habe eine zusätzliche Wortmeldung bekommen, es handelt sich um eine kurze Erwiderung auf den Beitrag von Daniela Dahn: Karl-Heinz Schleinitz, bitte.

Karl-Heinz Schleinitz
Bitte, verzeiht mein spätes Herantreten – ich möchte Daniela Dahn, die ich sehr mag, doch mit zwei, drei Sätzen etwas aus meinen Erfahrungen erwidern. Ich gehöre seit fünfunddreißig Jahren zu den Schreibern, erst als Redakteur der „Täglichen Rundschau", dann als Redakteur des „Neuen Deutschland" und seit siebenundzwanzig Jahren freischaffend. Ich mußte vor kurzem überschlagen, über wieviel Leute ich Porträts und über wieviel Vorgänge ich geschrieben habe. Es kamen sechshundert zusammen. Sechshundert größere Artikel, mitunter ganze ND-Seiten, Seiten für die „Tägliche Rundschau" oder für andere Parteiorgane. Daniela, noch nie in diesen Jahren ist mir das geschehen, was dir geschah!
Ich will hier niemanden bevormunden, aber als Anregung, zur Prüfung meine Frage: Trägst du, tragen andere, die auch darüber gesprochen haben, tragt ihr euer Anliegen auf der einen Seite so bestimmt vor, wie es geboten ist, und – bitte, ich muß auch das sagen, das ist keine Anmaßung – tretet ihr ebenso geboten bescheiden auf?

Gerhard Holtz-Baumert
Dies waren zwei Minuten. Kürzer geht's kaum. – Es sind auch ausländische Gäste anwesend. Um Redezeit zur Diskussion freizuhalten, haben wir sie gebeten, im Plenum keine Begrüßungsansprachen zu halten, sich aber an den Debatten in den Arbeitsgruppen zu beteiligen. Saúl Ibargoyen aus Uruguay möchte etwas zu unserem Thema sagen.

Saúl Ibargoyen

Liebe Kollegen und Freunde, ich betrachte mich als einen materialistischen Lyriker. Ich denke, daß der Literatur nichts fremd ist und daß die Literatur in unserem Land oftmals hinter der Realität zurücksteht. Denn in diesem Moment finden bei uns sehr viele soziale Veränderungen statt, die sehr schwierig durchzuführen sind, und es ist auch schwierig, sie zu verstehen.

Ich möchte, daß der Schriftsteller sich mit der Realität bewegt – obwohl er immer auf demselben Platz sitzt –, er soll nicht nur in der Realität sein, sondern der Realität auch vorausgehen.

In meinem Lande gab es elf Jahre lang eine faschistische Diktatur. Das führte zu sehr negativen Ergebnissen in der Gesellschaft, in der Kultur und in der Literatur. Zum Beispiel: Die Literatur mußte sich in dieser Zeit *indirekt* auf die Realität beziehen. Das führte zu formal interessanten Resultaten, aber ohne Vitalität, ohne Energie und, was noch schlimmer ist, ohne Stimmen aus dem Volk – mit Ausnahme der Poesie, die von vielen Autoren gesungen wurde.

Jetzt leben wir in der Situation einer komplizierten bürgerlichen Demokratie, und die Realität verlangt sehr viel von den Schriftstellern. Manchmal schreiben die Schriftsteller ohne künstlerische Kraft; sie stellen das Thema über die Form. Und manchmal benutzen sie eine neue Sprache, um über alte Dinge zu sprechen. Ich denke, daß wir die Realität nicht oberflächlich aufnehmen dürfen, sondern aus einer Perspektive, die es uns ermöglicht, die Gesamtheit der Realität zu erfassen, obwohl man natürlich nur einen kleinen Teil der Realität beschreibt. Zum Beispiel: Man muß nicht schreiben wie ein Arbeiter; wir müssen aber von dem Standpunkt eines Arbeiters aus schreiben.

Ich denke, daß die ökonomische Krise in meinem Land, die kulturelle Krise, die Beschränkungen in der materiellen Produktion und der sehr niedrige wissenschaftlich-technische Entwicklungsstand Ursachen für ein Zurückbleiben auch bei dem Erkennen der Realität sind. Aber wir Schriftsteller versuchen natürlich, die grundsätzlichen Probleme unserer Gesellschaft zu beschreiben. Für uns ist es auch Realismus, wenn wir über den Teufel schreiben, weil es Leute gibt, die wirklich glauben, daß der Teufel in der Straße lebt, daß er eine Person ist, ein Nachbar, dem man „Guten Tag" sagen kann. Das Magische befindet sich mitten in der Realität, und deshalb können wir es direkt in die Literatur einschließen. Ich spreche von meinem Land. Das Irrationale, Nichtrationale neuer literarischer Figuren steckt auch ihren Autor, mich selbst an. Das ist bemerkenswert, weil es interessante künstlerische Möglichkeiten bietet.

Wir wissen, daß es in der Literatur keine Dogmen und keine Rezepte geben darf. Wir müssen über das innere Verhalten der Menschen schreiben, über ihre Psychologie, aber auch über ihr gesellschaftliches Verhalten, und wir müssen diese zwei Verhaltensweisen als einen dialektischen Prozeß beschreiben, weil die literarische Figur, die eine Fiktion ist, eine reale Ideologie übermittelt. Das ist die Ideologie der Figur oder die Ideologie der herrschenden Klasse oder die Ideologie des Autors. Und die Ideologie des Autors ist beeinflußt durch die entsprechende herrschende Ideologie – das ist eine Herausforderung, der wir uns stellen müssen, ideologisch und künstlerisch.

Die literarische Qualität ist für uns das beste Argument. Ich glaube, daß im größten Teil der gegenwärtigen uruguayischen Literatur volkstümliche Elemente fehlen. Viele Geschichten, Romane und Gedichte sprechen von den Problemen der Mittelklasse oder von denen des Kleinbürgertums. Aber diese Situation wird sich ändern; sie ist dabei, sich zu ändern. Und die entscheidende Änderung wird stattfinden, wenn wir in Uruguay zur sozialistischen Revolution kommen werden. Dann werden wir eine Revolution auch in der Literatur haben.

Gerhard Holtz-Baumert

Ich habe vermieden, mich bei den einzelnen Rednern zu bedanken, hier möchte ich es ausdrücklich tun. Ich danke Saúl Ibargoyen für seinen Beitrag und allen unseren ausländischen Gästen für ihre Teilnahme.

Es haben neunzehn Redner gesprochen. Ich glaube, die Entscheidung, in Arbeitsgruppen zu diskutieren, war richtig.
Ich bitte im voraus um Verständnis für den Berichterstatter, der morgen in ein paar Minuten das zusammenfassen soll, was die neunzehn Redner gesagt haben. Beklagt euch bitte nicht, wenn dabei nicht alle Schattierungen zum Ausdruck kommen sollten.
Das Schlußwort hat jetzt Walter Flegel.

Walter Flegel

Wenn ich „Schlußwort" wörtlich nehme, kann es nur heißen: Ende. Es ist nicht zu machen, über das, was wir hier in fast vier Stunden zum Thema beredet haben, Schlußworte zu halten. Ein paar Bemerkungen nur am Ende unserer Diskussion:
Wie schwierig es ist, mit dem schillernden Begriff „Wirklichkeit" umzugehen – im Gespräch, schreibend –, haben wir uns heute gegenseitig noch einmal bestätigt, in wichtigen, eindringenden, kritischen Äußerungen, zu denen jeder das Recht und die Pflicht hat.
Es ist über unsere Verantwortung gegenüber der Wirklichkeit gesprochen worden. Wir sind aufgefordert, diese Verantwortung wahrzunehmen, sie so zu bedenken, zu behandeln und schreibend mit ihr umzugehen, daß von jenem Hauch des Fundamentalen – entsprechend der Perspektive, die zu unserer Gesellschaftsordnung gehört – tatsächlich immer etwas spürbar wird in dem, was wir schreiben.
Es ist über Umweltbewußtsein gesprochen worden. Erinnern wir uns an vergangene Zeiträume, in denen mit diesem Wort leichtfertig bestimmte Bezeichnungen verbunden wurden wie zum Beispiel „die Grünen der DDR". Im Umweltbewußtsein hat sich manches in unserem Land verändert. Hans Reichelt, der Minister für diesen Bereich in unserem Lande, ist Gast auf diesem Kongreß. Ich habe ihn bei zwei Begegnungen beobachtet, bei einer mit Erwin Strittmatter und einer gestern abend mit Eberhard Panitz. Beide gaben ihm Hinweise, die mit Umweltschutz und -sicherung zu tun haben. Er zückte Zettel und Bleistift und machte sich Notizen. Das ist das eine. Das zweite

halte ich für noch wichtiger. Er hat uns eingeladen, in diesem Zusammenhang mit ihm über gewisse Vorgänge zu reden, die es zu erörtern und vor allem zu verändern gilt – und das nicht hier irgendwo in Berlin zu tun, sondern an jenen Orten, die in unserer Bevölkerung diskutiert und mit vielen Wünschen, Verdächten, Vorstellungen und mit vielen Realien verknüpft werden.

Es ist der Vorschlag gemacht worden – und alle haben ihm mit Beifall zugestimmt –, diese Arbeitsgruppe „Literatur und Wirklichkeit" in Zukunft regelmäßig zusammenkommen zu lassen. Vielleicht fällt manchem von uns etwas ein, was aus diesem Thema heraus wichtige Bereiche benennt, über die wir miteinander reden könnten, und zwar dann im wirklichen Gespräch, ohne aufgeschriebene Texte, so, wie Kollegen und Genossen miteinander reden im polemischen Für und Wider.

Manches ist zur Literaturkritik geäußert worden. Es wäre vielleicht zu wünschen, daß mehr Schriftsteller Kritiker ihrer Kollegen werden; denn wenn ich so etwas gelesen habe, ist es für mich meistens polemischer und ertragreicher gewesen.

Anna Seghers ist heute und während des gestrigen Tages mehrfach zitiert worden. Ich meine, wir sollten das heute Gesagte für uns dadurch produktiv machen, daß wir – mit unserer Literatur, mit jedem geschriebenen Werk, so klein es auch sein mag – beweisen: Wir sind gewillt, die Menschen in unserer Gesellschaft und in der Welt nicht allein zu lassen. Ende.

Arbeitsgruppe II
Literatur und Geschichtsbewußtsein

Günther Rücker
Liebe Kolleginnen, liebe Kollegen, seid herzlich willkommen.
Ohne lange Vorrede sei folgendes vorausgeschickt: Wir haben
zweihundert Minuten Zeit. Etwa zwanzig Kollegen haben das
Wort erbeten, das heißt, niemand darf länger als zehn Minuten
sprechen. Um noch Zeit für zusätzliche Diskussionsbeiträge zu
gewinnen, bitte ich um euer Einverständnis, daß man seine
Wortmeldung auch zurückziehen kann, wenn man merkt, daß
das, was man sagen wollte, schon gesagt ist. Im Gegensatz zu
anderen Tätigkeiten des menschlichen Lebens, die mit mehr
Lust verbunden sind als ein Kongreß, ist Wiederholung hier
keine Tugend.
Ich würde noch bitten, das Erzählen anekdotischer Erlebnisse
zu vermeiden. Wir wissen, wie interessant das sein kann, wissen aber auch, daß es sehr aufhält. Ich denke, daß alle, die sprechen möchten, zum Kern ihrer Gedanken vorgedrungen und in
der Lage sind, kurz und knapp zu formulieren. Es geht nicht
darum, Siege zu erringen oder Bekehrungen anzustreben. Deshalb schlage ich vor, auf den Glanz der Rhetorik zu verzichten.
Wir wissen, daß wir alle hervorragende Formulierer sind.
Kongresse verändern nichts, es sei denn, es ist schon eine Veränderung in Gang. Deshalb habt bitte keine zu großen Erwartungen, was nicht heißt, Erwartungen aufzugeben.
Meine Aufgabe wird es sein, eure Gedanken morgen im Plenum vorzutragen, damit alle Kollegen, die an dieser Arbeitsgruppe nicht teilnehmen, davon erfahren, eure Überlegungen
ins kollektive Denken einbezogen werden können.
Waldtraut Lewin wird unserer Diskussion einige Gedanken voranstellen.

Waldtraut Lewin

Da ich der einzige bin, der Narrenfreiheit hat in dieser straff geführten Versammlung, möchte ich diese auch gleich ausnutzen und ein Kuckucksei ins Nest legen. Wir werden sehen, ob es ausgebrütet wird. Ich fange mit einem Zitat an: „Wir befinden uns im Jahre 50 vor Christi. Ganz Gallien ist von den Römern besetzt. Ganz Gallien? Nein. Ein von unbeugsamen Galliern bevölkertes Dorf hört nicht auf, dem Eindringling Widerstand zu leisten, und das Leben ist nicht leicht für die römischen Legionäre, die als Besatzung in den befestigten Lagern Babaorum, Aquarium, Laudanum und Kleinbonum liegen." Mit diesen Worten fängt jedes Heft der Asterix-Serie an. Sie werden sagen, o Gott, jetzt kommt sie uns mit dem Quatsch an, den wir im Film gesehen haben. Aber da ist der ganz große Unterschied, daß hier jeweils das Standfoto gezeigt wird, aus dem heraus jeder einzelne das entwickeln kann, was er sieht, oder Abläufe. „Als die Bilder laufen lernten" ist in diesem Fall nicht gut.

Das als Vorspann: Asterix, der kleine unbesiegbare Gallier, und sein unbesiegbarer Freund Obelix. Wir werden auf sie zurückkommen und sehen, ob das Kuckucksei ausgebrütet werden kann.

Ich komme zum Thema: Es gibt keine Literatur, die auf Geschichte zielt, Literatur hat immer Gegenwart zum Thema. Das heißt, Literatur befaßt sich mit Geschichte nur als einem Progreß in der Zeitdimension – und auch Gegenwart ist nur so greifbar –, Vergangenheit ist implizite, Zukunft ist angelegt oder postuliert. Hermlin sagte gestern in seinem Diskussionsbeitrag, daß es selbstverständlich ist, daß eine Gesellschaft, die der Zukunft zustrebt, sich ihrer Vergangenheit versichern muß. Jemand sagte mir gestern abend, ein Psychologe habe ihm mitgeteilt, ein Kind lerne das Wort „morgen" als Begriff erst, wenn es das Wort „gestern" kenne. Das bedeutet also: Geschichte ist ein Kontinuum, das sich zwar im Gegenwärtigen fixieren läßt, aber letzten Endes nicht statisch ist. Die Behandlung von Geschichte in der Literatur sehe ich deshalb als Mittel, in unterschiedlichen gesellschaftlichen Formationen und in unterschiedlichen Erscheinungsformen ein humanes Kontinuum aufzufinden. Der Reiz besteht in der Unterschiedlichkeit dieser Erscheinungsformen. Jede Literatur, die sich als solche versteht, also auch Geschichtsliteratur, hat eine antizipatorische Aufgabe. Die Wurzeln der Vergangenheit treiben Blüten und Früchte in der Zukunft.

Man sollte vielleicht das Thema noch insofern umreißen, als man fragt: Hat Literatur auch eine Aufgabe als Geschichtsvermittler? Kann das eine Rolle sein, die Literatur einnehmen sollte oder müßte? Ich meine, dazu kann man nur dann ja sagen, wenn wir weniger Historie pur, dafür mehr historische Vorgänge sehen, die uns Gegenwärtiges auf verfremdete Weise widerspiegeln. Das setzt natürlich eine *Haltung* zur Historie voraus, und die Haltung ist in diesem Falle immer die des Schreibenden zur Geschichte. Diese Haltung – und jetzt sind wir eigentlich erst richtig beim Thema – nenne ich Geschichtsbewußtsein, das heißt, Geschichtsbewußtsein kommt in unserem Falle durch den Schreibenden zum Ausdruck, es ist *sein* Geschichtsbewußtsein, *sein* persönliches, *mein* persönliches, mit dem ich arbeite.

Wenn ich zu Geschichtsbewußtsein und Geschichte etwas sagen möchte, so natürlich zu unserer nationalen Geschichte, zur deutschen Geschichte, zur Geschichte der DDR, zu unserer nationalen Geschichte im Ensemble der Weltgeschichte, denn ich glaube, erst wenn wir uns über unsere ureigensten Dinge klar geworden sind, können wir auch mitsprechen in dem großen internationalen Ensemble der Literatur, können wir überhaupt erst mitsprechen in der Welt.

Ich behaupte – und ich glaube, das ist erweisbar –, daß wir ein lädiertes Nationalbewußtsein haben. Und so ist auch unser Geschichtsbewußtsein vielfältig gebrochen, und – wie ich glaube – aus guten Gründen. Da dürfen wir nicht nur hinter die vergangenen fünfzig Jahre zurückgehen, da müssen wir weiter zurückgehen, das hat seine tiefen Wurzeln, geht teilweise zurück in Zeiträume, über die ich geschrieben habe, in die „Federico-Zeit". In der Geschichte der Entwicklung eines nationalen Bewußtseins hat es sich weitgehend darum gehandelt, Nationalbewußtsein von oben her mit einem chauvinistischen Bewußtsein des Besserseins als andere Völker zu identifizieren, was oft auch mit Expansionsbestrebungen einherging. Der Faschismus hat unserem Nationalbewußtsein schließlich den Rest gegeben.

Wir haben über einen Satz schon viel diskutiert, den berühmten Satz: „Ich bin stolz, ein Deutscher zu sein." Nur mit Schwierigkeiten und Einschränkungen einerseits und Erklärungen andererseits sind wir in der Lage, diesen Satz auszusprechen! Da haben es andere Völker einfacher: Ich bin stolz darauf, ein Franzose zu sein, klingt trotz Kollaboration in der Zeit des Faschismus, trotz des Krieges in Algerien anders. Dieser Satz impliziert auch den Kampf der Résistance, er impliziert eine andere nationale Grundhaltung. Oder: Ich bin stolz darauf, ein Chilene zu sein. Ich begegnete bei der Plenartagung der Akademie der Künste dieser Tage Patricio Bunster, dem Choreographen, der aus Chile gekommen war und wieder dorthin zurückkehrt, der uns berichtet hat über die Formen des Widerstandes der Kunst in Chile.

Dabei muß man auch bedenken: Die Erfahrung mit dem Faschismus in Deutschland, mit Faschismus überhaupt, hat die Völker gelehrt, daß der Faschismus, diese Pest der kultivierten Völker, inzwischen andere Formen angenommen hat, er muß sich tarnen, er muß sich in der Weltöffentlichkeit den Anschein von Demokratie geben, weil auch der Widerstand gegen ihn, die internationale Solidarität inzwischen eine andere Form, eine andere Dimension bekommen haben. Der Faschismus ist in seinen unterschiedlichen Ausprägungen heute nicht weniger grausam. Aber es gibt auch eine neue Qualität der Auseinandersetzung mit ihm.

Es war unser Verdienst, an Stelle eines falschen Nationalbewußtseins, eines Nationalbewußtseins im Sinne einer historischen Kontinuität, das Klassenbewußtsein gesetzt zu haben. Darauf konnte man stolz sein. Wir büßten mit dieser Einseitigkeit allerdings die „Königsebene" ein. Die überließen wir den anderen, oder wir schilderten Dinge in einer so einseitigen Perspektive, daß die Wahrhaftigkeit letzlich draußen blieb.

Obraszow hat – ebenfalls vorige Woche in der Plenartagung der Akademie – gesagt: Aus Idealen wurden Losungen, aus Losungen Stempel. Ich glaube, daß unsere Literatur einen Weg durchlaufen hat, wo diese Gefahr sehr nahe war, wo wir wirklich auf dem Wege waren, unsere Ideale in Losungen, unsere Losungen in Stempel zu verwandeln.

Die zweite Gefahr, die aus dem beschrittenen Weg unserer Literatur und unserer ideologischen Entwicklung hervorgegangen ist: Der Verlust an Vielfalt der Thematik ist selbstverständlich auch immer ein Verlust an Differenziertheit. Und Verlust an Differenziertheit bedeutet eben auch Verlust an Welt und damit Verlust an Wahrhaftigkeit.

Die Aufgabe, die ich für uns sehe und wofür Ansätze vorhanden sind, ist, eine Balance zu finden zwischen unserem nationalen Minderwertigkeitskomplex, der unsere Literatur stärker bestimmt, und chauvinistischer Selbstüberschätzung, die eigentlich mehr für die andere Seite kennzeichnend ist. Das heißt, wir müssen versuchen, Selbstverständigung zu *praktizieren*, und das ist manchmal nicht so einfach. Ich komme auf mein Paradigma Asterix zurück: Die beiden großen, fast möchte ich sagen genialen Männer, Goscinny und Uderzo – Goscinny ist der Texter und Uderzo der Zeichner –, diese beiden haben das Anfang der fünfziger Jahre getan und haben damit auf eine interessante Weise die französische Résistance für ihr Medium aufgearbeitet, sie haben nämlich in diesen volkstümlichen Heften, die Leute zwischen sechs und sechzig Jahren lesen, ihre Geschichte in verfremdeter Form dargestellt, indem sie die Franzosen als Gallier in die Antike geschickt haben zu der römischen Besatzung – man braucht weiter nicht zu interpretieren. Es gibt hinreißende Hefte, in denen sich das nationale Selbstgefühl der Franzosen artikuliert, wo sie zum Beispiel einem anderen Volksstamm pantomimisch beschrieben, was Gallier ausmacht. Wir sind Gallier, wir sind kämpferisch, lustig, wir streiten uns pausenlos, wir vertragen uns aber auch wieder, wir essen gerne. Es werden dialektische Gegensatzpaare genutzt, nicht nationale Einseitigkeiten.

In „Asterix und die Goten" zum Beispiel sind die Goten die Invasoren aus dem Deutschen Reich. Sie haben als Helme diese Pickelhauben, und wenn sie sprechen, ist in den Sprechblasen unter anderen Emblemen meistens auch ein Hakenkreuz enthalten, wer also Augen hat, zu sehen, sieht, was da gemeint ist. Diese Lockerheit, die Selbstverständlichkeit, mit eigener Geschichte umzugehen, und zwar im Prozeß der Verfremdung, hat mich fasziniert, deshalb habe ich sie hier als Beispiel vorgestellt.

Ich möchte folgendes sagen – es hört sich sehr thesenhaft an, aber man kann es nicht anders formulieren –: Wahrheiten, die erkannt werden, können auch ausgesprochen werden. Das ist unser Metier. Furcht, welcher Art auch immer, ob es die Bedrohung ist, unter der wir alle stehen, die große Weltbedrohung, oder ob es die kleinen Ängste des Alltags sind, die die Leute auch fertigmachen können: Furcht lähmt, Furcht befördert den Untergang dessen, der sich fürchtet. Wir müssen uns von Furcht befreien. Das ist für jeden Schreibenden wichtig und für das, was Geschichtsbewußtsein eben des Schreibenden ist. Die Mittel, die ich vorschlagen möchte – nicht im Sinne von Rezepten, sondern als das, was mir vorschwebt –: die Bereitschaft, sich von Tabus zu trennen. Darauf basierend das dialektische Spannungsverhältnis zwischen Respektlosigkeit im Umgang mit Geschichte und Demut andererseits. Ich benutze dieses altmodische Wort ganz bewußt. Denn ich finde, man kann das, was in der Geschichte geschehen ist, nicht einfach wegwischen oder uminterpretieren. Beides ist schlimm, ob man etwas wegläßt oder es in irgendein Korsett zwängt, in das es nicht gehört.

In der dialektischen Spannung zwischen den beiden Polen Respektlosigkeit und Demut liegt für mich das Arcanum des rechten Weges in der Geschichtsbetrachtung. Ich wünsche mir, mit Geschichte umzugehen, nicht mit ihr umzuspringen. Nur Wahrheiten, die erkannt sind, können auch gesagt werden. Die Mittel der Verfremdung, die uns Historie bietet, um Historie zu sehen und uns selbst in diesem Spiegel zu erblicken – auch im Sinne des Possenhaften, im Sinne der Heiterkeit, der zärtlichen Ironie –, sehe ich als ein Mittel der Annäherung und nicht als der Entfernung. In diesem Sinne würde ich Verfremdung im Umgang mit Geschichte verstehen.

Ziele, die ich gern sähe ... Das Hauptziel: Befreiung von Verkrampfungen in unserem Umgang mit Geschichte – ich glaube, es gibt nichts, worüber wir nicht sprechen könnten. Sodann die Erweiterung unseres Horizonts im Hinblick auf uns selbst und damit auch auf die anderen. Das bedeutet die Erweiterung unseres Wahrheitsspektrums. Ich möchte da auf die lateinamerikanische Literatur hinweisen, die für mich paradigmatische Funktionen hat – das bedeutet nicht, daß wir sie nachahmen können oder wollen. Es gibt Bücher, die hier auf unserem Grund und Boden entstanden sind, zum Beispiel Omar Saavedra Santis' „Die große Stadt", eines der faszinierenden Bücher der vergangenen fünf Jahre, eine Darstellung des Faschismus in seinem Land mit ganz neuen Mitteln, mit großer Heiterkeit und ohne Scheu vor großen Affekten.

Ein weiteres Ziel: Differenzierung in der Art unseres Schreibens. Differenzierung bedeutet in jedem Fall auch Sensibilisierung im Blick in die vertikale als auch in die horizontale Richtung, Sensibilisierung im Umgang mit uns, in den Schwingungen, die zwischen uns stattfinden. Poetische Welten aufzubauen ist eine der großen Aufgaben der Literatur, gerade wenn sie sich mit der Gegenwart beschäftigt.

Es gibt ein Debütbuch, das im Verlag Neues Leben erschien, es stammt von Reinhart Heinrich und hat den Titel „Jenseits von Babel". Da werden Dinge angesprochen, die bisher in unserer Literatur noch nicht erzählt wurden, und sie werden auf eine so neue Weise angesprochen, in einer Mischung von Traumphantastik und Realität, die mich bewegt hat. Ich denke, es rührt sich etwas, es werden neue Möglichkeiten erprobt.

Damit bin ich am Ende. Aber eine Frage möchte ich zum Schluß noch aufwerfen: Hat das epische Genre – über das reden wir ja, wenn wir von Geschichte sprechen –, hat das epische Genre Zukunft? Es gibt die These, daß mit dem Ende der bürgerlichen Welt und mit dem ausgehenden Kapitalismus auch der Roman als eine bürgerlich entstandene Form dem Untergang geweiht sei.

Zwischenruf von E. R. Greulich
Er war schon oft totgesagt.

So ist es. Das ist eine vieldiskutierte Frage, die man nur weltanschaulich beantworten kann. Das epische Genre als Transporteur von Geschichtsprozessen in Raum und Zeit ist dort am Leben, wo es Hoffnung gibt, wo sich die Schreibenden zu Hoffnung bekennen, wo man Geschichte nicht als eine sinnlose Abfolge von absurden Ereignissen sieht, in der die Menschen wie Goldhamster im Käfig im Kreis laufen, sondern als eine von Menschen beeinflußbare Geschehensfolge.
Damit habe ich meine eingangs aufgeworfene Frage selbst beantwortet. Es sei meiner Eitelkeit zugestanden.

Günther Rücker
Es liegen die Wortmeldungen vor mir, wie ich sie bekommen habe – kaum geordnet. Ich bitte Holger Teschke anzufangen, ihm folgt Reinhard Griebner, nach ihm kommt Helga Schubert.

Holger Teschke
Schriftsteller, die sich von der Utopie des Kommunismus nicht in den Traum des freiheitlichen Literaturmarktes verabschiedet haben, arbeiten heute zwangsläufig an der Kritik der Bedürfnisse ihrer Gesellschaft. Ihre literarische Praxis verändert die Umstände nicht direkt, aber sie kann teilnehmen an der Erziehung des Erziehers. In der Pädagogik und in der Politik gibt es zwei Möglichkeiten, auf das Mündigwerden der Erzogenen zu reagieren: Entweder der Erzieher bewertet die Tatsache, daß seine Kinder denkende, also unbequeme Menschen geworden sind, als Erfolg seiner pädagogischen Arbeit, oder er verbietet ihnen den Mund. Wenn man die Folgen der letzteren Entscheidung für beide bedenkt, wird sofort klar, was in der dritten Feuerbachthese gemeint ist.
Meine Generation hat in den sechziger und siebziger Jahren erlebt, wie Künstler und Politiker aneinandergerieten, als die Entwicklung globaler Widersprüche auch in unserem Land in-

nenpolitische Probleme verschärfte, nicht nur ökonomische, und daß Künstler dann die Lösungsvorstellungen von Politikern nicht immer teilten. Meine Generation hat in den achtziger Jahren die beiderseitigen Bemühungen um einen kritischen Dialog beobachtet und beteiligt sich an diesem Prozeß in der Hoffnung, daß ein solcher Dialog eine kritische Öffentlichkeit befördern wird, die Voraussetzung für die Entwicklung unserer Literatur ist.

Ich bin mit der historischen Tatsache aufgewachsen, daß die angestrebte zukünftige Gleichheit der Menschen in dem Teil Deutschlands, in dem die Regierung sich für einen konsequenten Antifaschismus und zum Aufbau des Sozialismus entschloß, mit einigen gegenwärtigen Freiheiten bezahlt werden mußte. Für mein Schreiben ist das heute kein besonderes Problem mehr, aber es ist das Problem unserer Kulturpolitik, um die Folgen dieser historischen Entwicklung herumzureden. Inzwischen stehen auf den schlecht ausgeräumten Kellern die postmodernen Repräsentationsbauten. Zum Erbe unserer Nationalkultur gehört aber nicht nur die Weimarer Klassik, sondern auch die proletarische Kultur der Weimarer Republik, jene direkten, aktuellen und polemischen Kunstformen, die im Klassenkampf für die Literatur, das Theater, die bildenden Künste, den Film und die Journalistik entwickelt worden sind. Hier haben wir Nachholebedarf, das vorhandene Erbe produktiv anzueignen. Am deutlichsten zeigt sich das auf dem Theater und im Film. Die Kommunisten haben sich in der bürgerlichen Gesellschaft den Luxus einer avantgardistischen Kunst geleistet und Kontroversen um sie. Im Sozialismus muß sie notwendiges Experimentierfeld sein und nicht skeptisch betrachtete späte Kinderkrankheit. Wir brauchen das künstlerische Experiment, wenn wir die Konflikte der heutigen Welt auf dem Niveau ihrer historischen Komplexität ästhetisch bewältigen wollen, anstatt das Trauma ihrer Verinnerlichung zu beschreiben. Für die Kunst sind Experimente so nötig wie für die Wissenschaft, und beide können ihre Ergebnisse vorher nirgends anmelden.

Engagement für Friedenssicherung und Kampf um eine atomwaffenfreie Erde lenken uns nicht von der Tatsache ab, daß Abrüstung zwar Raketen, nicht aber den Grundwiderspruch zwischen den Gesellschaftssystemen abschafft. Diese Widersprüche haben die Geschichte des Kommunismus nachhaltig beeinflußt und beeinflussen sie noch. Die Literatur einer sich ständig selbst korrigierenden Revolution hat deshalb auch gegen das Vergessen der eigenen Geschichte zu arbeiten, und sie muß gleichzeitig in den Wahrheiten von heute nach den Irrtümern von morgen suchen. Der Frieden in Europa ist die Chance, den letzten Weltkrieg zu verhindern, aber der Kampf um den Frieden ist nicht zu trennen von der Arbeit an der Verbesserung unserer Gesellschaft.

In Fragen der Kultur, schrieb Lenin 1923, darf nur das als erreicht gelten, was in die Alltagskultur eingegangen ist. Weil wir die Gesellschaft nicht für die Statistik bauen, muß sich in diesem Prozeß die Weisheit des Volkes samt seinen Irrtümern aktuell, direkt und kritisch äußern können. Die Literatur darf nicht zum Ersatzmedium werden, wenn andere Medien ihre Aufgaben unzureichend erfüllen. In diesem Lernprozeß ist für alle, Politiker wie Autoren, Selbstdistanzierung nötig: die Fähigkeit, Motive und Ziele der anderen Haltung, des anderen Vorschlags zu verstehen. Verstehen aber heißt nicht akzeptieren, und Widerspruch muß *immer* möglich bleiben.

Wenn die Aufgabe unserer Literatur darin besteht, daß sie das Bewußtsein dieser Umwälzungsepoche aus den Widersprüchen des materiellen Lebens zu beschreiben versucht, dann muß das Gespräch über diese Widersprüche, dann muß umfassende Information über ihren Ursprung und ihre Entwicklung Alltagspraxis sein, der Zugang zu diesen Informationen selbstverständlich, und zwar nicht nur für Literaturproduzenten. Wenn Dialektik sich in der Kunst – um es einmal volkstümlich zu sagen – über die Selbstreflexion künstlerischer Praxis unter dem erkenntnisleitenden Interesse der Emanzipation durchsetzt, dann muß auch diese Selbstreflexion Teil eines gesamtgesellschaftlichen Diskurses sein. Eine solche kritische Öffentlichkeit ist für die Produktion von Literatur ebenso wichtig wie für ihre Rezeption.

Mit dem Erscheinen eines Buches, mit der Inszenierung eines Stücks oder der Produktion eines Films beginnt der Dialog erst. An der Produktion kritischer Öffentlichkeit müssen Autoren mitarbeiten, gegen Vorurteile, gegen Verständnislosigkeit. Entfernte Standbilder, retuschierte Fotos und geschwärzte Zeilen sind dabei ein unhistorischer Reflex auf historische Entwicklungen, von Dialektik ganz zu schweigen. Retuschen sind das Gegenteil von Geschichtsbewußtsein, aber Geschichtsbewußtsein bestimmt entscheidend das Niveau unseres politischen Denkens und damit das unserer Literatur. Wenn wir nicht gegen das Vergessen arbeiten, werden wir statt einer Literatur, die mit Geschichte umgeht, eine Literatur bekommen, die weitschweifig beschreibt, warum sie mit Geschichte nicht umgehen kann. Der laute Ärger über solche Produktionen wird dann deren gesellschaftliche Ursachen kaum mehr verdecken können.

Meine Hoffnung geht von der Erfahrung aus, wie engagiert und phantasievoll Menschen arbeiten und leben können, wenn sie ihre Arbeits- und Lebensprozesse selber gestalten. Eine der Utopien, aus denen sich die kommunistische speist, ist der Traum von der Selbstverwaltung, von der direkten und verantwortlichen Beteiligung am Aufbau der Gesellschaft. Der Sozialismus wird sich gegen die Attraktivität des kapitalistischen Warenuniversums behaupten, wenn er neben der Erhöhung seiner materiellen Produktion immer mehr Freiräume für diese Erfahrung produziert.

Für eine solche Kultur, die inmitten des Reichs der Notwendigkeit Inseln des Reichs der Freiheit ermöglicht, sollten Schriftsteller und Theaterleute, bildende Künstler und Musiker, Filmschaffende und Wissenschaftler zusammenarbeiten und – sich ihrer Privilegien bewußt – sollten es im Interesse derer tun, deren Arbeits- und Lebenswelt noch heute vom Erbe der Vergangenheit mitgeprägt ist.

Reinhard Griebner

Ich habe mich, bevor ich mich anschickte, zum Thema des Tages das Rederecht zu erbitten, gefragt: Was kann ein Autor deiner Generation hier zur Debatte stellen, das sich den Erfahrungen Andersaltriger, Ähnlichgesinnter zweckdienlich beigesellt? Wir, die Nachkriegsgeborenen, tragen in uns das Grunderlebnis DDR. Das heißt, wir haben die Vorzüge des sich vor unseren Augen und durch unser Mittun graduell konstituierenden Sozialismus am eigenen Leibe erfahren; und die Wunden, die wir in uns tragen, rühren auch in Mehrzahl aller Fälle von den eigenen Leuten her.

Mein Verständnis von Geschichte ist seit einem Dutzend Jahren wesentlich bestimmt von Gedanken, die Juri Trifonow in mein Hirn pflanzte. Er sprach damals darüber, daß es seine Aufgabe sei, den Fäden nachzuspüren, nachzuschreiben, die aus der Vergangenheit in die Gegenwart führen und umgekehrt. Was in dieser noch dazu verkürzten Wiedergabe ganz unspektakulär daherkommt, erweist sich bei genauerem Hinsehen als ein Jahrhundertprogramm. Denn es geht bei jenen Fäden nicht um Schriftstellers Hirngespinste, sondern um die Nervenstränge, die das Gestern mit dem Heute verbinden. Und Geschichte ist nun einmal nicht, wie immer wieder fälschlich angenommen und verbreitet, ein Synonym für Vergangenheit, Geschichte ist der Prozeß unserer kollektiven Menschwerdung; sämtliche Risiken inklusive.

Diese Dialektik hat weitreichende Bedeutung für Geschichtsbewußtsein und Literatur. Ich stimme Waldtraut Lewin darin in allen Punkten zu. Die Gegenwart ist ebenso geschichtsträchtig wie die Vergangenheit, die oft gestellte Frage nach der Jetztbezogenheit sogenannter historischer Stoffe gehört nach meinem Dafürhalten zu den rangniederen Angelegenheiten, beide Abteilungen sind osmotisch miteinander verbunden. Übrigens wird jeder von uns, der sich einmal an der Aufarbeitung vergangener Begebnisse versuchte, bestätigen können, wie ahistorisch Geschichte bisweilen sein kann. Jede Generation tritt auf eigenem Weg in die Geschichte ein, es sollte deshalb nicht verwundern, wenn der unterschiedliche Blickwinkel verschieden strukturierte Bilder projiziert. Schriftsteller bilden da keine Ausnahme. Wobei ich schon denke, daß über Kongruenz oder Verschiedenheit unserer Ansichten mehr die soziale Erfahrung entscheidet als die Zugehörigkeit zu einer bestimmten Altersgruppe.

Ich formuliere für mich: Geschichtsbewußtsein meint nicht die intellektuelle Widerspiegelung abgelebter Dezennien, Geschichtsbewußtsein ist das bewußte Sein in Geschichte. Literatur, die sich hier einmischt, ist in besonderem Maße der Wahrheitssuche verpflichtet. Und ich denke, es sollte erlaubt sein, mit aller Behutsamkeit ein Wort wie „Lebenshilfe" aufzugreifen.

Jedoch nicht nur optimistische Visionen gereichen Hilfsbedürftigen zum Vorteil (allzu widerspruchsarme Entwürfe fallen eh nicht unter diese Erwägungen, sie würde ich vielmehr dem Problemkreis „Sterbehilfe" zurechnen), nein, Beistand wird dem Schicksalsgefährten auch dort, wo er die ungeschönte Erkenntnis schmeckt. „Eine Lüge ist", befindet Che Guevara, einer der aufsässigsten Heizer der Lokomotive Revolution, „ganz gleich, wie gut sie auch gemeint sein mag, immer schlechter als die bescheidenste Wahrheit." Nebenbei gesagt, unterliegt unsere Arbeit hier einem streng demokratischen Prinzip. Wir haben es ja häufig mit dem Spezialfall zu tun, daß der vermeintliche Ratgeber zugleich Ratsucher ist.

Ende Oktober meldeten sich mehrere meiner Freunde und wollten von mir wissen, ob ich den kurz zuvor in einer führenden Tageszeitung veröffentlichten Artikel „Wie die Geschichte befragen?" für einen gelungenen Beitrag zu unserer geschichtsphilosophischen Selbstverständigung hielte. Da ich ebenso offen wie charmant gefragt worden war, habe ich offen und direkt geantwortet: Nein. Bevor ich ein paar Worte zu diesem Vorkommnis verliere, möchte ich einen Gedanken von Lenin in Erinnerung bringen, den er in seinem Aufsatz „Über den Staat" erarbeitete: „Das Allersicherste in der Gesellschaftswissenschaft ... besteht darin ..., jede Frage von dem Standpunkt aus zu betrachten, wie eine bestimmte Erscheinung in der Geschichte entstanden ist, welche Hauptetappen diese Erscheinung in ihrer Entwicklung durchlaufen hat, und vom Standpunkt dieser ihrer Entwicklung aus zu untersuchen, was aus der betreffenden Sache jetzt geworden ist."

Wäre Dr. Harald Wessel besagter Empfehlung gefolgt, bestünde keine Veranlassung, bei seinem Artikel zu verweilen. Es wäre dem Verfasser dann vermutlich möglich gewesen, Tengis Abuladses Film „Die Reue" eine gerechtere Behandlung zukommen zu lassen. Wessel hätte unmöglich zu der Schlußfolgerung kommen können, daß hier ein Schreckbild entsteht, das „letztlich jeden Fortschritt in Frage" stellt.

Ich will Ihre und meine Zeit nicht über Gebühr beanspruchen, ich äußere mich nicht zu „Schwarzseherei" und „Schwarzmalerei", verweile nicht bei den vom Autor erwähnten „demagogischen Tricks", versuche nicht zu erkunden, in welchem Umfang Gewissen und Schamgefühl strapaziert werden, nennt man im Kontext solcher Überlegungen wiederholt Michail Kolzow. Eines aber möchte ich feststellen: Selbst wenn sich Dr. Harald Wessel, was ich ihm zugestehe, durch besagte Metaphern blokkiert fühlt, so besteht noch lange keine Veranlassung, eine Konsequenz aufzuzeigen, nach der diese „auch alle Versuche (blockieren), Vergangenes zu bewältigen und aus der Geschichte Lehren für Gegenwart und Zukunft zu ziehen". Ich möchte ausdrücklich betonen, daß ich mich nicht blockiert fühle. Andere haben, freilich unabhängig von Abuladses künstlerischer Wortmeldung, längst ihre Schlußfolgerungen gezogen. Ich zitiere Michail Gorbatschow: „Jetzt aber haben wir endgültig die Versuche überwunden, die Geschichte zu überlisten, bei denen zeitweise nicht von den Realitäten, sondern von Wunschbildern ausgegangen wurde."

Ich meine, wir sollten in solchen Fragen viel aufdringlicher den Streit suchen. Zu einem von Hans-Dieter Schütt verfaßten Artikel ähnlichen Inhalts, oberbetitelt „Kunst und Geschichtsbewußtsein", habe ich meinen Widerspruch postalisch angemeldet. Ich gebe der Versammlungsleitung einen Durchschlag meiner Anmerkungen zu Protokoll und bitte darum, dieses Papier als Bestandteil meiner Wortmeldung zu verstehen. Besser wäre es allerdings, man wollte ab und zu auch eine begründete Zweitstimme publizieren, aber dieses Thema ist zweifelsohne auf dem Verbandskongreß der Journalisten besser aufgehoben. Es geht nicht darum, irgendwelche Feindbilder zu entwerfen, es geht darum, in Sachen öffentlicher Auseinandersetzung mit- und widereinander zu lernen. Und weil's so schön ist, gleich noch einmal Gorbatschow: „Die ‚Arroganz des Allwissens' ist verwandt mit der Angst um die eigene Fähigkeit, neue Probleme in den Griff zu bekommen. Sie zeugt von der zählebigen Gewohnheit, andere Standpunkte kurzerhand abzulehnen. So kann es zu keinem Dialog, zu keiner produktiven Diskussion kommen, und, was besonders wichtig ist, darunter leidet die Sache."

Obwohl das ein schönes Schlußwort sein könnte, möchte ich meinen Überlegungen ein tätigkeitsbezogenes PS anfügen. Es beruht auf Erfahrungen, die ich mit der Abteilung Benutzung der Deutschen Staatsbibliothek machte. Wie Sie wissen, ist es für die Studien gewisser Abschnitte der deutschen Vergangenheit erforderlich, eine schriftliche Genehmigung beizubringen. Obgleich ich einen solchen „Giftschein" besaß, bekundete eines Tages die verantwortliche Leiterin der Buchausgabe, sie könne mir das Bestellte nicht aushändigen, sie habe das Gefühl, das hätte nichts mit meinem Thema zu tun. Erst nervenaufreibende Wortgefechte führten dazu, daß ich mit einer Stunde Verspätung ungehindert meinen Beruf ausüben konnte. Natürlich wäre hier allein durch geeignete Schulungsmaßnahmen Besserung zu erzielen. Ich meine aber, man sollte aus derlei Mißverständnissen grundsätzliche Lehren ziehen, und trage deshalb an die Leitung des Schriftstellerverbandes folgende Bitte heran: Wäre es nicht sinnvoll, mit den zuständigen Ministerien in Verhandlungen zu treten mit dem Ziel, den Mitgliedern und Kandidaten unseres Verbandes allein gegen Vorlage ihres Ausweises freien Zugang zu sämtlichen in den Bibliotheksbeständen der DDR geführten Druckerzeugnissen zu ermöglichen? Ich bin in den vergangenen Monaten durch verschiedene Abteilungen der Berliner Vergangenheit gestreift. Keine Angst, es folgen nicht die gesammelten Impressionen eines Kopfreisenden. An einem Gedanken aber möchte ich Sie teilhaben lassen, dem ich, seit ich ihn das erste Mal zur Kenntnis nahm, programmatisches Gewicht beimesse. Und ich glaube, er enthält auch und gerade Anregungen für Schriftsteller, die herauszufinden suchen, wann und wo Geschichte geschichtenträchtig ist. Karl Friedrich Schinkel: „Überall ist man nur da wahrhaft lebendig, wo man Neues schafft; überall, wo man sich ganz sicher fühlt, hat der Zustand schon etwas Verdächtiges, denn da weiß man etwas gewiß, also etwas, was schon da ist, wird nur gehandhabt, wird wiederholt angewendet. Dies ist schon eine halb tote Lebendigkeit. Überall da, wo man ungewiß ist, aber den Drang fühlt und die Ahnung hat zu und von etwas Schönem, welches dargestellt werden muß, da, wo man also sucht, ist man wahrhaft lebendig."

Helga Schubert

Ich möchte, was unsere Geschichtsbetrachtung betrifft, von Christian Morgenstern einen Satz abwandeln: Weil, so schließt er messerscharf, nicht gewesen ist, was nicht gewesen sein darf.

Ich habe im Zusammenhang mit Recherchen zu meinem nächsten Buch über Denunziantinnen in der Nazi-Diktatur Akten des Volksgerichtshofes lesen wollen, die sich im zentralen Parteiarchiv der SED befinden. Ich ging zunächst zur Abteilung für Frauenfragen im Zentralkomitee und bat um Unterstützung, die ich auch erhielt, man empfahl mich an das Archiv. Auch die verantwortliche Wissenschaftlerin dort bemühte sich, mich zu unterstützen. Allerdings fragten mich die Mitarbeiter beider Abteilungen: Warum beschäftigen Sie sich nicht mit dem weiblichen Widerstand? Warum interessieren Sie sich für so etwas Negatives? Wir vermuten, daß Sie dem Kleinbürgertum seine Vergangenheit vorhalten wollen. Da sind aber, sagte man mir, unsere Bündnispartner. – Folgerichtig bekam ich zunächst die Akten von SA-Schlägern der Köpenicker Blutwoche zu lesen, die 1948 gerichtlich verurteilt worden sind. Ich habe diese Akten, die ich eigentlich nicht haben wollte, doch gelesen, weil sie aufschlußreich waren. Und dann habe ich auch die Akten bekommen, derentwegen ich eigentlich gekommen war, und ich bin dankbar dafür. Denn bei diesen Recherchen stieß ich auf eine Akte, die mir bekannt vorkam, die ich aber nicht sofort einzuordnen wußte. Was ich da las, war so tragisch, daß ich zu weinen anfing. Meine Nachbarin im Leseraum sagte dann, daß dies die Akte sei, die man Hans Fallada gegeben hatte, sie diente als Grundlage seines Romans „Jeder stirbt für sich allein". Er schreibt darüber in seiner Vorbemerkung. Nun unterscheidet sich das Aktenmaterial vom Roman wesentlich. In der Akte geht es darum, daß ein Berliner Ehepaar zum Tode verurteilt wird – beide sind auch hingerichtet worden –, weil der Mann – in ungelenker Schrift – Postkarten gegen die Nazis, gegen den Krieg geschrieben hatte. Sie hatten sie dann gemeinsam an Stellen, an denen Publikumsverkehr herrschte – bei Ärzten zum Beispiel –, ausgelegt. Das Ehepaar wurde im Oktober 1942 verhaftet, und bei den ersten Verhören der Gestapo hat jeder alle Schuld auf sich genommen, der andere sei nur von ihm aufgehetzt worden. Die beiden wurden gefoltert und im Januar 1943 zum Tode verurteilt. Sechs Tage später reichten beide, aber jeder für sich, ein Gnadengesuch ein. Darin belasteten sie sich gegenseitig, sie seien dem Führer treu ergeben und nur vom anderen Partner angestiftet worden. Und jeder bedauerte sein Handeln, jeder belastete den anderen. Die Original-Gnadengesuche sind bei den Akten.

Nun finde ich interessant, was Fallada daraus gemacht hat. Diese Akten kamen bei der Befreiung in die Hände der Sowjetarmee und wurden offenbar genau durchgesehen, denn es finden sich darin Notizen in kyrillischer Schrift. Anschließend wurden sie Johannes R. Becher übergeben, der in ihnen einen literarischen Stoff für Fallada vermutete. – Sie wissen, daß sich Becher sehr für Hans Fallada eingesetzt hat, der alkohol- und drogenabhängig geworden war.

Fallada schrieb auch einen Vorspruch zu diesem Roman, in dem er bekundet, daß alles auf Tatsachen beruhe und er sich im wesentlichen an die Tatsachen gehalten habe. Aber er hat sich in wesentlichen Aspekten nicht an sie gehalten, er hat ein für ihn stimmigeres Geschichtsbild, das für die Situation nach dem Krieg sicherlich wichtig war, geschaffen, er hat diese Leute als bis zum Schluß aufrecht geschildert. Im Buch gibt es Sätze, da fragt die Frau wie ein verliebtes junges Mädchen immer wieder nach ihrem Mann, und der Aufseher sieht einen Augenblick verwirrt auf die alternde Frau, die wie ein junges verliebtes Mädchen spricht: „Altes Stroh brennt am hellsten" und so weiter. – Die Frau wird bei Fallada auch nicht hingerichtet, sondern stirbt bei einem Bombenangriff. In Wirklichkeit wurden aber beide im Abstand von zwei Minuten hingerichtet, einmal dauerte es sechzehn Sekunden, einmal vierzehn; 19.18 Uhr wurde er getötet, 19.20 Uhr sie. Die beiden müssen sich noch gesehen haben, konnten aber wahrscheinlich nicht miteinander sprechen, sich nicht entschuldigen, daß jeder den anderen in der Hoffnung, begnadigt zu werden, belastet hatte. Das finde ich schlimm, durch Folter verloren sie ihre Menschenwürde und wurden trotzdem hingerichtet. Das hat Fallada 1946, als er das Buch schrieb, einfach nicht ertragen. Vielleicht kommt noch hinzu, daß er sich in einer Situation psychischer Labilität befand. Aber vor allem war es damals wichtig, ein Buch zu schreiben über einfache Leute, die ihr Leben eingesetzt haben gegen die Barbarei und bis zum Schluß aufrecht geblieben sind. Historisch ist es nicht wahr. Wir als Schriftsteller sollten deswegen immer nach dem Guten im historisch Bösen und nach dem Bösen im historisch Guten fragen. Für mich ist es viel tragischer und viel berührender, daß Leute, die so mutig viel auf sich genommen, die im Gegensatz zu Millionen anderen etwas getan haben, trotzdem gebrochen wurden durch Folter. Und was die Sache zusätzlich tragisch macht: Ein Schriftsteller konnte so kurz danach aus historischen Gründen, vermute ich, den Hergang nicht so darstellen, wie er sich zugetragen hatte, weil es zunächst wichtiger erschien, ein aufrechtes Arbeiterehepaar darzustellen. Und so ging das Buch um die Welt. Darum hat mich auch der Beitrag von Hedda Zinner gestern sehr angesprochen, daß es nämlich auch heute noch, zweiundvierzig Jahre nach der Zerschlagung des Nationalsozialismus in Deutschland, selbst für die Autoren unter den antifaschistischen Widerstandskämpfern schwierig sei, „Ratschläge von direktiver Kraft" zurückzuweisen, die die Veröffentlichung blockieren. Damit könnte, meine ich, auch eine „konfliktlose Heroisierung der Vergangenheit", um auf eine Formulierung von Hedda Zinner zurückzugreifen, verhindert werden.

Günther Rücker

Danke schön. – Jetzt bitte ich Hans Richter, ihm folgen Hans Pfeiffer, Horst Beseler und Werner Brückner.

Hans Richter

Meine Bemerkungen zum Thema ergeben sich aus meiner Bindung an die Universitätsarbeit.

Der listige, diesenfalls allerdings mehr sarkastische Augsburger schrieb, kaum heimgekehrt, am 3. Januar 1949 in sein Arbeitsjournal: „die deutschen haben überhaupt keinen sinn für geschichte, vermutlich, weil sie keine geschichte haben." Wir sind uns sicher alle einig: Hier irrte Brecht. Zu seiner Entschuldigung kann immerhin angeführt werden, daß er nicht leicht voraussehen konnte, wer und was in unseren Geschichten und Stücken noch alles vorkommen sollte: die Preußen und die Nibelungen, Forster, Federico und Friedrich Engels, Rosa Luxemburg und Leo Jogiches – man beginnt besser gar keine Aufzählung, denn man kommt damit wahrhaftig nicht zu Ende, neuerdings.

Ich sage das übrigens ohne jede Ironie, weil es doch ein gewaltiger Gewinn ist, daß nun schon seit geraumer Zeit nicht nur kein Gebiet unseres Lebens mehr als unwichtig oder der Darstellung unwert gelten darf, sondern auch noch ein jegliches historisches Feld literarisch betreten werden kann, ohne daß da jemand Flucht aus der Gegenwart oder gar ungute Camouflage wittern muß.

Mit der nötigen Ironie freilich fahre ich fort: Wir haben nicht allein eine schöne Fülle von Literatur, die frei mit beliebigem geschichtlichem Material umgeht, nein, wir besitzen darüber hinaus auch noch den Begriff Geschichtsbewußtsein und sind damit unseren sowjetischen Freunden voraus; jedenfalls verfügt das Russische, wie mir genaue Kenner versichern, über keinen entsprechenden Begriff. Wir hingegen hatten schon als Bestandteil des VII. Kongresses, also vor vierzehn Jahren, eine Arbeitsgruppe „Literatur und Geschichtsbewußtsein", obgleich Karl Mickel gleich unkte, dieses Thema habe „eine merkwürdige unterschwellige Tendenz zum philosophischen Idealismus". In der damaligen Debatte, an die anzuknüpfen ich mir erlaube, sagte mein Greifswalder Kollege Hans Jürgen Geerdts: „Unserer Jugend fehlt oft noch eine wirklich umfassende geschichtliche Bildung. Ich möchte nicht verallgemeinern und verabsolutieren, aber ich, der ich jeden Tag mit Studenten zu tun habe, habe meine Erfahrungen. Lernen sollten wir von der Art und Weise, wie man in der Sowjetunion den Menschen eine hohe geschichtliche Bildung vermittelt, und zwar nicht nur Geschichts*kenntnisse,* sondern vor allem den *Erfahrungsschatz* des Volkes." Soweit Geerdts damals. Sollte das etwa auch heute noch gelten? Oder gilt es vielleicht heute erst recht?

Bei Gelegenheit eines sowjetischen Films, von dem schon die Rede war und dem, wie man hörte, seriöses sowjetisches Publikum in den Kinos stehend starken Beifall spendete, wurde in der auflagenstärksten Tageszeitung der DDR am 28. Oktober dieses Jahres, nachdem der bei uns bislang unbekannt gebliebene Streifen von einem bundesdeutschen Fernsehsender in dessen Streifen eingepaßt worden war, die folgende bemerkenswerte These aufgestellt: „Kunst, die sich jener Zeit zuwendet" – zuvor war gerade von den „Lebzeiten Stalins" die Rede, in denen „auch bittere Dinge" geschehen seien –, solche Kunst also, hieß es da, müsse „konsequent befragt werden nach ihrem Verständnis von Geschichtsbewußtsein". Wenn Kritiker hierzulande jetzt besser als sowjetische Künstler wissen wollen, wie man mit sowjetischer Geschichte umzugehen habe, ist das für mein politisches Empfinden peinlich und beschämend. Darüber will ich aber nicht die Kritik an der zitierten Prämisse versäumen, die mir ja, ohne es ausdrücklich zu sagen, eine Arbeitsanweisung gibt; durch einen bestimmten Fall veranlaßt, postuliert sie den Grundsatz, Kunst müsse „konsequent befragt werden nach ihrem Verständnis von. Geschichtsbewußtsein". Einen lakonischen Gegenschlag lese ich bei dem listigen Dresdner, den ich vorhin schon zitierte; Karl Mickel fragte in der Debatte von 1973: „Haben wir nicht vielleicht ein Geschichtsbewußtsein, dem die Geschichte fehlt?" Aus meinen eigenen Erfahrungen mit Literatur der DDR und Studenten von heute, also Deutschlehrern von morgen, möchte ich dem einiges hinzufügen. Die Vorstellung von unserer Republik und ihrem Werden, die der heutige Student mitbringt, erscheint mir beunruhigend dürftig. Liegt das einzig und allein daran, daß ich die ganze Geschichte unserer Gesellschaft von Anfang an bewußt miterleben konnte, während der Geburtsjahrgang 1968 möglicherweise politisch zu denken begann, als gerade die Losung vom Frieden ohne Waffen aufkam und in unseren Grenzen erst einmal gründlich abgewiesen wurde, aus meiner Sicht also „unlängst“? Bei diesen jungen Menschen stößt man selbst mit dem redlichsten Versuch, Stolz auf das Erreichte zu entwickeln, auf erhebliche Schwierigkeiten; niemand als ihnen muß ja auch ferner liegen, das Erreichte an früheren Programmen oder an den Ausgangsbedingungen der vielfältig behinderten DDR zu messen und es daraufhin gewaltig zu finden. Die Jugend geht natürlich vom Erreichten als dem Gegebenen aus, mißt es an verkündeten Zielen und Idealen, an eigenen Interessen und Erfahrungen, und dabei kommt eher Ungeduld als Stolz auf. Biete ich den Jungen in altbewährter Weise Literatur vom schweren Anfang an, fragen sie mich voller Skepsis, ob die denn jemals gelesen worden sei. Ich versuche also, meine Vorlesung über die Literatur unserer Republik mehr und mehr so zu gestalten, daß sie dem heutigen Publikum entspricht. Und was bedeutet das? Ich muß möglichst eindringlich spürbar machen, daß unsere Geschichte ein komplizierter und aufregender Lernprozeß war und keine Folge von Erfolgen ist; die Literatur selbst kommt dabei viel kürzer weg als früher, aber dem Sinn der Studenten für unsere Geschichte und für unsere Literatur ist das zuträglich.

Mit wachsender Aufmerksamkeit beobachte ich, welche Werke den Studenten besonders interessant und wichtig sind; dabei komme ich zu manchem überraschenden Ergebnis. Die seit langem bei unseren – vorwiegend weiblichen – Studenten favorisierte Christa Wolf hat mit ihrem „Störfall“ zwar lebhafte Aufmerksamkeit erregt, aber dann weithin enttäuscht. Christoph Hein hingegen, erst durch den „Fremden Freund“ ins Gespräch geraten, beeindruckte mit seinem Roman „Horns

Ende" ungemein stark. In meinem Oberseminar für Studenten des siebten Semesters gab es eine einmütige Zurückweisung der Einwände von Jürgen Engler, die er in seinem Aufsatz in dem Band „DDR-Literatur '85 im Gespräch" vorgebracht hat. Er fand in Heins Roman die „konkrete Historie von Moral ohne geschichtlichen Rückhalt aufgezehrt" und benannte als den hohen Preis für die „exzeptionellen Szenen seelischer Hochspannung" etwas, was meine Studenten überhaupt nicht entdecken konnten, nämlich „Reduzierung von Geschichtlichkeit". Die jungen Leute erlebten das Buch ganz offensichtlich als eine reiche und authentische Auskunft über Leben in der Frühzeit der DDR und *zugleich* als eine zwingende Herausforderung ihrer eigenen Sensibilität und Maßstäbe für menschliches Fühlen, Denken und Handeln. Je länger ich über diese Erfahrung nachdenke, desto mehr will mir scheinen, „Horns Ende" sei ein wohl mikrokosmisches, aber dafür den Nachgeborenen angemessenes, aktuell-eindringliches Gegenstück zum letzten Roman unserer unvergessenen und unersetzlichen Anna Seghers. Sollte es Heins Buch an etwas fehlen, was sich Geschichtlichkeit nennen läßt, so sähe ich dies wettgemacht durch eine solche Konflikthaftigkeit und Wahrhaftigkeit, die der Leser – als aufmerksamer Beobachter eines Feldes unaufgelöster Spannungen in und zwischen den Romangestalten – seinem eigenen Verhalten im geschichtlichen Raum zugute kommen lassen kann. Damit aber ist der Punkt erreicht, von dem aus allein Kunst konsequent zu befragen ist, eben nicht nach „ihrem Verständnis von Geschichtsbewußtsein", sondern nach ihrer Produktivität für die Bewältigung unserer widersprüchlichen Lebenswirklichkeit.

Hans Pfeiffer

Nach Reduktion der Redezeit habe ich meine Notizen weggelegt und will zu einigen Fragen, die im Referat eine Rolle gespielt haben, und zu den vorangegangenen Diskussionsbeiträgen etwas sagen. Dabei will ich mich nicht auf Erfahrungen mit dem historischen Roman beschränken, sondern als Fernsehautor auch die Arbeit für das Fernsehen einbeziehen.

Wir sind nicht nur das Produkt der Geschichte, die Geschichte ist auch unser Produkt. Daraus ergeben sich einige vorliterarische Überlegungen für den, der über Geschichte schreibt. Sie berühren noch nicht den eigentlichen poetischen Produktionsprozeß, sondern sind mehr eine Selbstbefragung entsprechend dem eigenen Temperament und dem eigenen Verhältnis zur Geschichte.

Die erste Frage, die sich der historische Belletrist stellen sollte, betrifft sein Verhältnis zur Gegenwart. Er muß sich fragen, in welcher Zeit schreibe ich? Als ich im Jahre 1983 den Scharnhorst-Roman begann, war die Weltsituation eine andere als in diesem Jahr, wo ich ihn beendet habe. Natürlicherweise verschieben sich da Gestimmtheiten, Erkenntnisse und Positionen. Scharnhorsts These, die sicherste Garantie für den Frieden sei, daß sich der Gegner eine möglichst geringe Chance für seinen Sieg ausrechnen könne, kann heute nicht mehr die bestimmende sein. Wir nähern uns da eher Scharnhorsts Kontrahenten Immanuel Kant, der in seiner Schrift „Vom ewigen Frieden" einen von allen Staaten gebildeten Sicherheitsbund forderte. Demgemäß müssen sich Proportionen in der Figurenführung und in der kritischen Wertung der Figuren verschieben. Wenn das schon innerhalb weniger Jahre geschieht, wieviel mehr müssen sich im Lauf des Lebens eines Autors auch die Positionen zu seiner Gegenwart verändern, die wiederum sein Verhältnis zur Geschichte mitbestimmen.

Hier ist auch verschiedentlich zur Generationsproblematik gesprochen worden. Sie erscheint mir nicht so aufregend wie für manche andere. Im Literaturinstitut komme ich täglich mit jungen Autoren zusammen. Da wird man ständig auch mit sehr problematischen Fragen der jungen Leute konfrontiert. Neulich debattierten wir über eine interessante essayistische Arbeit eines Studenten, deren These etwa lautete, in der deutschen Geschichte sei die Revolution in der kleinbürgerlichen Schrebergartenidylle versandet. Um das zu beweisen, stellt er unsere ganze Geschichte nur als eine Misere dar.

Warum sieht ein heute Fünfundzwanzigjähriger die deutsche Geschichte als eine einzige Kette gescheiterter Hoffnungen?

Warum kehrt er zu einer Einstellung zurück, die sich nach 1945 für uns junge Leute damals notwendigerweise aus dem Schock der Katastrophe ergab? Was sind das heute für Gründe? Man könnte Realisierungsenttäuschung nennen, zu große Ideale, die die Gesellschaft in ihn gepflanzt hat. Aber es spricht daraus auch eine pseudorevolutionäre Negation des in unserer Geschichte Errungenen.

Eine zweite Selbstbefragung hat sich unserm Verhältnis zur Geschichte überhaupt zu stellen, sie betrifft die geschichtsphilosophische Position des historischen Belletristen. Hier betrete ich einen Boden, der für mich immer unsicherer wird. Sehe ich Geschichte an als eine zielgerichtete Bewegung, die in die weiten Horizonte wie Humanisierung der Natur, Naturalisierung des Menschen einmündet? Befreunde ich mich mit der Auffassung von Bloch, daß der Mensch erst am Ende seiner Geschichte zu sich selbst komme? Diese Ansicht von Geschichte als eines zielgerichteten Prozesses und seiner Ankunft im Unendlichen der Menschwerdung bietet dem Schriftsteller ebenso verführerische wie dynamische Impulse für die Erfindung von Menschheits- und Geschichtsmodellen. Aber dabei vermag das Licht eines zu fernen Horizonts unsern gegenwärtigen Standort nicht zu erhellen.

Oder folge ich der nüchtern realistischen Feststellung von Engels, der sagte, ein vollkommener Staat, eine vollkommene Gesellschaft, seien Dinge, die nur in unserer Phantasie bestehen können? (Marx/Engels, Werke, Band 21, Seite 267.) Die Geschichte ist für ihn offen, sie geht fortschreitend auf keinen absoluten Zielpunkt zu. Er sagt sogar, der aufsteigende Ast der Geschichte ende in einem absteigenden, wenn dieser auch noch sehr fern sei. Engels' Sicht, daß die Geschichte sich aus ihren eigenen Bedingungen reproduziere, fehlt zwar die Hoffnung auf vollkommene Menschheitszustände, aber sie lebt nicht vom ewigen Kredit der Zukunft und gibt auch unserer eigenen Gegenwärtigkeit ihre geschichtliche Berechtigung.

In dieser extremen Zuspitzung zeigen sich die übersehbaren Folgen geschichtsphilosophischer Ansichten für jegliche Konzipierung historischer Belletristik.

Eine dritte Vorüberlegung des historischen Belletristen betrifft sein Verhältnis zur Geschichtswissenschaft. Ich mache Literatur, ich betreibe keine Wissenschaft, aber ich selber brauche den Historiker, brauche seine Forschungsergebnisse, um mich dann um so freier in der Geschichte bewegen zu können.

Dabei wird mir immer deutlicher bewußt, daß die Geschichtswissenschaft selber einem geschichtlichen Veränderungsprozeß unterworfen ist, was sich naturgemäß auch auf den Schriftsteller auswirkt. In den zwanziger Jahren schrieb Berta Lask ein Müntzer-Stück. Luther wurde dort noch als Noske dargestellt, als blutiger Schlächter des Proletariats. Und in Friedrich Wolfs Schauspiel über Müntzer ist Luther noch eine Unperson, die sich nur in einem örtlichen Pfarrer in Allstädt verkörpert. Als ich Ende der sechziger Jahre das Müntzer-Thema aufgriff, sah unsere Geschichtswissenschaft Luther als den Eröffner der frühbürgerlichen Revolution, womit er und Müntzer untrennbar Äste eines gleichen Stammes sind. Dem sich geschichtlich verändernden Geschichtsbild kann sich auch der Autor historischer Stoffe nicht entziehen. Literatur ist nicht die Magd der Wissenschaft, sie ist ihr gleichberechtigt, aber der vertraute Umgang zwischen Poesie und Historie bleibt nicht ohne Einfluß auf beide.

In einer weiteren vorliterarischen Überlegung muß sich der Autor darüber klar werden, worauf die Aussage seines Stoffes zielt. Nach meiner Erfahrung vollzieht sich die poetische Erschließung der Geschichte auf zwei entgegengesetzten Wegen. Der eine besteht, vereinfacht gesagt, darin, daß der Autor für die Probleme und Konflikte in seiner Gesellschaft ein verfremdendes Modell sucht. Da er dann nicht eigentlich Geschichte, sondern Gegenwart darstellt, muß er Geschichte in jenes berüchtigte Prokrustesbett zwängen; er haut ihr also die Zehen und, wenn es sein muß, die Füße und auch noch den Kopf ab, bis die Geschichte in das Bett hineinpaßt. Das ist zwar ein gewalttätiger, aber von einer poetischen Idee diktierter, also legitimer poetischer Umgang mit Geschichte.

Die andere Möglichkeit ist, sich der Geschichte von ihrer mehr oder weniger belegten und belegbaren Authentizität zu nähern und in der Geschichte selbst etwas zu entdecken, was uns Heutige noch meint. Überhaupt wird für mich Geschichte erst dann interessant, wenn ich in ihr etwas Unerledigtes entdecke, das von uns und denen nach uns noch zu verwirklichen ist – Geschichte also als gesellschaftlich-ethischer Impuls für uns Lebende. Wir finden in den großen historischen Figuren immer ein Nebeneinander von aktuellen Aufgaben und einem großen, für ihre Zeit oft utopischen Programm. Das Nahprogramm Müntzers, die feudalen Mächte zu stürzen, haben wir geschichtlich längst verwirklicht. Aber sein utopisches Modell einer Welt „in der Sonne der Vernunft, in der Fülle des Weizens" ist noch weltweit in Realität umzusetzen. Für einen dieser beiden Wege, in die Vergangenheit einzudringen, muß sich der Schriftsteller entscheiden. Mein Weg ist der, in der Geschichte, wie Hegel sagte, das Unsrige zu entdecken.

Günther Rücker

Danke. – Jetzt hat Horst Beseler das Wort, ihm folgen Werner Brückner und Hans-Otto Lecht.

Horst Beseler

Mit auflaufendem Alter neige ich immer mehr dazu, Begriffe wie Nationalstolz und Vaterland sehr vorsichtig zu verwenden. Wir haben mit ihnen – genauer: im Ergebnis ihres hartnäckigen Mißbrauchs – in unserer Geschichte fatale Erfahrungen gemacht, und überhaupt halte ich sie kraft ihrer selbstüberhebenden und eingrenzenden Gebärde für problematisch. Fast stets finden wir sie verbunden mit unverhältnismäßiger Emotion.

Man kann ja nicht eigentlich stolz darauf sein, in eine Nation oder in eine Familie hineingeboren zu sein. Zuerst einmal handelt es sich dabei um biologischen Zufall. Und ganz und gar nicht sollte man sich Stolz anmaßen in Anbetracht der Leistungen oder Verdienste von Altvorderen. Jenen hingegen Achtung zu erweisen ist allerdings angezeigt. Ich meine damit Achtung, die durchaus Genugtuung einschließen kann. Eine Achtung, dann aber ungleich wesentlicher, wenn wir sie als Ermutigung, als Gebot begreifen, das uns Aufgetragene nach Kräften zu besorgen, und zwar in einem gesellschaftlichen Raum und Rahmen, den ich als Zuhause oder als Heimat und nicht gern mit gußeisernen Vokabeln kennzeichnen möchte.

Erlauben Sie mir bitte den Hinweis auf ein Zitat, mit dem ich während unseres VII. Kongresses, von dem hier schon gesprochen wurde, heftige Diskussion auslöste. Es stammt aus Anatoli Rybakows Buch „Das zerrissene Foto" und lautet: „Wenn wir unsere Väter nicht achten, dann sind wir nichts wert." Der sowjetische Autor eignete das mahnende Wort den jungen Menschen *seines* Landes zu, und zwar hinsichtlich *ihrer* Väter, die die ungeheure, opferreiche Prüfung des Krieges zu bestehen hatten. Ich entlehnte Rybakows Satz in einem historisch weiteren Sinne, nämlich zugunsten der progressiven Traditionslinien unserer deutschen Geschichte, und mußte dafür den Vorwurf hinnehmen, die sozusagen unbequemen Väter wegdelegieren zu wollen. Eben jene, die sich täuschten, die versagten, die mitschuldig, die schuldig wurden infolge nationalistischer Verblendung, massenhafter Gewissensschwäche oder sträflicher Einfalt in politischen Angelegenheiten.

Natürlich lag mir ein Ausklammern fern. Aber vielleicht hätte ich besagtes Zitat doch gemäßer auslegen sollen. Etwa dahingehend abgewandelt: Wenn wir unsere Väter nicht zu verstehen suchen, dann verlieren wir die Beziehung zur eigenen Geschichte.

Nun wiederum läuft solche Formulierung Gefahr, als Gemeinplatz abgetan zu werden oder aber neuerliche Irritation zu provozieren. Daher ergänzend: Ich will mit solchem Verstehen weder unstatthafte Nachsicht noch eine distanzbequeme Betrachtungsweise anraten, die einmal Geschehenes quasi wertneutral auf sich beruhen läßt. Ich setze Verstehen vielmehr als Synonym für die Mühe, Erkenntnis-, Einsichts-, ja Verständnisbrücken in die Vergangenheit zu schlagen, selbst wenn sie gar nicht so weit zurückliegt.

Das läßt sich nicht mit rechnerischer Bilanz erledigen. Das ist ein Prozeß, in dem wir uns sowohl von Neigungen – oder Zu-Neigungen – als auch von Vorbehalten begleitet finden. Von manch pauschaler Vorstellung, von verfestigten Meinungsbildern, von der Versuchung, Anerkennung oder Verdikte rascher zu äußern, als nachhaltige Prüfung dies erlaubte.

Man kann sich Geschichtsbewußtsein nicht schlichthin zulegen. Und man kann es anderen auch nicht zuordnen. Um wirklich produktiv zu sein, bedarf Geschichtsbewußtsein während Auseinandersetzung. Ich resümiere derlei Nachdenklichkeit auch mit Blick auf einen größeren Prosatext, der demnächst erscheinen soll und den Titel „Der lange Schatten" trägt. In dieser Erzählung habe ich dem Vorfall einer Schuld vor Jahrzehnten sowie ihrer Folgewirkung nachzuspüren versucht, ihrer ethischen und psychologischen Untilgbarkeit, ihren bleibenden Konsequenzen also, auch wo die Ursache längst der Vergessenheit anheimgefallen scheint. Während dieser Arbeit lernte ich besser als zuvor begreifen, wie sehr in eines Menschen Schuld Tragik eingebunden sein kann. Nämlich so unentrinnbar Opfer eigener Unzulänglichkeit geworden zu sein, daß der dort wurzelnde Konflikt lange danach nicht allein den Betreffenden, sondern ebenso die Anverwandten nachgeborener Generation bewegt.

Freilich kann geschehen, daß bestimmte krasse Erinnerungsmarken unseres persönlichen Lebensganges wünschenswertem Aufschluß im Wege stehen. Ich habe mich lange Zeit mit Friedrich II. beschäftigt und tue es zuweilen noch jetzt. Ich versuchte, ihn aus den Umständen seiner Epoche heraus zu erfassen und Zugang zu finden zu jener einzigartigen Widersprüchlichkeit von scharfem Intellekt, hohem Kunstsinn, lebhafter Musikalität und folgenschwerster kriegerischer Besessenheit. Dennoch bin ich dem Mann nicht eigentlich nahegekommen. Rauchs Skulptur Unter den Linden, wiewohl aparter Schmuck des Stadtbildes und unter *unseren* Verhältnissen zu keinerlei Beängstigung mehr Anlaß bietend, macht mich beklommen. Traumatischer Reflex von altersher und später? Von heute auch, da jenseits der Grenze wiederum deutsch-nationale Chöre aufklingen und etwa das einst von Preußen hinzugestohlene Schlesien reklamieren? Ich begegnete der Darstellung Friedrichs vor fünfzig Jahren in einem Berliner Jubiläumsumzug und war fasziniert von dieser Sinngestalt vaterländischer Glorie. Nur wußte ich nicht, daß diese Symbolik damals *Verhängnis* annoncierte und – genaugenommen – bereits bescheinigte. Zwei Jahre später brach es dann vollends über uns herein.

Geschichtsbewußtsein leitet sich sowohl von der Einsicht in historisch Entfernteres als auch – was man nicht selten verkannt findet – von Erfahrungen der Gegenwart her. Befragt nach sicher absehbaren Eckpunkten einer Lebensbilanz, würde ich sagen: die fürchterlichsten Erfahrungen machte ich im Krieg, die glücklichsten sind verbunden mit der Teilnahme am Aufbau dieser unserer sozialistischen Gesellschaft. Und ich sage dies wohlbemerkt nicht verklärend. Ich verfüge also über einen Erlebnisbogen, der mir Wertungen erlaubte, ja sie unabweisbar machte.

Die Jüngeren unserer Tage verfügen über einen so scharf kontrastierenden Vergleichsrahmen nicht. Oder doch? Nur eben gründend auf andersartig widerstreitenden, scheinbar leiseren Eindrücken, die herrühren aus dem Spannungsfeld von Verheißung und Erfüllung, von Erwartung und Ergebnis, von Ideal und Alltagsrealität? Jedenfalls werden diese Jüngeren auf ihre Weise nach der Schlüssigkeit unseres Weges fragen, wenn sie fragen. Unter anderem nach der geschichtlichen Zwangsläufigkeit, die zur Bildung von zwei deutschen Staaten unterschiedlicher Gesellschaftsordnung führte, nach der historischen Unbedingtheit dieser Scheidung, die doch von vielfältiger verwandtschaftlicher Problematik begleitet war und ist, und nach dem endlich, was sich allmählich an friedensorientierter Nachbarlichkeit aufbaut und gleichwohl nicht im Sinne politischen Kompromisses mißverstanden werden darf.

Wie gesagt, wenn sie fragen, die Jungen. Ich meine, wir sollten darauf dringen, befragt zu werden. Und wir sollten, wo etwa Schweigen vorherrscht, dies nicht den Kindern anlasten, sondern dem, was möglicherweise von uns aufzuhellen verabsäumt wurde – an Schwierigkeiten, die wir selber uns bereiteten, an Irrtümern, die mit Verlust bezahlt werden mußten, an Wandlungen, zu denen bittere Erfahrungen hinführten. An – und das nicht zuletzt – unendlich leidenschaftlicher Mühewaltung, die erforderlich war, das Neue zu schaffen.

Günther Rücker
Ich möchte darauf aufmerksam machen, daß die Kollegen Stenographen dankbar dafür wären, wenn ihnen die Autoren, die sich mit vorbereiteter Gründlichkeit äußern, ihre Aufzeichnungen im Anschluß zu eventuellem Vergleich zur Verfügung stellen würden. Man sollte das im Interesse der Arbeitserleichterung tun. – Jetzt spricht Werner Brückner, ihm folgt Hans-Otto Lecht.

Werner Brückner
Ich möchte ein paar Gedanken äußern zu der Frage Geschichtsbewußtsein und eigene Fragwürdigkeit. Nun kann ich mich nicht unterfangen zu behaupten, ich wüßte, was Geschichtsbewußtsein ist. Aber was eigene Fragwürdigkeit ist, das glaube ich zu wissen.
„Wie viele andere, wie alle von Mund zu Mund weitererzählten Geschichten ist auch die Geschichte nur Bruchstück einer größeren, längeren, komplizierteren und zuweilen sehr dunklen Geschichte.“ Also sind Geschichten – Prosa – Geschichte. Und Geschichte – Historie – ist eine Folge von Geschichten, Impressionen, Empfindungen, ist das, was man im Hebräischen „Kette der Überlieferung“ nennt. Das träfe auch das Dunkle des Gesamtprozesses und das Auftauchen einzelner Realien oder Phantasmen, die wiederum nur mögliche Realien wären, aus dem Dunkel.
Ein Verlag machte mir vor längerer Zeit den Vorschlag, etwas zu schreiben über das, was man jüdische Thematik nennt. Ich würde mich doch auskennen, wer könne es besser beurteilen, wer anders als einer, den es beträfe, könne darüber schreiben. Nun reizt einen schon, aufgefordert zu werden, etwas zu tun, was man schon längst gern getan hätte, aus den verschiedensten Beweggründen aber eben nicht getan hat. So hinterfragt man den Vorschlag, und man spürt ein eigentümliches Gemisch aus persönlicher Zuneigung und Geschäftsgebaren – ge-

rade jetzt verkaufe sich das gut, eine Marktlücke –, ein Gemisch aus Semitophilie und einem ganz kleinen, ganz bescheidenen Stück Antisemitismus. Ich habe den Vorschlag damals abgelehnt, aber der Pfahl steckte im Fleisch, die angesprochene Frage: Wer soll es sonst tun? Also überlegt man doch, kramt in der Erinnerung: Vater, Mutter, jüdische Freunde, natürlich nur ein paar – woher auch mehr, aber alles ganz normale freundliche, unspektakuläre Erinnerungen, das, was keinen etwas angeht oder keinen interessiert. Und das, was man nicht verwinden kann, die Konfrontation mit der tatsächlichen geschichtlichen Gegenwart, darüber. kann man nicht schreiben.

Lassen Sie mich ein Beispiel erzählen: Oberschule, 11. Klasse, ein guter Schüler, aber kompliziert, beliebt nicht bei den Klassenkameraden, aber auch nicht bei den meisten Lehrern. Eines Tages sind seine Hefte mit Hakenkreuzen bemalt. Wenn er kommt, grüßt man mit steif erhobenem rechten Arm. Er versucht darüber hinwegzuschauen. Aber er erzählt es einem Schulfreund aus einer anderen Klasse, der erzählt es den Eltern, die erzählen es dem Großvater, der in Buchenwald gewesen ist, und dieser geht zum Direktor der Schule und haut mit der Faust auf den Tisch. – Aber das gibt's doch bei uns gar nicht, das haben wir doch alles längst überwunden! Diesen Satz weiß der Direktor auswendig, und vermutlich ist er auch davon überzeugt, daß er stimmt. Er bestellt also den Schüler zu sich und fragt: Wer war es? Der Schüler weiß: Wenn er die Namen nennt, dann werden diejenigen von der Schule gehen müssen, und sie werden sich rächen – an ihm oder an seinen Kindern oder an seinen Kindeskindern oder an sonst seinesgleichen. Also schwindelt sich der Schüler vor dem allgewaltigen Schuldirektor heraus, und der Direktor weiß, daß er schwindelt; aber er läßt „den Feigling" während des Appells bekennen, daß er Lügen in die Welt gesetzt, daß er damit dem Ansehen der Schule, die einen verpflichtenden Namen trägt, geschadet habe.

Was hat das mit Literatur zu tun? Solange es bei dem Vorgang bleibt, ist es eine traurige, für manchen rührselige Geschichte, ein Stück Leben eben, weiter nichts. Weiter nichts? Das wäre zu fragen. Viel, viel später schreibt dieser Schüler aus manchen Gründen, aber auch wegen dieses Ereignisses Geschichten, Geschichten darüber zum Beispiel, ob eine Überzeugung als einzig rechtmäßige behauptet werden darf, Geschichten, ob es erlaubt sei, zu töten, was immer man auch unter Töten verstehen mag. Ein wenig unmittelbarer Zusammenhang, aber ein Zusammenhang sicherlich, zur Geschichte, zum Geschichtsbewußtsein.

Soll dieser Mann nun froh sein über jenes Erlebnis, ohne das er vielleicht heute anders, vielleicht auch überhaupt nicht schreiben würde, gewiß aber nicht so mäßigend, so maßvoll? Ist demzufolge selbsterfahrenes Leid seine Triebkraft? Kaum! Sonst würde er noch heute zetern und schimpfen auf die Schulkameraden, den Direktor, die Gesellschaft, die Welt. Was nun könnte es sein? Das doch wohl, was ihn zu sich selbst kommen ließ, das Begreifen, welche heroische und welche schäbige Figur er selber abgegeben hat – damals, und vielleicht nicht nur damals. Das muß er mit sich ausmachen; daran muß er messen: sich, die anderen, die Gesellschaft, die Welt!

Ich glaube mir sicher zu sein, daß kein Mensch in der Lage ist, diesen Weg bis zu Ende zu gehen, eines Tages in den Spiegel schauen zu können und zu sagen: So bin ich. Auch kein Schriftsteller. Im Gegenteil, das Bewußtsein der eigenen Fragwürdigkeit erst verleiht das Recht, andere zu hinterfragen – vielleicht eine der Grundlagen von Literatur und von Geschichtsbewußtsein.

Lassen Sie sich zum Schluß bitte noch ein Gleichnis aus dem Midrasch erzählen, das Gleichnis vom Vogel Koreh, der im Zweistromland lebt und viele Eier legt. Aus Furcht um seine Brut legt er die Eier in die Nester anderer Vögel, je ein Ei in ein Nest, und die Eier werden von den Besitzern der Nester ausgebrütet. Wenn dann die Zeit gekommen ist, daß die Küchlein aus den Schalen schlüpfen, fliegt der Vogel Koreh zu nächtlicher Stunde von Nest zu Nest und schreit. Die Küchlein, die dieses Vogels Brut sind, hören die Stimme und sammeln sich um die Mutter. Diejenigen aber, die nicht von seiner

Art sind, hören die Stimme nicht und werden nicht von ihr erweckt.

Hans-Otto Lecht

Auf diesem Schriftstellerkongreß sind auch Verleger zu Gast, und als wir gefragt wurden, an welcher der Arbeitsgruppen wir teilnehmen möchten, lag für mich nahe, diese mit dem Thema „Literatur und Geschichtsbewußtsein" zu wählen, weil das Editionsprogramm des Verlags der Nation, wie Sie wissen, schon über rund vier Jahrzehnte in hohem Maße durch die literarische und publizistische Aufarbeitung unserer Geschichte, vor allem der Geschichte unserer eigenen Lebensspanne, wenn ich einmal die Jüngeren und ganz Jungen beiseite lassen darf, bestimmt wird.

Ich möchte Sie keineswegs mit einem Abriß dessen langweilen, was der Verlag in dieser Hinsicht bisher geleistet hat – die Bücher liegen vor; auch ist hier nicht von Belang, Aufschluß darüber zu geben, welche Epochen und Zeitabschnitte unsere besondere Aufmerksamkeit erfuhren und weshalb. Sie werden es wissen. Ich möchte statt dessen – ausgehend von zwei Publikationen – kurz ein Problem andeuten, eines der Probleme, die sich beim Büchermachen mitunter stellen können.

Als Hermann Kant auf dem vorigen Schriftstellerkongreß eine stattliche Reihe von Titeln aufzählte, um Weite und Vielfalt, aber auch unterschiedliche Methoden und Handschriften zu bezeichnen, fanden sich darunter zwei Publikationen des Verlags der Nation. Es waren dies Heinz Bergschickers „Deutsche Chronik" und Peter Edels „Wenn es ans Leben geht". Zu Edels Buch muß nicht viel gesagt werden; dieses bedeutende autobiographische Werk stellte keinen von uns vor besondere Fragen im Hinblick auf den Zeitpunkt des Erscheinens. So schnell wie möglich, war die Devise. Ein namhafter Schriftsteller der DDR berichtet über sein Leben und seinen Kampf auf der richtigen Seite der Front gegen den Faschismus. Ein solches Buch wird immer und zu jeder Zeit gebraucht. Anders schien es bei der „Deutschen Chronik" zu sein. Über dieses Manuskript gab es während des Arbeits- und Produktionsprozesses immer wieder

Diskussionen, die natürlich nicht die qualitative und substantielle Bedeutung des Manuskripts, auch nicht die immense und bedeutende Leistung Bergschickers, dafür um so mehr die Frage des richtigen Zeitpunkts der Veröffentlichung in den Mittelpunkt rückten. Alle Überlegungen kulminierten in der Frage, ob es schon richtig sei, das Jahrzwölft des Faschismus anhand von erschütterndem Dokumentarmaterial vorwiegend pur und ohne ausführliche Kommentierung vor allem durch sich selbst sprechen zu lassen. Das Buch erschien 1981, heute würden wir sicherlich an ein solches Projekt so nicht mehr herangehen; auch haben wir uns, wie bekannt, in der Arbeit nicht aufhalten lassen. Und dennoch möchte ich sagen, daß unsere Überlegungen ganz ohne Sinn und Nutzen nicht gewesen sind. Denn die Frage der Verbreitung eines dokumentarischen Materials aus einer so brisanten Zeitspanne unserer unheilvollen Geschichte kann nicht außer Betracht lassen, auf welche Art von Vorbereitung – oder vielleicht Nicht-Vorbereitung – es beim Leser treffen wird. Die Generation derer, die den Faschismus auf dieser oder jener Seite unmittelbar erlebt haben, wird nach und nach von Generationen abgelöst, die über diese Zeit nur aus Büchern erfahren. Ich glaube deswegen, daß für Autoren, die sich historischer Stoffe annehmen, und für Verleger, die diese Bücher unter die Leute bringen, grundsätzliche Gedanken in der angedeuteten Richtung legitim sind. Aber letztendlich nicht nur für sie allein. Auch die Volksbildung kann aus dieser Pflicht nicht entlassen sein. Wenn Lehrstoff und Lehrplan dieses sich verändernde Verhältnis in der Beziehung zu einem historischen Sachverhalt nicht entsprechend berücksichtigen, so ergeben sich für Autoren und Verlage daraus vielleicht einige zusätzliche Chancen – mehr und mehr Leser greifen nach unseren Büchern über Historie, um vor allem Sachinformationen zu bekommen, die sie anderswo nicht erhalten –, besser allerdings wäre es, wenn hier gemeinsames Wirken und – wie man allgemein sagt – allseitige Befriedigung möglich würden. Wenn Veröffentlichungen über Geschichtsgeschehnisse gleich welchen Zeitraums und gleich welcher Art – es betrifft belletristisch-erzählerische und biographisch-auto-

biographische Bücher ebenso wie Dokumentardarstellungen –
auf ein sachkundig aufgeschlossenes und umfassend vorbereite-
tes Lesepublikum treffen, wird sich auch das Augenmerk unseres Bemühens im Laufe der Zeit vom mehr pädagogischen auf
den betont ästhetischen Akzent, wenn man's so verkürzt sagen
darf, verlagern.

Eine neue Autorengeneration tritt in den Vordergrund, dieser
Kongreß zeigt es. Die Probleme der Aufarbeitung geschichtli-
cher Prozesse dieses Jahrhunderts stellen sich für die Jüngeren
neu und teilweise auch anders. Doch wie dem auch sei, auf ein
partnerschaftliches Verständnis ihrer Kollegen in den Verlagen
können sie zählen. Die Türen der Verlage, auch des Verlags der
Nation, stehen ihnen offen.

Günther Rücker
Nach einer Pause von fünfzehn Minuten, die wir jetzt einlegen,
spricht als erster Manfred Jendryschik.

Manfred Jendryschik
Ich habe mir jetzt drei heterogene Pünktchen notiert, zu denen
ich etwas sagen möchte. Zuvor aber zwei Nebenbemerkun-
gen.

Die erste betrifft die Diskussionsgrundlage der Kollegin Lewin.
Ich habe bisher einmal vollständig an einem Kongreß teilgenommen, das war 1973. Da waren Vorgaben von Franz Fühmann und Volker Braun zu hören, und ich muß sagen, daß
manchmal das Ältere das Modernere ist.

Die zweite Bemerkung bezieht sich vielleicht auf ein Mißverständnis von mir, Kollege Pfeiffer. Ich habe es so gehört: die
Autoren sind vom Stand der Geschichtswissenschaft abhängig.
Wenn die Geschichtswissenschaft in den sechziger Jahren
nicht so weit gewesen wäre, Luther so und so zu betrachten,
dann hätten Sie nicht bestimmte Möglichkeiten der Dramati-
sierung gehabt. So klang es für mich. Aber wahrscheinlich habe
ich das falsch verstanden.

Mein erster Punkt betrifft unseren Umgang mit revolutionärer
Geschichte. Als einer der Herausgeber der „Edition Aurora",

die ich unter anderem angeregt hatte, um in der DDR die Memoiren von Max Hoelz herausbringen zu können, war eine andere große Entdeckung für mich Larissa Reissner – eine Autorin vom literarischen Rang etwa eines Egon Erwin Kisch. Bei der Reissner in der DDR-Ausgabe „Von Astrachan nach Barmbeck" fehlen zwei Kapitel. Das eine betrifft ihre Darstellung von Trotzki als einem wichtigen Heerführer, das andere ist in diesem Sinne ohne Belang, es fiel heraus, um zu verschleiern, daß ein anderes Kapitel herausfallen mußte. Ich bin der Ansicht, es könnte auch ein Punkt dieses Kongresses sein, Bemühungen zu unterstützen, daß so etwas in Zukunft nicht mehr passiert, abgesehen davon, daß ja nun durch ein Wunder, ich möchte fast sagen durch das russische Wunder, auch ein souveräneres Verhältnis zu Trotzki besteht. Und es geht noch um weiteres. So wird sich sicherlich in den nächsten Jahren regeln, daß derjenige, der das Buch der Reissner damals herausgebracht hat, Willi Münzenberg, soviel ich weiß 1930, allmählich wieder in unser Bewußtsein tritt oder solche problematischen Leute wie Gustav Regler. Erstmals erschien kürzlich bei uns eine Erzählung von ihm. Und ich nenne noch einen wichtigen Mann, der in der DDR bisher nur einmal publiziert wurde, aber noch völlig außerhalb eines allgemeineren Bewußtseins steht, Franz Jung. Er ist meines Erachtens der größte proletarisch-revolutionäre Erzähler in der Zeit vor Anna Seghers. Solche wichtigen Leute sollten in den nächsten Jahren stärker in unser Leben treten; ich würde es begrüßen, wir fänden Möglichkeiten, diesen Prozeß etwas voranzutreiben.

Der zweite Punkt betrifft etwas völlig anderes, unsere Reisemöglichkeiten. Irgendwie sind wir Schriftsteller alle mehr oder weniger Privilegierte, und aus diesem Grunde sollten wir uns dafür einsetzen, daß wir es nicht bleiben. Ich komme darauf, weil unsere Reportagen über andere Länder, über bestimmte historische Ereignisse in anderen Ländern, über das Nachforschen von ethnographischen Entwicklungen in anderen Ländern und so weiter, uns bisher einen ziemlichen Freiraum geben, das heißt, unsere Ergebnisse sind von den Lesern in der DDR nicht zu überprüfen. Das ist ein Vorwurf, der mir des öfteren bei meinem USA-Buch gemacht wurde, und er ist mir peinlich. Sicherlich wird das in den nächsten drei, vier Jahren geregelt – auch wenn mir kürzlich noch erzählt wurde, die Sache wäre ganz einfach, wenn wir die Stützung vielseitiger Grundpreise aufheben würden, das wäre also nur ein finanzielles Problem. Da würde ich zum Beispiel die Möglichkeit sehen, daß das Volk darüber abstimmt, ob die Grundpreise fest bleiben sollen oder ob man statt dessen reisen kann.

Zwischenfrage von Günther Rücker
Soll ich das dem Kongreß ernsthaft vorschlagen – oder wie?

Ich will dazu nur sagen: Ich habe meine Ansicht in Halle bei der Wahlberichtsversammlung vorgetragen, und da ist mir das entgegnet worden, was ich soeben andeutete. Ich halte das für einen wichtigen Punkt, weil es, wie ich meine, mit dem Ansehen der DDR in der Welt zu tun hat. Man wird oft – nicht bloß im kapitalistischen, sondern auch im sozialistischen Ausland – gefragt, wie das nun ist mit den Reisemöglichkeiten; und im westlichen Ausland will man immer wieder wissen, wie man durch die Mauer hindurchgekommen ist. Das wird allmählich etwas anachronistisch.

In diesem Zusammenhang: Da unser Verhältnis zu Computern noch ein wenig rückständig ist im Vergleich zu anderen Ländern – ich denke daran, wie ein elfjähriges Schulkind in den USA mit dem Computer arbeitet –, wäre es von Vorteil, wenn es der Schriftstellerverband zum Beispiel ermöglichen würde, daß etwa Historien-Belletristen oder diejenigen, die ins Ausland fahren, Daten und Fakten erhalten könnten – zum Beispiel über den neuesten Stand der ökonomischen Situation, über die unterschiedlichen Parteien, über bestimmte Landschaften, Grundlagen also, die nicht aus einem Lexikon zu ziehen sind, abgesehen davon, daß das, was im Lexikon zu lesen ist, häufig schon nicht mehr stimmt. Es wäre gut, wenn eine solche Möglichkeit geschaffen würde, auch wenn, wie gestern betont wurde, wir meistens mit dem Herzen zu schreiben haben. Ich würde den Antrag stellen wollen, zu prüfen, inwieweit so eine Speicherbank möglich ist, da der Umgang mit Büchereien und Archiven ein ungeheuer mühsamer ist.

Der dritte Punkt betrifft die Unruhe unter den Jüngeren. Da ich allmählich älter werde, wenn auch langsam ...

Zwischenruf
Noch!

... fällt mir die Unruhe unter den Jüngeren auf, zum Beispiel wie auf das Problem des Autorentheaters, das ich auch kritisch sehe, eingegangen wurde.

Mir haben die Reden von Hermlin, Braun und Wogatzki außerordentlich gefallen. Ich sehe, daß bisher auf dem Kongreß die Jüngeren nicht zu Wort gekommen sind. Was Miriam Margraf zu sagen hatte, war für mich mehr ein Wort zum Sonntag als ein Beitrag, der den Standpunkt der Jüngeren ausdrückte.

Sicherlich ist es schwer, zu Fragen der sozialistischen Demokratie zu sprechen, weil es Grundsatzprobleme wären, Strukturprobleme, und es ist die Frage, inwieweit sie überhaupt in einem Kreis von nur Schriftstellern das Thema sein sollten. Ich begrüße sehr, wie sozialistische Demokratie in der Sowjetunion mit diktatorischen Mitteln durchgesetzt wird, als Beginn. Für mich wäre aber dann eine Frage, wie wir dazu kommen, daß ohne den Mut einzelner – und ich sehe es andererseits so, daß es ja nicht ein einzelner oder nur eine Gruppe sein kann, sondern daß eine große Macht dahinterstehen muß –, daß trotz allem diese Prozesse einmal vom Volk wirklich befördert und kontrolliert werden. Das wären für mich Fragen, über die man vorläufig vielleicht überhaupt erst einmal in kleineren Kreisen sprechen sollte, was ich im Bezirk Halle angeregt habe. Da Staat und Partei relativ identisch sind, sehe ich es als ein Problem, daß die Partei sich dadurch eines möglichen theoretischen Vorlaufs, der auch Fehler einschließt, beraubt, da sie gleichzeitig Administration ist und sich selber ständig auf die Finger klopft. Was ich jetzt aber eigentlich sagen wollte, ist, daß ich – offensichtlich aufgrund meiner seltsam zunehmenden Reife – zu der Auffassung gekommen bin, daß es auf einem solchen Kongreß kaum möglich ist, alle die Probleme, die bei den Jüngeren immer wieder zur Diskussion stehen – da sind natürlich auch viele Dummheiten, da ist Unausgereiftes dabei –, zu behandeln. Deshalb sollte man über alle diese Fragen in einer Art von Nachfolgekonferenz sprechen, auf der dann besonders die Jüngeren das Wort nehmen müßten. Und es wäre dabei sehr wichtig für beide Seiten, daß es nicht auf Konfrontation hinausgehen sollte, sondern auf ein wirkliches Auseinandersetzen, dessen Ziel das Zusammensetzen ist, etwas Kreatives. Die Atmosphäre dafür ist da.

Günther Rücker
Darf ich eine Frage anschließen? Handele ich in Ihrem Sinne, Kollege Jendryschik, wenn ich vorschlage, daß das Wort „Dummheiten" im Protokoll in Anführungsstriche gesetzt wird? Sie sagten, daß es bei den Problemen der Jüngeren auch viele Dummheiten gäbe. Das könnte mißverstanden werden. Mir gefiele es besser, wenn man es in Anführungsstriche setzte.

Manfred Jendryschik
Ich denke, daß es wirkliche Dummheiten gibt, die auch produktiv sein können, und es gibt Dummheiten in Anführungsstrichen.

Günther Rücker
Dann also ohne Anführungsstriche. Ich wollte mich nur versichern, damit wir da nicht etwas hineinbringen, was bis jetzt so nicht hineingebracht worden ist.
Bitte Matthias Körner. Dann folgen Jan Koplowitz, Werner Neubert, Joachim Nowotny.

Matthias Körner
Ich stelle mir gelegentlich die Frage: Wie national darf und sollte unser Geschichtsbewußtsein sein, wie national die Aufbereitung der Geschichte, wie national die Literatur, und wie groß ist der nationale Faktor bei Gesellschaftsmodellen und ge-

sellschaftlichen wie philosophischen Denkstrukturen zu bemessen? Ich meine das nicht hinsichtlich der Vermischung von Gesellschaftsformen, sondern im Umgang mit ihnen.

Hermann Kant hat gestern von der Umbenennung, die kein Wandel war, gesprochen. Ich stelle mir die Frage nach der eigenen nationalen Benennung, und dort würde ich schon Wandlungen sehen. Um es abzukürzen, nenne ich nur einmal die Spannbreite, die ich erlebt habe: Erst einmal verschwand „deutsch" aus den Texten, nicht zuletzt auch aus der Nationalhymne. Man sprach höchstens von *den Deutschen*, aber mit denen hatten wir nichts zu tun, bis zu einem „ersten Deutschen im All", einem Bürger der DDR, auf Hunderttausenden von Plakaten. Es kommt mir nicht schlechthin auf ein Nationalbewußtsein an, es kommt mir auf ein Nationalbewußtsein an, das den einzelnen und die Gesellschaft handlungsfähig macht in gesellschaftlichen Prozessen und nicht tümelt oder vereinnahmt.

Was habe ich doch an Entwicklungen zu verkraften gehabt! Von der Abgrenzung bis zur Politik des Dialoges, vom „Wir sitzen nicht in einem Boot" bis zum „europäischen Haus", vom „Nichts verbindet uns" bis zum gemeinsamen Dokument von SED und SPD. Und innerhalb des Sozialismus: ČSSR 1968, Krieg zwischen Vietnam und China, Kulturrevolution, Ausnahmezustand in Polen, Stalinismus und „Von der Sowjetunion lernen heißt siegen lernen" bis zum Andersmachen. Das zeigt, wie schnell geschichtliche Umbewertungen erfolgen. Dafür gilt es sich zu wappnen, und dafür braucht man Bewegungsfreiheit und umfassende Informationen auch über die ureigenste Traditionslinie, die Arbeiterbewegung. Ich erwarte dabei nicht, daß diese Traditionslinie ein gerader, nur aufwärts gehender Strich ist.

Welche Aufgaben sehe ich beim Schreiben im Zusammenhang mit Geschichtsbewußtsein? Das Bewahren der Erkenntnisfähigkeit von Literatur, die Radikalität der Fragestellungen und Denkmodelle, die Bewahrung des intellektuellen Spielraums, kein Ablenken von Geschichte und Gesellschaft, sondern Hinlenken, also keine Ventilfunktion, sondern Bewußtmachung,

Bewertung von geschichtlichen Sachzeugen. Gesellschaftliche Utopie darf nicht zu bloßer Illusion verkümmern; es geht auch darum, Gesellschaftsmodelle durchzuspielen, und es geht um die Bedeutung der Ökonomie im Geschichtsbewußtsein und in der Literatur. Literatur muß mehr sein als bloßes Abbild von Geschichte, denn das wäre seelenlos und gewissenlos. Und es geht um unbedingte Ehrlichkeit der Literatur, um glaubwürdig zu sein.

Das Verdrängen von geschichtlichen Problemen schafft auch psychisches Spannungspotential. Die Informationsauswahl muß durch den Autor erfolgen und nicht von außen vorgegeben werden. Und dies vielleicht als Ergänzung einer Bemerkung von vorhin: Es sollte nicht vom Zoll abhängig sein, welche Schriften man zu Hause lesen kann und welche nicht.

Amerikanische Psychologen haben einmal Formeln für bestimmte soziale Erscheinungen aufgestellt. Wenn man sie vor sich hat, sieht man die Minimierungsfaktoren. Ich habe etwas Ähnliches getan in bezug auf die Größe der Wirkung von Literatur auf das Geschichtsbewußtsein. Danach ist die Größe der Wirkung gleich Glaubwürdigkeit beziehungsweise Ehrlichkeit der Literatur multipliziert mit Betroffenheit, geteilt durch gesellschaftlichen Informationsvorenthalt. Beim Schreiber würde ich das so sehen: Die Qualität ist abhängig von der Informationsmöglichkeit, multipliziert mit den künstlerisch-ästhetischen Fähigkeiten, geteilt durch die Selbstzensur.

Jan Koplowitz

Ich konnte dem Höhenflug mancher theoretischen und sorgsam ausgearbeiteten, schnell vorgelesenen Beiträge nicht ganz folgen. Beeindruckt hat mich, was Helga Schubert sagte. Diese Episode hat das Problem eines Schriftstellers in der Beziehung zum Stoff mit allen Schwierigkeiten sehr deutlich gemacht.

Ich möchte hinzufügen, daß es zu diesem Thema einen guten Roman gibt, der bereits 1939 in England, dann 1949 bei uns erschien, danach aber leider ein bißchen in Vergessenheit geriet. Es handelt sich um Jan Petersens „Sache Baumann und andere". Er hat auch die Frage der Denunziation in der Hitlerei zum Inhalt. Ich möchte Manfred Jendryschik auffordern, diesen Roman in seiner „Edition Aurora" nicht zu vergessen.

Ich bin eines der beiden hier anwesenden Mitglieder des Bundes proletarisch-revolutionärer Schriftsteller, im ganzen sind wir in der DDR noch fünf lebende, und ich bin ein Geschichtenerzähler. Um genauer zu sein, ich erzähle Geschichte.

Ich bin – und da unterscheide ich mich von meinem Vorredner Werner Brückner – ein Halbjude. Also ein halber Jude, ein ganzer Atheist und, wie mein Freund Erich Fried, ein entschiedener Antizionist.

Ich bin froh, in der DDR zu leben, und betrachte mich nicht als einen Nicht-Bürger. Im Gegenteil, ich empfinde durchaus einen DDR-Patriotismus und fühle mich als Miterbauer dieses Staates, trotz – ich erinnere an Hedda Zinners Beitrag von gestern – der gelegentlich festgestellten antisemitischen Kritzeleien und Sprüche – und obwohl bei den Aufnahmen zur Verfilmung meines Romans draußen bei der DEFA von einem „Jiddenfilm" die Rede war. All das reicht nicht aus, um einverstanden zu sein mit dem, was Werner Brückner gemeint hat, als er von dieser prekären Situation in der Schule erzählte. Ich glaube, daß das nichts über diesen unseren Staat aussagt.

Wenn in Frankfurt am Main ein Jude über die Straße geht, beschimpft wird und angespuckt, dann nimmt er das Taschentuch, wischt den Speichel weg und geht weiter. Wenn bei uns jemand auf der Straße sagt: „Du bist ein dreckiger Jude", dann geht er nach Recht und Gesetz jahrelang in den Knast. Also dieser Staat setzt seine Macht gegen Rassismus und damit auch gegen den Antisemitismus voll ein. Anderswo ist das anders.

Ich lese Ihnen jetzt eine Minute lang den Anfang meines Romans „Bohemia – mein Schicksal" vor und erzähle ihnen, was sich daraus ergeben hat: „Die k. u. k. Monarchie Österreich-Ungarn hatte so viele nationale und nationalistische Minderheiten in ihr Völkergefängnis eingesperrt, daß sie zu guter Letzt daran erstickte.

Nur taten sie Filip Polan mit der Anhäufung der ihm vorgeworfenen Delikte und der Betonung seiner Gefährlichkeit – erst recht mit Ausweisung – eine unverdient große Ehre an. Zugegeben, er war Mitglied in einem der vielen tschechischen Geheimbünde mit Geheimsprache, Geheimcode, Geheimschriften, illegalen Traktaten und ihrer Verbreitung.

Sie hatten ein Idol und Streitobjekt zugleich, denn Filips radikaler Verein verwarf den Philosophieprofessor T. G. Masaryk – den späteren Präsidenten der Tschechoslowakei – als allzu kompromißbereit und bürgerlich.

Zugegeben, man wälzte Umsturzpläne – gegen die Habsburger –, begann Attentate vorzubereiten. Zum Glück blieben sie im Gewirr der verstrittenen Verschwörer stecken. Zugegeben, Filip Polan glänzte in theoretischem Vortrag und Agitation, in Redeschlachten. Er trug die Revolutionstracht der Zeit, den langen Bart, Schlapphut und Radmantel."

Soweit die Beschreibung meines Großvaters.

Ein paar Zeilen darunter steht über seine Frau: „Sie war auch Jüdin wie er. Ihr Vater handelte mit Pferden. Sie arbeitete in einer Geflügelmästerei auf dem Lande."

Das steht auf der ersten Seite meines Romans, der in beiden deutschen Staaten, in der Schweiz, in Österreich, in Schweden, aber – eine Ausnahme – nur noch in *einem* sozialistischen Staat erschienen ist.

Da sich die Handlung in der Tschechoslowakei abspielte oder an ihren Grenzen, bin ich der Sache dort nachgegangen, über den Schriftstellerverband, von Verlag zu Verlag, und kam endlich zu jemandem, der mir die Wahrheit sagte, einem Herrn Mnicha im Verlag Melantrich, einem der größten tschechoslowakischen Verlage. Er sagte: „Ach, Herr Koplowitz, konnten Sie aus Ihrem Großvater nicht wenigstens einen Hussiten machen, ein Mitglied der tschechischen Brudergemeinde, sogar einen Atheisten. Muß es denn unbedingt ein Jude sein? Ein Jude als böhmischer Nationalrevolutionär – das geht doch nicht." Ich frage hier, wie weit hinauf der Schreibtischantisemitismus wohl reicht, denn auch in anderen sozialistischen Ländern ist dieses Buch nicht erschienen, weder in der Sowjetunion noch in Rumänien, Ungarn oder Bulgarien. Die Ausnahme ist Polen. Man kann wahrhaftig nicht behaupten, daß es dort keinen Antisemitismus gäbe, aber dafür gibt es Patriotismus. Warum erschien das Buch wohl dort? Weil in dem Film, der nach dem Roman gedreht worden ist, hauptsächlich polnische Darsteller auftreten. Das ist doch eine ganz interessante Sache mit diesem „Jiddenfilm".

Ich glaube, die DDR ist in dieser Frage des Kampfes gegen den Antisemitismus auch ein Beispiel im Kreise unserer sozialistischen Freunde. Nur kann ich dieses Lob nicht allzuweit ausdehnen. Als ich die Idee hatte, den Film, also die „Bohemia"-Geschichte, zu schreiben, wendete ich mich an das Fernsehen der DDR. Ich schrieb dazu eine Filmnovelle, die in der NDL erschienen ist. Ich hielt dieses Thema für sehr wichtig. Das Schicksal der Juden, abgehandelt an der Geschichte einer jüdischen Familie. Ich hielt es aus literarischen, ethnischen und politischen Gründen für sehr bedeutsam. Deswegen schrieb ich zunächst die Novelle „Der Kampf um die Bohemia". Günther Rücker bestätigte mir damals in einem Brief, es sei eine nonartifizielle, schön erzählte Geschichte. Von da an hatte ich einen Floh im Pelz. Ich wollte unbedingt, daß daraus ein Film entsteht. Ich schrieb also im Auftrag des Fernsehens der DDR diese Geschichte als Film. Das Manuskript hat dort vier Leiter der Abteilung Dramatische Kunst überlebt – sie hießen Nahke, Nowojski, Bentzien und Engelhardt –, also „mehrere" Jahre. Der fünfte Leiter der „Dramatischen", Erich Selbmann, begann sich für diesen Stoff aktiv zu interessieren. Aber wissen Sie, wann? Erst als ein fürchterliches Machwerk aus den USA über das Westfernsehen hereinflimmerte. Es fegte die Straßen leer von Hollywood bis nicht ganz nach Dresden. Es hieß „Holocaust". Es war ein zutiefst zionistisches, antikommunistisches Machwerk. Da hat man sich plötzlich gefragt: Wo war denn da die DDR? Gab es da nicht etwas?

Obgleich man mir vorher den Vertrag zurückgeschickt und gesagt hatte, ich könne mit dem Thema machen, was ich wolle, rief plötzlich jemand vom Fernsehen an und sagte: „Komm schnell zu uns, wir wollen deinen Film drehen!" Das hat „Holocaust" bewirkt, daß der Film dann, auch mit Günther Rückers Hilfe, realisiert wurde.

Da ich doch Geschichten und damit Gegenwartsgeschichte erzähle, muß ich berichten, wofür ich mich beim Fernsehen der DDR zu bedanken habe. Hier wurde so schön gesagt: Aufarbeitung der Geschichte; Selbständigkeit, mit eigener Geschichte umzugehen – Waldtraut Lewin, und ich stelle noch einmal die Frage: Wo ist bei den Massenmedien das Gespür für unsere Gegenwart?

Es geht um fünf meiner Bücher: „Die Sumpfhühner", „Geschichten aus dem Ölpapier", „Bohemia – mein Schicksal", „Der unglückselige Blaukünstler", die Novelle „Die Mannschaft hält zum linken Stürmer". Über alle diese Themen gibt es Verträge mit dem Fernsehen der DDR, die nicht zur Realisierung geführt worden sind, aus denen aber gedruckte Literatur wurde.

Im Konkreten: Ich habe mich mit der Pionierzeit der DDR beschäftigt und bin eitel genug zu sagen, daß ich an diesem Staat mitgebaut habe. Diese Pionierzeit fand ihren Niederschlag in meiner Novelle „Die Sumpfhühner". Es begann damals mit dem Auftrag des Fernsehens, für den ersten „Versuch" eines zweiten Programms – Chefdramaturg Herbert Nachbar –, etwas zu diesem Thema zu schreiben. Man gab mir das Manuskript zurück, und es entstand ein Buch.

Das zweite Buch, das auf Anregung des Fernsehens entstand, war „Geschichten aus dem Ölpapier". Vorher bin ich mit den Dramaturgen Friedo Solter und Hans Nadolny an vielen Orten der Handlung herumgefahren, natürlich wurden Verträge abgeschlossen. Nur, ein Fernsehfilm kam nicht zustande. Dafür aber ein beliebtes Buch, es steht vor seiner elften Auflage.

Mit der Idee zum „Unglückseligen Blaukünstler" bin ich 1970 zum Fernsehen gegangen. Vier Jahre lang blieb die Rohfassung des Romans bei Herrn Dr. Krecek liegen. Erst als daraus ein Buch entstanden und längst erschienen war, erhielt ich sie zurück.

Auch die Novelle „Die Mannschaft hält zum linken Stürmer" gedieh bis zum Fernsehszenarium, wurde mir dann zurückgegeben und erscheint in diesem Frühjahr in meinem nächsten Band Erzählungen.

An fünf Büchern, die ich geschrieben habe, ist das Fernsehen also beteiligt – durch Nichtproduzieren. Denn aus den Fernsehmanuskripten wurden Romane und Geschichten. Ich danke dem Fernsehen dafür.

Ich möchte noch sagen, daß ich auch weiterhin Geschichte in Geschichten schreiben will, schon weil der Geschichtsunterricht an unseren Schulen den Mangel an Geschichtsbewußtsein nicht abdeckt, das unserer Jugend so sehr not tut. Vielleicht ist das ein wenig altmodisch, aber ich kann's nun mal nicht lassen.

Werner Neubert

Fabulieren heißt ja im Gebrauch der Alten immer auch: schwindeln, ja lügen, welch letzteres noch eine Steigerung ist. Bedenken wir doch! Nach hundertfünfzig, dreihundert, fünfhundert oder sogar tausend Jahren wagt es ein Belletrist, Napoleon Bonaparte, Friedrich II., Wallenstein, Paracelsus, römische Cäsaren und hohe Senatoren mit *seiner* Sprache zur Sprache zu bringen, mit *seinem* Leben des 20. Jahrhunderts zum Leben zu erwecken. Die Ungeheuerlichkeit des Vorgangs sticht sofort hervor, sobald man sich den Sachverhalt gebührend vor Augen bringt. Wem ist der belletristische Autor da näher, dem närrischen Wahrheitssucher oder dem Gaukler, der auf dem Jahrmarkt mit seinen Kunststücken die Sinne verwirrt?

Ich sehe schon, daß ich lauter rhetorische Fragen auftürme und damit eine halbwegs brauchbare Antwort immer mehr in den Wortnebel tauche. Daher versuche ich nach dem häufigen und häufig quälenden Durchdenken der Wahrheitsfrage auf dem Gebiet der historischen Belletristik wenigstens einige Sätze aufzustellen, die uns hoffentlich mit ermutigen können, in diesem lebenswichtigen, wenn nicht sogar *über*lebenswichtigen Genre fortzuschreiben.

Erstens: Der ausgesprochen historisch geprägte Autor – wobei natürlich jedwede Fabel *ihre* Zeitverhältnisse besitzt – steht sowohl in der Grundpflicht der wissenschaftlich – historisch-materialistisch – erkannten Fakten und Gesetzmäßigkeiten in bezug auf Persönlichkeit, Kollektiv und Volksmassen als auch im unveräußerlichen Recht der schöpferischen Phantasie, des künstlerischen Abbilds, eines Rechts, das übrigens erfolgreich nur verteidigt werden kann durch literarische Qualität des betreffenden Werkes.

Zweitens: Kraft dieser niemals genug zu würdigenden Kostbarkeit individueller Vorstellungskraft, auch der Illumination – nicht zu verwechseln mit Illustration – erweitert dieser Teil unserer Belletristik den durch die Wissenschaft gefundenen Fonds an objektiver Wahrheit, trägt sie nun gemeinschaftlich erarbeitete Wahrheit in das gesellschaftliche Bewußtsein, Denken und Fühlen der Menschen. Ich will aber hier auch sagen: Das Löschen von Irrlichtern um Personen und gesellschaftliche Vorgänge kann dabei die Helligkeit nur beflügeln.

Drittens: Mein Versuch, als Wissenschaftler und Mitschreiber historischer Belletristik die erzielten Gewinne unserer Literatur vor allem des letzten Jahrzehnts festzustellen, ergibt in Umrissen etwa folgende Grunderkenntnisse, und ich muß um Entschuldigung bitten, daß ich entgegen meiner Gewohnheit einmal in a), b) und c) gliedere, eine häßliche methodologische Einteilung, die aber geschuldet ist der notwendigen Verkürzung:

a) Das Friedensgebot als Drehachse des Humanismus erscheint, so denke ich, als Kern ausnahmslos aller Aussagen unserer in der DDR geschriebenen historischen Belletristik, was man für eine große Errungenschaft halten muß. Hier liegt der tiefste und, wie mir scheint, entschiedenste Bruch mit gefährlichen, ja sogar tödlich gewesenen Linien sogenannter Historien- und Heroenliteratur deutscher Sprache, deren Namen wir in den Hades sinken lassen können.

b) Mir erscheint als Errungenschaft des letzten Jahrhunderts in unserer historischen Belletristik, die Vernunft als Fähigkeit des Individuums und der Gattung in allen Büchern darzustellen, auch im Widerstreit mit den Antipoden dieser Vernunft, die man nennen kann Hybris der Person, Kult des Irrationalismus, Verblendung durch Macht. Ich meine, wir haben in unserer Literatur dabei auch das bewahrt, was *sinnvoller* historischer Optimismus ist. Die Revolution hat sich nicht ihrer Fehler zu schämen, sondern sie hätte sich nur zu schämen des Radierens ihrer Fehler auf dem empfindlichen Pergament der Geschichte.

c) Ich glaube, es ist ein bedeutender Gewinn dieser zehn Jahre gewesen, daß wir die grundsätzliche Erkenntnisfähigkeit gegenüber jedem historischen Prozeß und Einzelvorgang anerkannt haben, also das reale Betätigen von Aufklärung mit den künstlerisch-ästhetischen Mitteln der Literatur.

Ich will hier abkürzen, aber noch die folgenden abschließenden Sätze sagen: Der historisch intentionierte Autor soll seine schöpferischen Erfahrungen über vergangene Zeit unbedingt stärker ins Spiel bringen, wobei ich den Begriff „Spiel" nicht zufällig verwende. Ernsthaftigkeit und Spiel sollten sich nicht im Wege stehen in der historischen Literatur, auch dort nicht, wo der Sozialismus schon Gegenstand historischen Erzählens ist. Verlockende Stoffe stehen vor uns, auch Wagnisse, gegründet auf richtig verstandene Parteilichkeit, denn Parteilichkeit ist in meinem Verständnis auch Brisanz des Themas, Entdeckung, Neuentdeckung von Wirklichkeit und nicht zuletzt Anstrengung des Begriffs, wie Hegel es uns empfiehlt.

Günther Rücker
Jetzt folgen Joachim Nowotny und anschließend Brigitte Struzyk. – Manfred Jendryschik hat noch eine Frage?

Manfred Jendryschik
Ich habe eine Frage an Werner Neubert. Wenn ich richtig verstanden habe, war der Aphorismus so: Die Revolution hat sich nicht ihrer Fehler zu schämen, höchstens des Radierens auf dem wertvollen Pergament der Geschichte.

Werner Neubert
Hätte sich zu schämen des Radierens auf dem *empfindlichen* Pergament der Geschichte.

Manfred Jendryschik
Was verstehst Du alles unter Revolution? Gehört das, was 1937/38 in der Sowjetunion passiert ist, zur Revolution? Und

hat sich die Revolution nicht letztendlich der Millionen Toten zu schämen, die in den Arbeitslagern umgekommen sind?

Werner Neubert

Deine Frage, auf die ich gern antworte, ist natürlich eine ausgesprochene Suggestivfrage. Wenn Du mich nach meinem Revolutionsverständnis fragst, so verstehe ich unter Revolution eben nicht allein den kurzen Sturm auf das Winterpalais, sondern die ganze langfristige Umgestaltung der Epoche, in der es glückhafte und gelungene Entscheidungen und Verwirklichungen dieser Revolution, aber auch Abweichungen von den Idealen dieser Revolution gegeben hat, Abweichungen verschiedener Dimension und Gefährlichkeit, mit denen wir uns niemals zufriedengeben können und werden und die auch in der notwendigen Weise Gegenstand der künstlerischen Darstellung sein müssen. Denn wenn sie Gegenstand der historischen Darstellung sind, kann man natürlich auch das Feld der künstlerischen Reflexionen davon nicht ausschließen.

Ich sage aber deutlich: Wer als Autor vom wissenschaftlichen Standpunkt, vom realen Humanismus ausgehen will, der soll furchtlos sein in der Wahrheitssuche, aber die Wahrheit kann er nur finden und darstellen in der ganzen Dialektik des Fortschritts, also des Positiven *und* Negativen – eine komplizierte Aufgabe, vor deren Bewältigung wir erst stehen.

Manfred Jendryschik

Die Frage ist: Hat sich die Revolution nicht mitunter bestimmter Dinge zu schämen? Für mich ist des öfteren die Antwort gewesen: Stalin – das war eben eine bestimmte historische Notwendigkeit. Für mich liegt darin ein Geschichtsfatalismus, der unmarxistisch ist.

Werner Neubert

Wir können jetzt nicht die Diskussion aufhalten, aber ich antworte doch mit einem Satz: Wenn du mich befragst, was meine Grundstimmung ist zu diesen Dingen, die du angesprochen hast, dann ist die Grundstimmung vielleicht nicht so sehr die

Scham, sondern mehr die Trauer. Aber auch die Trauer ist eine legitime humane, menschliche Empfindung. Ich bin bei der Trauer, und die Trauer mag die Scham einschließen. Vielleicht ist mein Standpunkt damit klar.

Günther Rücker

Betrachten wir damit die Zwischenfrage als beantwortet und geben das Wort Joachim Nowotny.

Joachim Nowotny

Von einem meiner Urgroßväter erzählt man sich seltsame Dinge. Ich habe den Mann nicht persönlich gekannt; er starb vor meiner Geburt. Doch sein Wesen erschloß sich mir aus einer einzigen Gebärde. In der Familie erzählte man sich, daß er sich gewöhnlich, wenn sie sich zu einer Feier traf, nach kurzer Zeit in den Holzschuppen zurückzog, selbst dann, wenn es um seinen Geburtstag ging. Er setzte sich auf den Sägebock und paffte ironische Wolken aus der Tabakspfeife. – Das mit der Ironie ist übrigens kein Zugeständnis an den Zeitgeschmack. – Da war einer aufgestanden und dorthin gegangen, wo er gewöhnlich fürs Winterholz sorgte. Und wenn er lachte, dann ergriff das nicht die gekrümmte Gestalt, sondern lediglich den Mundwinkel, der von der Pfeife nicht beansprucht wurde. Das Lachen meinte auch ihn selbst. Wie ja die ironische Betrachtung erst Wirkung hinterläßt, wenn sie von eigener Betroffenheit zeugt. Feiert nur, gebot das Lachen, aber laßt mich aus dem Spiel.

Woher weiß ich das? Man hat mir nur die Umstände seines Verhaltens geschildert, die Motive dafür fand ich leicht in mir selbst. Auch ich spüre immer öfter den Drang, von unseren Feiern aufzustehen und einen Schuppen zu suchen. Manchmal finde ich ihn in meinem Arbeitszimmer und erkläre den Schreibtischstuhl zum Sägebock. Das Lächeln muß ich freilich noch üben. Doch so gut ich weiß, daß wir nicht aufhören werden, in der Feier, der Kundgebung, der Großveranstaltung unsere Identität zu suchen, so sicher weiß ich, daß die meine ohne ironische Selbstbetrachtung nicht auskommen wird.

Wenn sich auch vieles seit Urgroßvaters Tagen verändert hat, manches funktioniert wie eh und je. Es muß bloß einer aufstehen und die obligaten Zeremonien albern finden, dann ist ihm die Empörung all jener, die sie heiligsprechen möchten, sicher. Deshalb schweige ich lieber und suche meinen Sägebock. Von ihm aus darf ich die vielen Fäden beschwören, die uns auch mit dem Leben und den Erfahrungen unserer Voreltern verbinden. Die Wissenschaft hat zwar ihre eigenen Ansichten von dem, was vererbt wird und was nicht, und vielleicht sollte ich sie ob ihrer Fähigkeit, den Geheimnissen des genetischen Universums immer mehr auf die Spur zu kommen, rühmen. Doch ich übe mein Lächeln und behaupte wider besseres Wissen, aber im Einklang mit aus anderen Quellen stammenden Gewißheiten, daß nicht nur Nasen und die Anfälligkeit für Rheumatismus auf uns kommen, sondern auch Gesten, Gebärden, soziale Verhaltensweisen. Solange jedenfalls, wie es Gründe dafür gibt, daß da einer abwinkt, die Feier verläßt und ironische Wolken pafft. Und wenn er wie ich aus der Lausitz kommt, dann findet er Gründe zuhauf, solche, denen die Geschichte nichts anhaben konnte, und neue, von denen gleich die Rede sein soll. Weil sich das, was heute den Ostteil des Bezirkes Cottbus ausmacht, vor allem mit der Fülle dessen, was es nicht zu bieten hatte, auszeichnen konnte, war es schon seit jeher geraten, sich rechtzeitig um das Winterholz zu kümmern und allen üppigen Träumen eine von Sand und karger Heide geprägte Nüchternheit entgegenzuhalten. Hier siedelten arme Leute, Deutsche wie Sorben, und ein Sorbe war es, der das Wort von der „Poesie der kleinen Kammer" prägte. Selbst die Reichen waren hier ärmer als anderswo. Feiern mußten erhungert werden; wer die in besseren Gegenden üblichen Bräuche nachahmen wollte, lebte schnell über seine Verhältnisse und zog den Spott der Nachbarn auf sich. Zum Heitersein gehörte hier allemal ein Trotzdem. Oft genug mündete es in der hemmungslosen und leeren Lustigkeit der Verzweiflung. Wer dabei nicht mittun wollte, ging beiseite und suchte sich seinen Sägebock. Ein Vorgang, der auch von freiwilligem Genußverzicht zeugt. Das hat die Leute dort, auch mich, gezeichnet.

Wir haben bis heute daran zu kauen. Und manchmal fragen wir uns, ob es irgendwo bequemere Untertanen gibt, als wir es sind.

Ich höre den Einwand: Haben wir nicht andere Zeiten? Was soll uns die Beschwörung des Untertanengeistes jetzt, wo die Lausitz das Energiezentrum des ganzen Landes geworden ist?

Ehe ich darauf antworte, will ich von einer anderen Feier berichten, einer ganz und gar heutigen, die dem einzigen natürlichen Reichtum der Landschaft galt. Sie fand vor wenigen Wochen statt, und man hielt sie für wichtig genug, daß sogar die großen Zeitungen darüber informierten. Ein neuer Tagebau war aufgeschlossen worden, nun förderte er mitten im Sand und auf ausgeräumter Heide die erste Kohle. Es gab Reden, Fahnen, Orden, vielleicht gar ein Bankett, wenigstens aber einen ordentlichen Umtrunk, es gab Leute, die stolz die Leistungen anderer hervorhoben, und Leute, die mit vollem Recht stolz auf ihre Leistungen waren, es gab Formulierungen wie Planerfüllung und vorfristige Inbetriebnahme, es gab in die Zukunft weisende Aufrufe von oben und Beifall von unten. Und niemanden, der wegging, einen Schuppen suchte und das Ende der Feier auf dem Sägebock abwartete?

Vielleicht erscheint manchem mein Modell angesichts der genannten Größenordnungen fragwürdig. Zwar wird der neue Tagebau nicht nur Wälder schlucken, Straßen wegradieren, Flüsse in einen neuen, folienbewehrten und schnurgeraden Schotterlauf zwingen, er wird auch Dörfer, Siedlungen, Wohnstätten – und Schuppen – verschlingen, und ich bezweifle durchaus, ob das bei der herrschenden Verdrängungskunst hierzulande auf der Feier eine Rolle gespielt haben mag – in den Zeitungen stand jedenfalls nichts davon. Aber vor einem dürfen wir keineswegs die Augen verschließen: Auch hier wird schließlich für unser Winterholz gesorgt, und unsere Ansprüche sind inzwischen so groß geworden, daß der Schuppen dafür keine geeignete Produktionsstätte mehr abgibt. Wir haben uns ganz andere Gesten angewöhnt, wir greifen mit vollen Händen zu, wenn es um den Energieverbrauch geht, und also auch weit hinaus ins Land mit Baggerarmen und tief hinein bis zum Tertiär mit Löffeln, in denen unsere Autos Platz hätten. Wir haben die Gewalt und sind imstande auszulöschen, wegzutragen, was die Eiszeit uns an Oberflächengestalt hinterlassen hat. Auf ein paar tausend Quadratkilometer kommt es uns ebensowenig an wie auf ganze Epochen einer geologischen Entwicklung. Wir spotten der Siedlungsgeschichte einer Landschaft, weg mit der in den Dörfern verkörperten althergebrachten Armut, weg mit den Dörfern, weg mit uns. Halt! Natürlich nicht mit uns, es geschieht ja alles um unsertwillen. Was für ein absurder Gedanke, daß es für jemanden geschähe, den es dann gar nicht mehr gibt? Aber vielleicht fragen wir die Leute von Tschernobyl einmal, was sie in diesem Zusammenhang absurd finden. Immerhin, soviel wissen wir auch: Was die Urgroßväter verheizten, wuchs nach. Bei uns geht es an die Substanz. Und die Tatsache, daß man früher notfalls für alles Schlimme immer noch eine Obrigkeit verantwortlich machen konnte, während wir uns an die Vorstellung gewöhnen müssen, vom Untertan Abschied zu nehmen und für alles selber geradezustehen, macht die Sache nicht leichter. Wir können keinen entlassen, nicht mal von der Feier. Gerade sind wir als Subjekt unserer Leistungen geehrt worden, da versuchen die Zwänge, uns schon wieder zum Objekt ihrer ehernen Gesetze zu machen.

Und wo wäre ein Ausweg?

Es war der Sonnabend nach der Feier, als ich durch ebenjene Dörfer fuhr, deren Jahre nun schon exakt gezählt sind. Und man kann sich wohl denken, daß ich zu ironischer Betrachtung kaum aufgelegt war. Und doch fand ich meinen Schuppen. Es lag in der Natur der Sache, daß ich dort nicht allein blieb. Man hat sich im Dorf meiner Kindheit einen Klub eingerichtet, nachdem die ruhmreiche Schenke für immer geschlossen wurde. Nun trifft man sich freitags und sonntags; wenn man sich aber am Sonnabend trifft, dann bei Beginn der Dämmerung und nur für eine sogenannte Schwarze Stunde. Weit auseinandergerückt haben alle, die davon wissen oder zugelassen sind, Platz am runden Tisch. Der steht unmittelbar vor dem Zapfhahn, damit der jeweilig Ausschenkende keine weiten Wege gehen muß. Ansonsten rückt man eher zusammen, denn das gemeinsame Schicksal verbindet. Immer wieder drängt sich die Zukunft des Dorfes, das keine Zukunft mehr hat, in Gespräche, die eigentlich launig sein wollen. Plötzlich sagt es einer, der es schon hundertmal gesagt hat, daß er um nichts in der Welt weggehen wird, ein hunderterstes Mal. Und ein anderer schweigt dazu, wie er schon beim ersten Mal geschwiegen hat. Diesmal wurde auch die Feier kommentiert. Es bedurfte schon einiger Runden, ehe man von Bitterkeit und Hohn zu ironischer Betrachtung fand. Einige, die an der Kundgebung teilgenommen hatten und von denen man weiß, daß sie mit dem typisch Lausitzer Fleiß auf die eine oder andere Weise am Abbaggern ihrer eigenen Wohnstätten mitwirken werden, schwiegen zunächst. Sie benötigten einen besonders kräftigen Schluck, ehe es ihnen gelang, die anderen mit ihren sarkastischen Schilderungen zu übertreffen. Über der Szene brannte eine einzige Lampe. Und draußen mischte sich herbstlicher Nebel in die wachsende Finsternis.

Ich hätte mich gern auf meinen Sägebock zurückgezogen, doch ich fühlte, daß es diesmal keine Zuflucht gab. Das hier war schon der Schuppen, hier galt es, eine Haltung zu finden. Als es nach einem Witz und dem pflichtschuldigen Gelächter für Sekunden still wurde, fiel ich in Angst. Was nun, dachte ich, wenn sich das auseinanderlebt, die Wirklichkeit der Feier und die Wirklichkeit der Schwarzen Stunde? Wenn wir keine gemeinsame Sprache mehr finden und der Fortschrittseifer auf der einen Seite nicht mehr vom freiwilligen Verzicht auf der anderen gebremst werden kann? Wenn sich unter dem Zwang der Ereignisse unser Bewußtsein trübt und wir vergessen, was wir uns anmaßen, nämlich einen ungeheuer folgenreichen Eingriff in die Natur. Wenn wir das Gefühl für den historischen Augenblick verlieren, der ja nur einer unter vielen ist, und es verdrängen, daß die Zwänge der Gegenwart auch das Ergebnis eines Versagens früherer Tage darstellen, in denen unsere Urgroßväter, Großväter und Väter lieber in den Schuppen gingen als gegen eine verhängnisvolle Entwicklung aufzustehn, und gleichzeitig lieber zu vaterländischen Feiern als auf den Sägebock zu ironischer Selbstbesinnung. Wenn wir aufhören, uns zu vergegenwärtigen, wie sehr unsere Zwänge die Zwänge einer Welt sind, die unter der Überrüstung als einer ungeheuren Beanspruchung von Ressourcen ebenso stöhnt wie unter der Verschwendung auf der einen und dem Massenhunger auf der anderen Seite. Wenn es uns nicht gelingt, unsere historisch gewachsenen Ansprüche in der Zukunft der Situation eines rohstoffarmen Landes anzupassen, das, aus welchen Gründen auch immer, nicht im erforderlichen Maße mit den Erzeugnissen der Hochtechnologie die anderswo unter geringeren Opfern erzeugte Energie eintauschen kann. Was, wenn das alles im Jubel oder in Sarkasmen unterginge, weil es so schwer ist, unter dem Druck der Tagesaufgabe, den Kopf zu heben und die Folgen zu bedenken. Wenn wir nicht mehr die Kraft finden, das, was wir von unten nach oben gekehrt haben, wieder in eine wenigstens für unsere Enkel lebenswerte Umwelt zu verwandeln. Wenn uns die sozialistischste aller sozialistischen Tugenden abhanden käme, nämlich jene, die sich Alternativen schafft und sich dann für die günstigste entscheiden kann. – Was bliebe uns dann! Krampfige Lustigkeit, sarkastisches Schweigen?

Auch ich nahm einen kräftigen Schluck. Und geizte nicht mit ironischen Sprüchen herab von meinem Sägebock. Man kann sich so schlecht ausschließen. Und es ist ja immer noch besser, als wenn es einem ganz die Sprache verschlägt.

Dazu aber, liebe Kollegen, dürfen gerade wir es auf keinen Fall kommen lassen.

Brigitte Struzyk

Ich gehe davon aus, daß es sich hier um eine Assoziation der Assoziierenden handelt, also werde ich es ganz kurz machen, den Rest machen Sie dann alleine.

Daß Stephan Hermlins Beitrag einer zu unserem Thema gewesen ist, liegt auf der Hand, daß er fällig war, auch. Er hat von der „Stunde der gebrannten Kinder" gesprochen.

Im Eismond, im zweiten Jahr der Republik, schrieb Georg Forster aus Paris: „O über die Kinder, die sich die Nase an einer Stuhlecke stoßen und den Stuhl dafür peitschen." Das kam mir in den Sinn, als die Rede von Harichs Verfolgungswahn und Racheattitüden war. Wahrscheinlich gehörte es nicht zu Hermlins Thema, aber eine solche Krankheit hat auch ihre Ursachen. Sie zu benennen gehört wohl ebenfalls zum „Amt" des Schriftstellers.

Harich war einst ein fähiger Mann. Er ist 1956 verhaftet worden und hat Jahre gesessen. Was er nach dieser Zeit geschrieben und getrieben hat, hat mit Verfolgung, Rache und Verbot zu tun, auch wenn die Themen meist literarhistorischer Art waren. Wir kennen auch andere Beispiele – ich nenne hier noch Ralf Schröder –, die sind nach einem solchen Aufenthalt eigentlich noch viel besser geworden. Aber ich will hier nicht über Persönliches und Überzeugungen reden, sondern über Geschichtsbewußtsein. Wenn man alles unter den Teppich kehrt, kann man auch ein beachtliches Niveau erreichen, aber keinen festen Boden unter den Füßen.

„Den großen Staat regiert man, wie man kleine Fische brät", rät Laotse. Wenn man einen kleinen Fisch brät, werden die Eingeweide und Schuppen nicht entfernt, da man befürchtet, durch eine so rohe Behandlung den Fisch zu zerquetschen. Es ist so mancher kleine Fisch zerquetscht worden. Ob Reue demgegenüber alles sein kann, was zu einem Gleichgewicht im Geschichtsselbstbewußtsein nötig ist, bezweifle ich, aber es ist ein erster Schritt auf einem Weg, der noch immer durch das Unterholz der zugedeckten Fakten führt.

Wir brauchen Luft und Licht und eine Geschichte, die endlich Schluß macht mit dem Unter-den-Teppich-Kehren. Auch wenn wir rückwärts blicken, muß es vorwärts gehen.

Günther Rücker
Wir haben einen Gast unter uns, den Romancier und Sekretär des jugoslawischen Schriftstellerverbandes Ivan Ivanji. Er möchte einige Worte im Zusammenhang der bisherigen Diskussion sagen.

Ivan Ivanji

Wir hatten in Jugoslawien kurz nach dem Krieg die sogenannte Distanz-Theorie, über die heftig diskutiert wurde. Sie liegt hier ein bißchen im Raum, obwohl sie nicht genannt wurde. Bemüht wurde bei uns meistens Tolstois „Krieg und Frieden" als Beweis, daß man diese Distanz brauche. Dann kamen die Darstellungen über die Partisanen, über den Befreiungskampf, und am Anfang war das alles ziemlich schwarz-weiß. Mich erinnerte es an Wild-West-Geschichten mit den guten Weißen und den bösen Indianern, die Partisanen waren die strahlenden Helden, die Feinde waren immer solche Schweinehunde, daß es eigentlich kein Kunststück war, sie zu besiegen. Dieses Muster hielt sich ziemlich lange. Anders, literarisch besser, differenzierter wurde es, als man erkannte, daß Partisanen auch Partisanen wegen Diebstahls eines Stückes Brot erschossen hatten und daß man auch die Feinde nicht über einen Kamm scheren kann, daß sie unterschiedliche Menschen waren.

Als ich hörte, wie Fallada diese schreckliche Geschichte verdorben hat, indem er sie heroisieren wollte, fiel mir auf, daß es da Ähnlichkeiten auch in unserer Literatur gibt.

Eine Bemerkung zum Thema „Tabu", das ebenfalls hier im Raum herumschwirrte, ohne genannt zu werden.

Es gibt ein Thema in der jugoslawischen Literatur, das vor einigen Jahren regelrecht ausgebrochen ist, es heißt „Die kahle Insel". Gemeint ist damit eine Insel an der Adria, wo im Jahre 1949 ein Lager für Stalinisten eingerichtet wurde. Sie wissen, 1948 löste sich Jugoslawien vom sozialistischen Block, wir sagen: vom Stalinismus. Aber der Stalinismus ist eine komplexe Erscheinung. Seine Anhänger in der Partei und im Zentralkomitee wurden verhaftet und auf stalinistische Methode behandelt – und nicht nur sie, sondern auch andere, die keine Stalinisten waren. Das Thema war lange tabu. Dann brach es auf einmal in Dutzenden von Romanen, Filmen und Theaterstükken aus, und dadurch hat man sich gewissermaßen abreagiert. Jetzt ist das kein besonders interessantes Thema mehr.

Gibt es hier solche Tabus? Ist der 17. Juni eins? Sind es andere Themen bei Ihnen? Bei den Ungarn ist es das Jahr 1956, das literarisch und filmisch hervorragend behandelt worden ist. Ich komme noch darauf zurück, möchte aber zunächst einen Gedanken zu dem Kuckucksei einfügen: Niemand hat die Asterix-Geschichte aufgegriffen. Ich habe einen Roman über den Kaiser Diokletian geschrieben. Ich darf das hier sagen, weil er nirgends so hohe Auflagen bekommen hat wie hier, insgesamt 100 000 Exemplare bei Volk und Welt. Das Seltsame: Es ist eigentlich kein historischer Roman. Ich habe viel von Tito einbezogen. Diokletian hat bei mir einen Rat, der Blasius heißt; aber Tito hatte einen Presserat, Blaža Mandić mit Namen, der mir gewissermaßen Modell stand. Im Prinzip handelt es sich um wirkliche und um erfundene Probleme. Zum Beispiel habe ich Diokletian zugeschrieben, daß er eine Geheimkartei über seine Mitarbeiter hat führen lassen. Meines Wissens gab es so was nicht. Aber in den Rezensionen ist es als eine historische Wahrheit aufgegriffen worden, und auch die Historiker glaubten es nun. Also schafft man so Geschichte?

Übrigens muß ich Ihnen sagen, daß Tito wußte, daß er gemeint ist, und ich habe die Ehre gehabt, hier in Berlin zu hören, wie er Erich Honecker darüber erzählt hat. Ich war nämlich damals Titos Dolmetscher.

Zurück zu Ungarn: Ich habe den Roman „Ein ungarischer Herbst" geschrieben, der voriges Jahr erschienen ist, dreißig Jahre nach den Ereignissen. Darin kommen historische Persönlichkeiten vor, die teilweise noch leben, wie Kadar, oder die nicht mehr leben, wie Tito oder Juri Andropow oder Chruschtschow. Ich hatte auch um Einblick in die Archive unseres Außenministeriums gebeten und selbstverständlich nicht bekommen. Es ist ja auch keine öffentliche Bibliothek, aber immerhin waren dreißig Jahre vergangen. Es hat mir keine größeren Schwierigkeiten gemacht, doch zu erfahren, was ich wissen wollte, weil der damalige Staatssekretär im Außenministerium mir einiges erzählt hat. Er ist jetzt in Pension, und da werden die Leute redselig. Ich habe wahrscheinlich mehr erfahren, als man in den Archiven findet, denn in den Archiven sind ja Berichte und Dokumente, die schon eine Verarbeitungsstufe passiert haben. Für den Schriftsteller kommt dann das gestalterische, handwerkliche Problem, wie man Fiction und Non-Fiction miteinander verbindet und so weiter. Das ist mehr eine technische Frage, die mich allerdings besonders interessiert. Ich habe das im Diokletian-Roman mit kursiven und nichtkursiven Teilen gelöst; im „Ungarischen Herbst" durch unterschiedliche Kapitel.

Zu Ihrem 17. Juni. Frage: Kennen Sie das Stück „Die Plebejer proben den Aufstand" von Günter Grass? Ist das eine Art Aufarbeitung der Geschehnisse?

Zwischenrufe
Nein!

Ich glaube auch nicht, daß es ein gutes Stück ist ...

Zwischenruf
Es ist ein schlechtes Stück!

... aber es ist interessant.

Zum Schluß noch ein Wort zum Problem der Wahrheit, das hat hier eine Rolle gespielt. Es gibt im angelsächsischen Gerichtswesen die Schwurformel, die man immer in amerikanischen Filmen hört, man schwöre, man würde „die Wahrheit, nichts als die Wahrheit, die ganze Wahrheit" sagen. Ich glaube, die Wahrheit kann man sagen, nichts als die Wahrheit vielleicht auch, die *ganze* Wahrheit nie, weil man sie nicht kennt!

Und schließlich noch ein kleines Bekenntnis. Ich habe, als ich ein junger Schriftsteller war und auch noch Kritiken schrieb, einen Freund angegriffen, er schriebe nur über historische Stoffe, nicht über zeitgenössische Vorkommnisse. Er hat mir damals sehr klug geantwortet, und das, was er damals gesagt hat, ist jetzt auch meine Meinung: Wenn ich eine historische Persönlichkeit nehme, dann ist die Exposition schon vorhanden, ich brauche mich nicht darum zu bemühen. Und außerdem: Heute reden die Leute nicht so schön, wie historische Persönlichkeiten sprechen.

Günther Rücker
Ich danke für diesen erfrischenden Beitrag, er war für uns ein
Gewinn. – Jetzt spricht Ingo Zimmermann, ihm folgen Bernd
Wolff, Gerhard Neumann und Christiane Barckhausen.

Ingo Zimmermann
Je weiter die Zeit fortschreitet, um so geringer wird natürlich
die Chance, noch etwas völlig Neues zu sagen. Ich wollte anknüpfen an die Äußerung von Waldtraut Lewin – wenn ich sie
richtig im Kopf behalten habe –, daß Geschichtsbewußtsein
mit Haltung zu tun hat. Napoleon soll vor der Schlacht an den
Pyramiden am 21. Juli 1798 zu seinen Soldaten gesagt haben:
Von diesen Pyramiden herab schauen vierzig Jahrhunderte auf
euch! – Also das ist Geschichtsbewußtsein! Das Wort wurde
übrigens geflügelt.
Eine gewisse Historienliteratur hat Geschichtsbewußtsein in
diesem Sinne zur patriotischen Motivation vor allem der Jugend weidlich genutzt. Uns mangelt es dafür an frommer Einfalt, vor allem ist uns in dieser Sache die Unschuld abhanden
gekommen. Aber die motivierende Wirkung von lebensnaher
Beschäftigung mit der Geschichte steht außer Zweifel. Geschichte ist unser kommunikativer Erfahrungsschatz. Sie vermag für den einzelnen Menschen auch in persönlichen Entscheidungen belangvoll zu sein, wenn er sich etwa fragt, ob er
seine Heimat verlassen soll oder ob das Wohl des Landes ein
persönliches Opfer von ihm rechtfertigt. Verbundenheit mit der
Geschichte kann ihn in der Erkenntnis bestärken, daß für ihn
das Land, in dem er lebt, eben mehr ist als ein zufälliger Auf-
enthaltsort. Das Wissen um Geschichte erschließt Beziehungen, die zum inneren Reichtum des Menschen gehören. Aber
Geschichte belastet auch. Die vierzig Jahrhunderte, die von
den Pyramiden auch auf mich herabschauten, wäre ich denn
dort, erschlügen mich ja förmlich, und die großen Taten, deren
Nachklang von Heldentum und Waffenehre und Todesruhm
schauert, provozieren natürlich meine gründliche Geschichts-
skepsis, ohne die ich sowieso nicht mehr sein kann.
Wir sind also an einer Stelle der Menschheitsentwicklung ange-

kommen, an der Krieg und gewaltsame Auseinandersetzung als Fortsetzung der Politik mit anderen Mitteln selbstmörderischen Charakter angenommen haben. Ich meine, das betrifft die hier in Rede stehende Frage nach dem Verhältnis von Literatur und Geschichtsbewußtsein. Als Schriftsteller, als Künstler pflege ich mit der Geschichte anders Umgang als der Fachwissenschaftler, der Historiker, für den es darum geht, den Geschichtsverlauf nach den sogenannten Quellen, die immer schon eine Interpretation sind, möglichst objektiv aufzuhellen, sich ein möglichst objektives Bild vom Geschichtsverlauf zu machen. Für den Schriftsteller ist Geschichte gewissermaßen zeitlich nicht abgrenzbare Wirkung der Lebenszusammenhänge, das heißt, ihn interessiert an Geschichte, was sich – im Guten wie im Bösen – auf heute bezieht. Das verschafft ihm eine eigentümliche Freiheit im Umgang mit der Geschichte. Er ist nicht gezwungen, für wörtlich und wahr zu nehmen, was in dieser oder jener Form überliefert ist. Und da sich ohnehin nichts so ereignet und zugetragen hat, wie wir es uns vorzustellen belieben, darf er seiner eigenen Phantasie trauen. Sein moralisches Fundament liegt in seiner Mitwisserschaft mit dem Geist, der in Lebensbejahung vorwärtstreibt. Der Lateiner hat für Mitwisserschaft das Wort conscientia, das wir gemeinhin mit Gewissen übersetzen.

Damit Sie mich nun aber nicht für einen hoffnungslosen Theoretiker halten, will ich noch ein persönliches Bekenntnis anschließen. Ich bin Dresdner, also Sachse. Wenn ich mich in der sächsischen Geschichte umtue, ergibt sich für mich auf den ersten Blick, daß ich zu einem Volksstamm der geborenen Verlierer gehöre. Ich meine das historisch. Aus dem Dreißigjährigen Krieg beispielsweise ging Sachsen nicht zuletzt infolge seiner ungeschickten Politik – um es milde zu sagen – als eines der am ärgsten heimgesuchten deutschen Länder hervor. Im Siebenjährigen Krieg erlitt es durch Brühls Fehleinschätzung der militärpolitischen Konstellation ein totales Fiasko. Friedrich II. oder der Große ließ Dresden bekanntlich im Juli 1760 in Schutt und Asche legen. Nach den napoleonischen Kriegen durfte Sachsen 1815 abermals die Zeche bezahlen: Auf dem

Wiener Kongreß mußte es mehr als die Hälfte seines Staatsgebietes an Preußen abgeben. Und 1866 stand es an der Seite Österreichs noch einmal auf verlorenem Posten.

Das Bild des notorischen Verlierers, das der Sachse in der Geschichte bot, hat ihn wohl – zusammen mit seiner gemütvollen Aussprache – zur gern belächelten Figur gemacht.

Auf den zweiten, tieferen Blick freilich stellt sich sächsische Geschichte anders dar, und darin besteht für mich als Schriftsteller heute der Reiz an ihr. In den betrübten Zeiten des Dreißigjährigen Krieges erscholl von Dresden aus – in der Musik eines Heinrich Schütz – die Klage und der Preis des Friedens. Und diese Musik ist noch immer das Lebendigste, was wir aus jener Epoche haben.

August der Starke hat nahezu achtundzwanzig Jahre seines Lebens sich damit befaßt, durch Feldherrnruhm in die Unsterblichkeit einzugehen; das ist ihm gründlich mißlungen. Wodurch er tatsächlich unsterblich wurde, waren gewissermaßen seine genialen Spielereien: sein Zwinger, den ihm Pöppelmann baute und Permoser mit anmutigen Statuen schmückte, seine Schlösser und Gärten in und um Dresden, die verspielte Figurenwelt seines Goldschmieds Dinglinger, die Erfindung seines Aurifex Böttger, das weiße Gold. Und nach dem für Sachsen schmählichen Ausgang des Siebenjährigen Krieges blieb Dresden doch Anziehungspunkt für die Kunstreisenden aus ganz Europa durch seine einzigartige Bildersammlung, die es der Kunstleidenschaft Augusts III. verdankte. Als das geschrumpfte und desolat gestimmte Land nach 1815 in der politischen Restauration erstarrte, hatten in Dresden ein Carl Maria von Weber, ein Caspar David Friedrich und ein Ludwig Tieck, bei aller Problematik ihres Verhältnisses zur biedermeierlichen Residenz, ihre besten Schaffensjahre. Und während Sachsen im 19. Jahrhundert seine politische Eigenständigkeit und Bedeutung allmählich einbüßte, wurde es Vorreiter und Vorbild der industriellen Revolution in Deutschland.

Die *geschichts*notorischen Verlierer waren immer auch die glücklichen Gewinner von Kunst und Geist. Die sächsische Geschichte und die Geschichte Dresdens bieten dem Schriftsteller eine faszinierende Lesart, nämlich, daß die Werke der Kunst und des Friedens beständiger sind als alle Siege. Diese Lesart der Geschichte halte ich für eine besondere Aufgabe unserer Literatur.

Günther Rücker
Wollen Sie bitte ein Trostbüchlein der sächsischen Nation schreiben! Da können viele Hoffnung schöpfen.

Bernd Wolff
Gestern, nach der Königsebene im Haus der Ministerien, haben wir, einige Magdeburger Autoren, uns auf dem Weihnachtsmarkt unter das Volk gemischt. Dort habe ich etwas erstanden, was ich Ihnen zeigen möchte: eine Serie wunderschöner Kitschpostkarten. Die Motive, die darauf zu sehen sind, wurden als billige Kunstdrucke angeboten für die Arbeiterwohnungen der Jahrhundertwende. Zweierlei ist daraus zu folgern: einerseits eine Sehnsucht nach Harmonie, nach heiler Welt, andrerseits ein gebrochenes Verhältnis zur Wirklichkeit, wenn dieses hier als erstrebenswerte heile Welt empfunden wurde.

Wir haben gestern gemeinsam einen Blick aus einem Zimmer in der Leipziger Straße werfen können, hinaus, nicht hinein in die Wohnung; wir wissen auch nicht, was dort an den Wänden hing. Möglicherweise – ich spreche jetzt nicht von *dieser* Wohnung, die ich nicht kenne, ich spreche von *solcher* Wohnung im allgemeinen – im Geschmack der sechziger Jahre Liotards „Schokoladenmädchen", Degas' „Tänzerinnen" in Blau oder Rot, Womackas junges Paar „Am Strand" oder Abdullajews „Bengalische Mädchen"; heutzutage vielleicht ganz und gar ein Aktposter vom Kiosk. Sehnsucht nach einer heilen Welt?

Aber wir haben ja *aus* dem Fenster geblickt und dabei eine Menge Beeindruckendes gesehen, Gebäude, die vor Geschichte glänzen, und Gebäude, die vor Geschichte triefen. Ein Anblick, der zum Denken anregt, und das ist gut. Wir haben uns sogar herabgelassen aus diesem Gebäude zu einem Gang ums Karree, wie man ihn gewöhnlich mit seinem Hund unternimmt. Einen bewältigten Schiller haben wir, wenn zunächst auch nur in unserer Vorstellung, wieder vor dem Schauspielhaus stehen sehen, der uns mahnt: „Ans Vaterland, ans teure, schließ dich an, das halte fest mit deinem ganzen Herzen. Hier sind die starken Wurzeln deiner Kraft." Auch einen Berg „jenes bröseligen Stoffes, aus dem hierzulande die Träume sind" – Joachim Nowotny hat davon berichtet, was er uns kostet. Ein Stückchen Wiese, ach nein, ein Rasenstück. Und doch, wie schön, wenn es eine Wiese gewesen wäre! „Ich sah noch einmal aus dem Zug zurück / und sandte Deutschland meine letzten Grüße. / Und dort, wo Deutschland war, lag eine Wiese, / ein kleines, grünes, sanftes Wiesenstück", Johannes R. Becher. Das Nikolai-Viertel, wir hätten gestern auch daran vorbeigehen können. Es ist wieder hingebaute Geschichte, so, wie wir uns Geschichte vorstellen, so, wie wir die Erinnerung daran bewahren, ein Stückchen heile Geschichte. Wie viele historisch gewachsene Gebäude sind dafür geopfert worden in den Städten!

Ich habe die Menschen nicht gesehen, ich habe die Bäume nicht gespürt, ich habe die Vögel nicht gehört, ich habe keine Wolken wahrgenommen. Das betrübt mich. Hier ist etwas verlorengegangen, und wir haben es nicht gemerkt. Ich habe die Rede sehr bewundert. Ein blankes, scharf geschliffenes Schwert, mit dem man Literatur verfochten hat. Warum nur fiel mir das Bild von dem Samurai ein, der ein in die Luft geworfenes Papier so geschickt zerhieb, daß es als Flockenregen herniederging? Welche Gewandtheit, Schärfe, Reaktionsschnelligkeit – aber wer hebt die Schnipsel auf?

Goethe, als er nach langer, gefahrvoller Reise am 10. Dezember 1777 auf dem Torfhause festhing und befürchten mußte, den Gipfel nun doch nicht zu erreichen, schrieb: „Da saß ich mit schwerem Herzen, mit halben Gedanken, wie ich zurückkehren wollte. Und ich kam mir vor wie der König, den der Prophet mit dem Bogen schlagen heißt und der zu wenig schlägt. Ich war still und bat die Götter, das Herz dieses Menschen zu wenden und das Wetter."

Ein wenig war mir vorübergehend gestern nach dieser Stimmung. Haben wir den Bogen nicht zu gering geschlagen? „Stimmt" das Verhältnis von Gewinn und Verlust?

Vielleicht hat das mit meiner Herkunft zu tun. Die Herkunft ist möglicherweise das erste, was an Geschichte auf einen zukommt. Für mich ist es immer erst mal ein Teil meiner eigenen Erfahrung, ein Teil meiner Persönlichkeit. Kein Frack aus dem Schrank, nach Belieben überzuziehen oder wegzuhängen, ebensowenig wie Umweltbewußtsein oder Bewußtsein überhaupt ein Ding für besondere Gelegenheiten ist. Verrate ich jemandem meine Herkunft, die mich bis in den Klappentext meines Goethe-Buches verfolgt, so nicken die Leute verstehend, ja, dann ist es kein Wunder, als sei mit der Tatsache, Sohn eines Forstmannes zu sein, a priori eine besondere Hinwendung zur Natur vorgegeben. Als habe der eine Baum grüner zu sein als andere. Ist nicht die Geschichte des Menschen auch immer die Geschichte seines Verhältnisses zur Natur? Ist nicht deren Wahrnehmung in unserem Bewußtsein auch ein Gradmesser dafür, wie reich oder wie verarmt, wie heil oder wie devastiert wir sind? In Dresden hat man jetzt eine Ausstellung eröffnet: 350 Millionen Jahre Wald. Als sei das nun eine endgültige Zahl. Vielleicht ist es so, und wir müssen uns allmählich nach anderem umsehen, wenn das überhaupt möglich ist. Denn Wald, das sind nicht nur Bäume, das sind komplizierte verwobene Ökosysteme, in denen wir mit drinhängen, mit unserer Lunge, unserer Zunge, mit Haut und Haar.
Ich hatte eingangs von Bildern gesprochen. Da gibt es dieses Bild vom Herakles. Der tapfere, mutige, selbstlose, im Auftrag eines unwürdigen Herrschers handelnde Held, Sinnbild der Gerechtigkeit, erwürgt den Antäus. Warum? Ich finde, weil dieser Antäus seine Chance, Mensch zu sein, selbst verspielt hatte im Irrgefühl unermeßlicher Macht, arrogant, geschichtslos, gastfeindlich. Er hatte seine Herkunft schon längst vergessen, seine Mutter Erde schon längst getötet, indem er sie verwüstete. Sie konnte ihm keine Kraft mehr geben. In seinen Wurzeln längst verfault, überschätzte er maßlos seine Stärke und ging unter. – Es gehört zur Tragik der Geschichte, daß Herakles, der Sieger, der Unbehauste, später seine Haut verlor, heute würden wir vielleicht sagen: an Napalm starb oder an neuartigen, durch Immissionsschäden hervorgerufenen Hautkrankheiten.

Faust sagt bei Goethe: „Die wenigen, die was davon erkannt, / Die töricht gnug ihr volles Herz nicht wahrten, / Dem Pöbel ihr Gefühl, ihr Schauen offenbarten, / Hat man von je gekreuzigt und verbrannt." Gekreuzigt wird noch bei Aitmatow, und Rasputin spricht noch vom „Brand". Zwischen der Sehnsucht nach Harmonie und der Wirklichkeit klafften und klaffen tausend Widersprüche, und der Weg der Erkenntnis ist dornenreich und lang. Wir können Faust ja wohl nur so verstehen, daß aus den wenigen, die was davon erkannt, viele werden, daß der „Pöbel", die Ignoranten, die Geschichtslosen, die zu allem zu Mißbrauchenden, immer mehr auf die Verlustseite geraten. Ein Verlust, der uns aufatmen ließe.

Unser Verhältnis zur Geschichte kann nur ein umfassendes, die gesamte Lebenswelt einschließendes sein, kein gekürztes, reduziertes, kein Verhältnis, das auf eine Hundepromenade zurechtgestutzt ist. Ein solch neues Selbstverständnis zu entwickeln zwischen den Menschen untereinander als Teil und Universum zugleich ist, glaube ich, auch Angelegenheit der Literatur, dafür tragen wir Verantwortung.

Gerhard Neumann

Geschichtsbewußtsein ist natürlich ein schillernder und sehr großer Begriff; selbst wenn wir ihn, was ich mit Ihrer Erlaubnis gern tun würde, nicht auf Literatur schlechthin, sondern nur auf uns als deren Verfertiger beziehen, bleibt er sehr umfangreich. Ich muß aus der Fülle der Gesichtspunkte, die sich einem da aufdrängen, den meinen, einen vielleicht für die Mehrheit der Anwesenden etwas abseitigen, beinahe mit Gewalt herausgreifen. Ich meine das – immer nur provisorische – Reflektieren über den Zusammenhang zwischen dem, was wir literarisch tun, und dem, was wir in der Geschichte als spezifisch literarische Leistung vorfinden oder was dort zum Vorfinden bereitläge.

Inge von Wangenheim hatte schon vor Jahren auf Beziehungsstörungen aufmerksam gemacht. Wenn ich mich richtig erinnere, hatte Karl Mickel auf dem vorigen Kongreß sehr ernst vor Verlusten gewarnt. Aber das warf vornehmlich Fragen der historischen Kenntnisse, der Bildung, speziell auch der Volksbildung auf. Dazu möchte ich hier nicht sprechen, schon aus praktischem Grunde nicht: Das dauerte zu lange.

Das Problem hat aber, wie mir scheinen will, auch eine zweite Seite, die nun nicht erst einmal „die anderen", sondern uns selbst betrifft. Das literarisch Große aus der Vergangenheit soll ja nicht nur als rational erfaßtes Bildungsgut in Schulgedächtnissen der Mitbürger vorhanden sein, sondern es muß als ein Gegenwärtiges ästhetisch unter uns leben, sonst hat alle Bemühung darum keinen Sinn. Wirklich lebendig aber bleibt es nach meiner Überzeugung nur, solange es immer wieder und auf immer neue Weise in den literarischen Werken jeder neuen Gegenwart ästhetisch präsent ist, sei es als anregendes, stimulierendes Element, sei es als provozierende Vielfalt von Motiven und Strukturen, sei es insgesamt als Stachel, der zu Neu- und Gegenentwürfen anreizt. Unter diesem Gesichtspunkt hat es mich nicht nur sympathisch berührt, sondern hellhörig gemacht, als ich vor einiger Zeit in einer Zeitschrift las, einer der Großen unserer Gilde, zu seinen Eindrücken über neueste Sowjetliteratur befragt, habe sinngemäß geantwortet, zur Zeit lese er anderes, lese er wieder in nationaler Klassik nach, und er bezog sich konkret auf Goethes „Wahlverwandtschaften". Ich empfand und empfinde diesen Vorgang, ohne überzuinterpretieren, als bedenkenswert. „Man ist dem Revolutionären", schrieb Thomas Mann einmal an Walter Rilla, „gar nicht so fern, wenn man den Blick hat für die Kühnheit des Klassischen." Doch, das leuchtet mir sehr ein, gerade in Zeiten tiefgreifender gesellschaftlicher Veränderungen – und unstreitig, das belegt ja die ganze bisherige Diskussion, ist unsere Zeit eine solche – steht es der Literatur auch wohl an, sich eindringlicher als sonst zu vergewissern, was denn große Ahnherrn „eigentlich gemacht haben" – um auch einen Goethe-Terminus zu benutzen. Nicht um es nachzuahmen, versteht sich, nicht zu konservativen oder epigonalen Zwecken, sondern um es im Hegelschen dreifachen Sinne aufzuheben.

Denn wie Literatur – zumal in Bewährungssituationen, Helga Königsdorf sprach gestern davon – stets Zwiesprache mit der

144

eigenen Zeit ist, ist sie bekanntlich zugleich immer auch Zwiesprache mit einem Ich-Selbst, das nun um so wirksamer in diesen Dialog hineinspricht, je tiefer es im Geschichtlichen wurzelt. Ich fühle mich einfach gedrängt, an diesen Sachverhalt, der ja so neu nicht ist, ausdrücklich zu erinnern, damit er unter dem vielen, das wir zu beraten haben, nicht vergessen wird, zumal es nicht wenige literarische Gegenwartsleistungen zu geben scheint, die einen praktisch-lebendigen Zusammenhang mit der Tradition belegen, nachzulesen etwa bei Stephan Hermlin, bei Peter Hacks, auch bei Günther Rücker – ich nenne, was mir auf Anhieb hier einfällt. Bemerkenswert finde ich auch, daß offenbar unter den jüngeren Kollegen das Bedürfnis nach praktisch-literarischer Befragung der Tradition zunimmt. Ich will das nur allgemein behaupten, aus den ersten beiden Diskussionsbeiträgen dieses Vormittags schien mir das unter anderem auch hervorzugehen.

Ich bitte um Nachsicht, wenn ich nur bruchstückhaft auf das Problem und das, was mir dabei am Herzen liegt, eingehen konnte. Ich wollte die Redezeit gern einhalten.

Christiane Barckhausen

Ich habe lange überlegt, in welche Arbeitsgruppe ich gehen sollte, die Arbeitsgruppe „Literatur und Welt" hätte mich auch interessiert. Aber da ich mich in den vergangenen fünf Jahren mit einem historischen Thema beschäftigt habe, entschied ich mich für diese Arbeitsgruppe, und ich muß sagen: Was hier zur Sprache gekommen ist, hat mir so viel gegeben, daß ich mich frage, warum wir eigentlich im Schriftstellerverband kein Aktiv haben, in dem sich die Kollegen treffen können, die historische Belletristik schreiben. Hier ist vieles angetippt worden, man müßte eingehender darüber sprechen.

Ich wollte eigentlich nur einen Vorschlag für einen Appell machen, der allerdings etwas mit Literatur und Welt zu tun hat, aber nun habe ich – angeregt gestern durch Hedda Zinner und vorhin durch Jan Koplowitz – das Bedürfnis, einige Bemerkungen zu machen.

Jan, es stimmt, wenn in der DDR jemand einen Juden anspuckt oder ihn diskriminiert, geht er für einige Jahre „in den Knast". Aber wie kommt es überhaupt, daß so etwas passieren kann? Sicherlich wissen die meisten, daß bei uns Antisemitismus bestraft wird, Rassismus überhaupt. Doch wie stehen manche zu Ausländern in der DDR? Das ist auch ein Thema, und da möchte ich unsere Verleger vorwarnen, das *muß* ein Thema werden.

Ich habe großes Glück gehabt, meine Beschäftigung mit jüngerer Geschichte, mit Ereignissen im großen Rahmen der Komintern-Geschichte, fiel in eine glückliche Zeit. So, wie ich das Buch über Tina Modotti jetzt geschrieben habe, hätte ich es vor einigen Jahren sicherlich nicht schreiben können. Ich muß sagen, daß mir da eine besonders glückliche Erfahrung auch in Moskau widerfahren ist. In einem Gespräch versicherte mir der Leiter der Hauptabteilung Archivwesen, Abteilung Oktoberrevolution, daß es in diesem Archiv und in anderen künftig möglich sein wird, so zu arbeiten, wie es in jedem Archiv üblich ist. Das ist eine gute Nachricht. Aber es gibt – wie bei dem Witz von der guten und schlechten Nachricht – auch einen Pferdefuß. Als ich dem Genossen über diese Frau erzählte, nach der ich recherchierte – Sie wissen, sie hatte fünf Männer, eine unbedeutende Tatsache, auf die sich aber viele Leute bis heute kaprizieren –, und als ich sagte, daß sie mit der Kollontai befreundet war, meinte er: Das kann ich mir vorstellen, die hat ja auch immer die Männer gewechselt.

Übrigens, da ja hier auch Interessen angemeldet werden können: Ich würde mich freuen, wenn von Alexandra Kollontai ein paar Bücher mehr bekannt wären. Ihr interessantes Buch über Arbeiterklasse und neue Moral mußte ich in Westberlin in der Bibliothek suchen, dabei ist es ein Werk, mit dem wir uns durchaus zu unserem Nutzen kritisch auseinandersetzen sollten.

Zum Schluß mein Hauptanliegen: Ich möchte Euch vorschlagen, daß unsere Arbeitsgruppe dem Kongreß vorschlägt, ein Solidaritätstelegramm zu verabschieden. Am 30. Oktober wurden in Chile achtundsiebzig Künstler von einem Geheimkommando bedroht, bis zum 30. November das Land zu verlassen, andernfalls würden sie ermordet werden. Es handelt sich vor allem um Schriftsteller und um Schauspieler. Viele von ihnen sind Menschen, die das Recht auf Leben in ihrer Heimat beim Wort genommen haben, die als ehemalige Emigrierte zurückgekehrt sind. Unter ihnen ist zum Beispiel Patricio Bunster, ist auch ein Schauspieler, der in dem Film „Das wirkliche Blau" eine kleine Rolle sehr gut gespielt hat, er hat einige Jahre bei uns in Potsdam gelebt. Und ich glaube, uns ist bekannt, was für Leute es sind, die bei dem Wort „Kultur" die Pistole entsichern. Und dieses chilenische Mordkommando nennt sich „Kommando Nr. 130", es ist zuständig für das kulturelle Gebiet, ist direkt auf Kulturschaffende angesetzt.

Günther Rücker
Darf ich gleich fragen, wie wir praktisch vorgehen wollen? Formulierst Du einen Entwurf?

Christiane Barckhausen
Ja.

Günther Rücker
Sehr gut. Danke. Ich habe noch drei Wortmeldungen vorliegen: Gisela Steineckert, Günther Cwojdrak und Klaus Günzel. – Zur Verfügung steht noch eine knappe halbe Stunde Zeit. Also zunächst Gisela Steineckert.

Gisela Steineckert
Ich ermahne mich zur Kürze und sage, daß ich weder etwas aufgeschrieben habe, noch wird mein hoffentlich kurzer Beitrag sich durch Eingängigkeit auszeichnen. Mich beschäftigt etwas, das zur Glätte nicht kommen kann im Moment. Hermann Kant hat gestern gesagt: „Wenn man sich bewegt, bewegt man mehr als sich." Ich denke an ein anderes Wort: Wer an sein Hasenherz nicht glaubt, wird sein Löwenherz nie kennenlernen.
In diesem Zusammenhang bitte ich euch: Scheltet die Jungen nicht, wenn sie sich nicht in genügender Anzahl auf unserem Schriftstellerkongreß zu Wort melden. Es ist schwer. Man darf

vielleicht auf Toleranz hoffen, nicht auf Akzeptanz. Wir haben hier die Schelte an Waldtraut Lewin gehört. Mir gefällt das nicht; soll man doch zuhören, was der andere sagt, und sich daraus nehmen, was man gebrauchen kann.

Ich habe mich sehr gefreut, daß Hermann Kant gestern über Wenzel und Mensching gesprochen hat. Es war nicht nur ermutigend, wie er es gesagt hat, es war auch sehr wichtig, daß er es gesagt hat. Ich komme gerade von den Chansontagen in Frankfurt an der Oder, wo sich mehr als hundert Liedermacher getroffen haben. Mich interessierte nicht sehr, ob ihre Gitarre gestimmt war – sie ist es meistens –, mich interessierte, was sie für Gedanken hatten, und zurückgekehrt bin ich von dort, darüber nachdenkend, wie man ihnen helfen kann zu begreifen: Niemand wird dir abnehmen, daß du einiges vergessen mußt von dem, was man dir gesagt hat, wie es zu sein hat. Du mußt schon schlotternd vor Angst und zugleich zitternd vor Wut sein, um dich auszusprechen. Was wir ihnen als Gesellschaft mitzugeben haben auf den Weg, ist nicht unbedingt die eigene Identität; wir haben ihnen die Geschichte beschönigt, haben sie ohne Ecken und Kanten übermittelt, und sie hatten sie zu lernen, um auf eine Eins zu kommen. Es wäre besser und wichtiger gewesen, wir hätten ihnen die Geschichte erzählt als eine an Widersprüchen, Opfern und Irrtümern reiche, dann würden sie verstehen, daß diese Zeit jetzt ebenfalls eine an Opfern und Widersprüchen reiche ist, und sich nicht so schwer tun, zu reflektieren, daß sie es so empfinden.

Wenzel und Mensching schrieben uns ein Beispiel dafür, daß die Jungen sich mit Wissen aus der Naivität herausbegeben und nicht nur über Gefühle reflektieren, sondern sich der Mühe unterziehen, das in der Schule lustlos Angelernte jetzt mit Lust zu begreifen – ein mühseliger Weg. Und da helfen Wenzel und Mensching wiederum, weil wir da einen Maßstab haben, den wir direkt von den Jungen ableiten können.

Vorhin fielen die Worte „Scham" und „Trauer". *Jetzt* ist die Zeit, sich zu schämen. Wir könnten lange darüber streiten, und ich würde gern in einem Aktiv, das den gleichen Titel trägt wie diese Arbeitsgruppe, über die hier zur Sprache gekommenen

Probleme weitersprechen; das Thema könnte sein: Auf der Suche nach Rat.

Wir müssen uns von den Jungen jetzt Fragen gefallen lassen, die die Fähigkeit zur Trauer ebenso betreffen wie die Notwendigkeit der Scham. Wenn die Jungen fragen, wieso mischen wir uns auf einmal in die Angelegenheiten souveräner anderer Staaten, während wir, ebenfalls souveräner Staat, von uns gewiesen haben, uns in unsere Angelegenheiten hineinreden zu lassen. Sie meinen damit einen Film, der auf diesem Kongreß schon mehrmals eine Rolle gespielt hat, und sie wundern sich darüber, daß wir auf einmal ein fremdes Fernsehen rezensieren, und fragen, wird das nun eine ständige Einrichtung, oder machen wir das nur dann, wenn es uns paßt?

Jetzt müssen wir die Frage beantworten, warum es uns bei den Jungen auf Artigkeit mehr ankam als auf Eigenart, und ich denke, daß wir in einer Gesellschaft leben, die ja offensichtlich doch einiges Nischenhafte an sich hat. Was in Frankfurt/Oder großes Erschrecken hervorrief, wäre hier ein Satz, bei dem niemand hochguckte.

Wenn wir *jetzt* nicht begreifen, wenn wir uns *jetzt* nicht darin üben, uns der Dinge wirklich anzunehmen, die wir bemerken, sehen und erkennen, schaffen wir Bedingungen für Entwicklungen, die uns einmal dazu bringen können, daß wir von Scham und Trauer reden müssen.

In Frankfurt/Oder hat die Beratergruppe den Preis des Ministers, den höchsten Preis, an einen jungen Arbeiter gegeben, der Amateur ist und keinem der ausgeschriebenen Kriterien entsprach, Gundi Gundermann. Vor zwei Jahren hat er Fragen eines jungen Arbeiters gestellt und Antwort verlangt. Es handelte sich um Fragen zur Produktion im Braunkohlenwerk, zum Verhalten der dortigen Leitung, es ging um Unehrlichkeit. Obgleich der Zentralrat der FDJ dagegen protestiert hat, wurde er aus der Partei ausgeschlossen. Man hatte vor, ihm nach Frankfurt im Bezirk Cottbus alle Auftritte zu verbieten – er kann ja in Dresden oder in Berlin auftreten! Ich habe sein Programm gehört: Etwas so Ehrliches, Überzeugendes, Waches und Neugieriges habe ich lange nicht zu Ohren bekommen. Ich empfinde Dankbarkeit gegenüber solchen nachwachsenden Kollegen wie Wenzel, wie Mensching, wie Gundermann. Wir können uns da Kraft holen.

Günther Cwojdrak

Ich möchte ein paar Bemerkungen machen zu einem Punkt unserer Diskussion, der mich besonders interessiert hat; er betrifft die Beziehungen zwischen Zeitgeschichte, Zeitdokument und Zeitliteratur. Ich habe zum Beispiel nicht gewußt, daß dieser Fallada-Roman mit den Akten des Volksgerichtshofes so eng zusammenhängt. Und ich möchte nicht nur den Fallada lesen können, ich möchte auch die Akten des Volksgerichtshofes lesen können, die damit zu tun haben.

Ein anderes Beispiel zeigt die Verknüpfung von Zeitgeschichte und Zeitdokument vielleicht noch enger und auch die produktive Wechselwirkung, die da möglich wäre: Vor etwa zwanzig Jahren erschien bei uns Robert Merles Roman „La Mort est mon métier" – „Der Tod ist mein Beruf", die Geschichte des Kommandanten von Auschwitz, Rudolf Höss. Kurz nach dem Krieg ist seine Autobiographie erschienen – in Polen und inzwischen auch in anderen Ländern, bei uns aber nicht. Ich habe vor zehn Jahren schon einmal nachdrücklich dafür plädiert, daß man das Buch von Höss auch hier veröffentlichen möge. Nicht nur wegen dieses Einzelfalls, sondern wegen der Methodik, wegen der brachliegenden Möglichkeit, die Wechselwirkungen, von denen ich sprach, für uns produktiv zu machen.

Ich bin überhaupt der Meinung, daß wir im ganzen gesehen zu wenig Dokumente veröffentlichen, die uns helfen können, die Vergangenheit in ihrer Struktur, in ihrer Zusammensetzung zu erkennen. Das kann die Literatur nicht allein leisten, denn sie ist doch von vielerlei Vorarbeiten, Zuarbeiten, Zusammenhängen abhängig. Ich wünschte, daß wir auf diesem Wege ein kleines Schrittchen weiterkommen.

Ich denke, es gilt dieses Wechselverhältnis überhaupt für Zeitgeschichte. Das bemerkenswerte Buch von Werner Mittenzwei, die Brecht-Biographie, ist gleichzeitig ein Stück Zeitgeschichte ein Stück Historie, ein Stück Literatur, Essayistik; es enthält bemerkenswert viele Informationen, die bisher nur fragmentarisch bekannt waren. Das ist ein Beispiel. In dieser Hinsicht gäbe es viel aufzuarbeiten.

Hier ist schon mehrmals Goethe zitiert worden. Ich ziehe Lichtenberg vor, jedenfalls in diesem Zusammenhang. Dieser kleine, bucklige Physikprofessor aus Göttingen, den ich für einen der scharfsinnigsten Leute seines Jahrhunderts halte, hat sinngemäß gesagt: Der Mensch lebt an drei Stellen: in der Vergangenheit, in der Gegenwart und in der Zukunft; und wenn eine dieser drei Stellen nichts taugt, kann er unglücklich werden.

Nun können wir die Vergangenheit nicht mehr reparieren; die ist so, wie sie war. Aber zum Wohlbefinden in der Gegenwart kann beitragen, daß wir diese Vergangenheit transparent machen, daß wir sie für uns nutzen, daß sie zu dem gehört, was für uns tauglich ist. Und dazu, finde ich, sollten wir alle etwas tun, jeder ein bißchen.

Klaus Günzel

Ich möchte nur drei Gedanken äußern, die mir während unserer Diskussion am heutigen Vormittag gekommen sind. Der erste beruht auf meiner langjährigen Arbeit, der ich als Bibliothekar an der – wie ich immer sage – literarischen Basis nachgegangen bin. Da kamen täglich junge Menschen und verlangten historische Bücher, historische Belletristik; sie wollten durch diese Lektüre nichts anderes tun, als ein Defizit auszugleichen, das ihnen die Schule hinterlassen hatte. Viele von ihnen haben den Eindruck, daß sie, was Geschichtsbewußtsein oder Geschichtskenntnisse im elementaren Sinne betrifft, einfach zu kurz gehalten werden. Darum, glaube ich, lesen auch sehr viele jüngere Menschen historische Belletristik, sie lesen sie nicht in erster Linie, um geschichtsphilosophische Gedanken durchgespielt oder verfremdet zu sehen, sondern um sich auch und vor allem in den Besitz von Informationen und von Kenntnissen zu bringen, die sie anderswo nicht finden können.

Der zweite Gedanke knüpft an das an, was Günther Cwojdrak sagte. Es ist eine Tatsache, daß viele Menschen im Hinblick auf die Sekundärliteratur mißtrauisch geworden sind. Es gibt ältere Leute, die sahen sich im Laufe eines langen Leserdaseins drei- oder viermal genötigt, zum Beispiel ihr Goethebild grundlegend zu revidieren. Schon aus diesem Grunde gibt es – nicht nur in der DDR – ein wachsendes Bedürfnis, zusätzlich auch Dokumentarisches zu lesen, also Literatur, die nicht durch die Filter der Nachgeborenen gegangen ist. Ich möchte das, was Günther Cwojdrak soeben angeregt hat, sehr unterstützen.

Der dritte Gedanke knüpft wiederum an den ersten an. Ich glaube, daß nur sehr wenige Leser in der historischen Belletristik Geschichtsphilosophie suchen, ich meine, daß der Leser von heute sich am ehesten in diesen Büchern wiederfindet, wenn er in ihnen die großen und die einfachen Dinge des Lebens dargestellt oder auch personifiziert sieht, die uns beschäftigen wie die Menschen vor Jahrhunderten oder gar vor Jahrtausenden. Ein Kosmonaut, der heute in den Weltraum befördert wird und nach schwierigen Experimenten an Bord auf unsere Erde zurückkehrt, der unterscheidet sich sicherlich in sehr vielen Gedanken und Einsichten von einem Hirten, der zur Zeit des Perikles seine Schafherde über den Peleponnes getrieben hat. Das ist nicht zu leugnen. Aber wenn der Kosmonaut nach seiner Rückkehr auf die Erde in eine Liebesgeschichte verstrickt wird, die für ihn unglücklich endet, wird er auf dieses Erlebnis möglicherweise ganz ähnlich reagieren wie der Hirte, der zur Zeit des Perikles in Griechenland gelebt hat.

Wir überlegen immer wieder, was sich alles geändert hat im Laufe der geschichtlichen Entwicklung. Es ist unendlich viel. Aber es gibt auch ganz große einfache, menschliche Phänomene, Grundbefindlichkeiten, die geblieben sind. Sie werden die Menschen der verschiedenen Generationen und Gesellschaftsformationen immer wieder im gleichen Sinn bewegen, und sie müssen immer wieder aufs Neue bewältigt werden, an ihnen werden Menschen aber auch immer wieder scheitern. Ich glaube, daß wir Literaturmacher nicht zuletzt dazu aufgerufen sind, gerade diese Zusammenhänge in unseren Büchern zu gestalten.

Günther Rücker

Es folgt Uwe Berger. Er möchte etwas Ergänzendes zu Günther Cwojdrak und Waldtraut Lewin sagen. Weitere Wortmeldungen liegen nicht vor.

Uwe Berger

Ein Satz zu Günther Cwojdrak und zwei Sätze zu Waldtraut Lewin. Ich war vor einem Jahr mit einer Regierungsdelegation unter Peter Lorf in Auschwitz. Dort habe ich mir eine Dokumentation in deutscher Sprache gekauft, „Auschwitz in den Augen der SS", mit Berichten von Rudolf Höss und anderen. Die Museumsführerin, eine alte Frau, deren Angehörige in Auschwitz umgebracht worden sind, benutzte nur Argumente und Aussagen der SS, um uns die ganze furchtbare Szene zu erklären, die wir vor Augen hatten. Ich muß sagen, es hat mich unbeschreiblich bewegt. Ich finde auch, daß diese Dokumente den Faschismus so charakterisieren wie kaum etwas anderes. Waldtraut Lewin sprach schön und originell von der Respektlosigkeit und der Demut des Autors gegenüber der Geschichte. Ich meine, das ist sehr elegant formuliert. Eigentlich ist damit gesagt, wovon hier auch in anderer Weise die Rede war, nämlich von der Dialektik der Phantasie und der Fakten. Schon bei Aristoteles ist zu lesen, Kunst stelle nicht bloß dar, was geschehen ist, sondern lasse uns sehen, was möglich wäre und hätte geschehen können. Das heißt, es geht bei der historischen Erzählung um die Fiktion im Rahmen des Wahren, relativ Wahren. Dazu gibt es einen wunderbaren Ausspruch von Maxim Gorki in einem Brief an Juri Tynjanow, der ein Buch über Alexander Gribojedow geschrieben hat. Gribojedow, ein Zeitgenosse Alexander Puschkins, war Dekabrist und wurde als Gesandter des Russischen Reiches in Persien ermordet. Gorki äußert sich zu dem Buch und schreibt unter anderem: „Gribojedow ist ausgezeichnet gelungen, obwohl ich ihn mir nicht so vorgestellt habe. Aber Sie haben ihn so überzeugend dargestellt, daß er wahrscheinlich so war. Und wenn er auch nicht so war, jetzt wird er so sein."

Günther Rücker

Damit sind wir am Ende, es gibt keine Wortmeldungen mehr. Wir sind gut, wir haben die uns zur Verfügung stehende Zeit genutzt und eingehalten.

Das Solidaritätstelegramm, das Christiane Barckhausen vorschlagen wird, übergeben wir der Redaktionskommission, damit es vom Plenum verabschiedet werden kann.

Kein Schlußwort. Ich werde mich bemühen, alle hier vorgebrachten Gedanken zusammenzufassen und morgen im Plenum vorzutragen.

Wir sind zwei Minuten über die Zeit. Es war ein schöner Vormittag.

Arbeitsgruppe III
Literatur und Welt

Max Walter Schulz
Ich begrüße Sie, liebe Kolleginnen und Kollegen, ganz herzlich hier in der Arbeitsgruppe „Literatur und Welt". Wir möchten uns in den nächsten vier Stunden über dieses uralte, immer wieder neue Thema ein wenig verständigen und selbstverständigen. Im Grunde ist damit gemeint: der Schriftsteller und die Welt. Literatur an sich ist etwas Anonymes. Doch sie wird von Individuen gemacht. Und was hier möglicherweise gedacht und gesagt werden kann, wird wohl doch ein sehr subjektives Verhältnis zur Welt zum Ausdruck bringen, wie sie heute beschaffen ist, auch, wie wir sie mit unseren sehr bescheidenen Möglichkeiten mitgestalten möchten.

Ich möchte, um dem Ganzen doch ein wenig ins neue Denken, ins Zeitkolorit zu verhelfen, einen Gedanken voranstellen, der kürzlich von Gorbatschow geäußert wurde. Es sind die Schlußsätze seiner Rede vor den Vertretern der Parteien und Bewegungen anläßlich des 70. Jahrestages der Oktoberrevolution. Da heißt es: „Neues Denken bedeutet auch neue Moral und neue Psychologie. Es ist darauf orientiert, daß jeder Mensch zwar Bürger seines Landes, Mitglied seiner Partei, einer wie immer gearteten fortschrittlichen nationalen Bewegung bleibt, gleichzeitig aber seiner Verantwortung dafür bewußt werden muß, wie die Welt insgesamt aussehen und ob es sie überhaupt noch geben soll."

Ich erinnere daran, daß dieses Denken auch von Lenin herrührt. In einer Rede vor Teilnehmern des Treffens am Issyk-Kul, bedeutenden Schriftstellern aus aller Welt, im Herbst 1985 verwies Gorbatschow auf ein Lenin-Zitat. Dort heißt es sinngemäß, daß es immer noch etwas gibt, was über das Klasseninteresse hinausweist – das ist das Menschheitsinteresse.

Im heutigen Zustand der Welt ist Menschheit wohl ein weitaus konkreterer, näherer, anschaubarerer Begriff geworden als etwa zu jener Zeit, da Goethe zum ersten Mal von Weltliteratur gesprochen hat, mit der Begründung, daß in jedem Menschen Poesie wohne und das Allgemeinverständige sich auf die Welt, auf alle beziehe.

Dieser Zusammenhang zwischen dem einzelnen, seinem Land, seiner Nation, seiner Gesellschaft und der Menschheit ist heute das, worüber Literatur vordringlich etwas zu sagen hat. Ich las neulich eine schöne Titelzeile in der „Jungen Welt". Ein Interview mit einem Pastor aus Marzahn trug die Überschrift: „Nationalität: deutsch – Staatsangehörigkeit: DDR – besondere Kennzeichen: meine!" – Ich fand das eine sehr kluge Überschrift, und von diesen Kennzeichnungen aus sollten auch wir versuchen, zum Thema zu kommen.

Karl Mickel hatte sich bereit erklärt, seinen Diskussionsbeitrag als Grundlage für unser Gespräch zu unterbreiten. Bitte, Karl Mickel.

Karl Mickel

In den letzten Jahren ist unsere Arbeit uns fragwürdig geworden. Wir fragen uns, ob die Welt, wie sie wirklich ist, in unseren Schriften vorkommt. Würde zum Beispiel ein Schwarzafrikaner, vorausgesetzt, er könnte sie lesen, sich für die Bücher interessieren, in denen wir unsere Landessitten beschreiben? Ist noch Literatur möglich, die auf nationale Gehalte sich beschränkt und deren Adresse die Nation ist? Oder, konträr gefragt: Inwieweit enthalten die Gegenstände unsres Erfahrungs- und Reflexionsbereichs symptomatisch oder symbolisch die Charakteristika des gegenwärtigen Welt-Prozesses? – Wenn heute, oft und mit Recht, gesagt wird, die Welt sei eine Einheit, so bedeutet das: Die Menschheit ist zum einheitlichen Geschichtsprozeß zusammengetreten, der in ungeheuerlichen Widersprüchen sich bewegt. Das heißt, die Einheit der Welt ist definiert als Austrag ungeheuerlicher Widersprüche, eben diese Widersprüche sind die Einheit.

Ich will versuchen, gestützt auf allgemein zugängliche Literatur, ein Bündel dieser Widersprüche zu benennen, um dann zu fragen, wo unsere Arbeit ansetzen könne.

1

Der Widerspruch zwischen dem Überlebensinteresse der Gattung und dem Überlebensinteresse der Rüstungsindustrie. Die Hochrüstung zweckt keinesfalls auf Verteidigung und auch, glaube ich, nicht unbedingt auf aktuelle Weltkriegsvorbereitung ab. Es handelt sich, scheint mir, um eine Art Spekulation à la hausse. Solche Spekulationen müssen, bei Strafe des Zusammenbruchs, in potenzierter Eskalation erhalten werden. Das jedoch ist unmöglich, man schiebt den schwarzen Freitag immer nur vor sich her; vielleicht fällt das Weltende auf den Donnerstag. – Das Dilemma signalisiert einen tiefen innerkapitalistischen Widerspruch. In der Brust des Kapitals streiten seit eh und je zwei Seelen: die eine wünscht solides Investieren, das heißt stabile Reproduktion der Ausbeutung, die andre liebt riskante Gewinne, das heißt spekulative Ausbeutung des Reproduktionsprozesses. Die letztere, die spekulierende Seele, die Spielernatur des Kapitals, ist, denke ich, gegenwärtig hypertrophiert. – Aus der militär-technologischen Spekulation ergibt sich – und ich kürze den Zusammenhang jetzt sehr ab –:

2

Der Widerspruch zwischen den gewünschten Zwecken massenhaft angewandter neuer Technologien und ihren, noch so genannten, Nebenwirkungen. Alle Technologien, das heißt Eingriffe der Menschen in Naturprozesse, haben unbeabsichtigte Effekte gezeigt, die teils Keime künftiger Verfahren bildeten, teils als Schaden des Nutzens in Kauf genommen und, eher unbewußt, gesamtgesellschaftlich bilanziert wurden. Gegenwärtig, scheint mir, kompensiert der Schaden den Nutzen, oder er überkompensiert ihn. Und auch der Nutzen selbst muß definiert werden als Nutzen für wen. Rüstungstechnologien dienen dem großen Geld (das ist der gewünschte Zweck), sie treiben, zum Exempel, den Energiebedarf hoch, der dann auf wiederum riskante Weise gedeckt wird. Das ist der aktuelle Effekt, den wir als Nebenwirkung nicht länger abtun können. Wir haben den Schaden des Schadens. Selbstverständlich sparen Hochtechnologien auch Energien, und es können Hochtechnologien zwecks Energieersparnis entwickelt werden. Werden sie aber energisch genug entwickelt? Ist die Relation bilanziert worden? Ist sie schon bilanzierbar? – Der technische Parforce-Ritt hypertrophiert den moralischen Verschleiß. Das heißt: Produktionsinstrumente werden ausgegliedert, bevor sie physisch verschlissen sind, also ihren Wert auf die Produkte übertragen haben. Ein gewisses Maß moralischen Verschleißes war und ist reproduktionskonform, aber es gibt eine Sättigungsgrenze, jenseits deren das Innovationstempo dem industriellen Reproduktionsprozeß unbekömmlich wird. (Anmerkung: Das ist für die DDR heute, wir wissen es, kein unmittelbares Problem; es dringt aber, über die weltwirtschaftlichen Verflechtungen, äußerst schmerzlich, als ökonomischer Zwang, auf uns ein.) – Den Terminus zweite industrielle Revolution – statt wissenschaftlich-technische Revolution – halte ich für glücklich. Wie das 18. und 19. Jahrhundert die Handarbeit geteilt und durch Maschinenarbeit ersetzt hat, teilt das 20. Jahrhundert die Kopfarbeit. Ein umfängliches Intellektuellenproletariat bildet sich heraus. Zu dieser Schicht gehört, wer arbeitsteilige geistige Verrichtungen ausübt und seine Arbeitskraft verkauft. (Arbeitskraft ist, nach Marx, Muskel-, Hirn- und Nervenkraft.) Komplizierte Qualifizierungs- und Dequalifizierungstendenzen durchdringen einander. Welche sozialpsychischen Eigenheiten wird dieses Intellektuellenproletariat an den Tag legen? – Aus beiden genannten Widersprüchen folgt:

3

Der Widerspruch zwischen, weltwirtschaftlich gesehen, wachsendem hohem Mehrprodukt und Akkumulation des Hungers. Gegenwärtig entfallen, so formulieren das die Statistiker, auf einen Satten 2,85 Hungernde. Die Zahlen über Hungertote schwanken von sechs Millionen pro Jahr bis fünfzig Millionen pro Jahr. Eine Hochrechnung vermutet, das Verhältnis voller Bauch/leerer Bauch werde in vierzig oder fünfzig Jahren 1:8 betragen (wir sprechen von Menschen). Das ist keine Frage der Produktivkräfte an sich. Wer die Verelendungsfrage national-ökonomisch untersucht, mag, trotz der neuen Armut in den kapitalistischen Industrieländern, an der Theorie der absoluten Verelendung zweifeln. Wer die Verhältnisse des Planeten betrachtet, sieht die Lehre, Marx würde sagen: auf das glänzendste bestätigt.

Alles das stellt, nahezu bewußtlos, sich selbst dar in:

4

Dem Widerspruch zwischen – technisch zeitgemäßer, ästhetisch perfekt standardisierter – Unterhaltungsindustrie und geistigem Potential der Volksmassen. Produktenwerbung und Produktion exogener Debilität sind einander gleichermaßen Zweck und Mittel. Es geht den sogenannten Medien (ein spiritistischer Ausdruck!) heute nicht um Fall-zu-Fall-Apologetik: die Sendungen (was für ein Wort!) lähmen die Energie, die das apologetische Netz, wenngleich nur hin und wieder, zerrissen hat und gelegentlich zerreißen kann. Es ist nicht das schlimmste an, zum Beispiel, den Serien-Krimis, daß sie die Polizeibrutalitäten human aufschminken – nein, sie paralysieren Vorstellungskraft und Konzentrationsvermögen. Ich hörte von einer Amerikanerin, die hierzulande, in der DDR, einen einheimischen Fernsehfilm sah; aller zwei Minuten erlitt sie einen kleinen nervösen Zustand und war nach zwanzig Minuten unfähig geworden, dem simplen Bildschirmgeschehen weiter zu folgen. Es waren Entzugserscheinungen, ihr fehlten die Werbe-Spots. Der Extremfall scheint mir aber doch symptomatisch. Fünfundvierzig Minuten Aufmerksamkeit könnten, fürchte ich, balde als Spitzenleistung gelten. – Ich sehe in Radio und Fernsehen und all dem, was sich im Zusammenhang mit den elektronischen Kommunikationstechniken entwickelt, durchaus auch das neuartige Kunst-Instrumentarium. Ein Komponist könnte darüber sprechen, was für ein Vergnügen es ihm macht, während des Spiels die Standorte des Orchesters zu variieren und die Klänge gezielt im akustischen Raum zu wechseln. Bild-Ton-Speicher wären, zum Exempel, die idealen Publikationsmittel für Ernst Jandls Gedichte, die schriftlich notiert nur unvollständig mitgeteilt werden, und Jandls Texte eben sind ja der Spiegel, in welchem die spukhafte Medialsprache materiell wird, ihr wahres Wesen preisgibt, ihren Gehalt erfährt. (Anmerkung: Vorige Woche las Ernst Jandl hier in Berlin. Das „Neue Deutschland" brachte eine faire 16-Zeilen-Meldung. Man kann das in Relation sehen zu dem Umfang, mit dem Show-Stars Kritiken erfahren. Die Überschrift lautete: „Ernst Jandl bot Wortspielereien". Ich glaube, das ist beschämend und muß korrigiert werden.)

Was hilft die Kenntnis dieser Widersprüche unserer Arbeit? Eine allgemeine Antwort ist leicht gegeben. Marx gab sie Weitling: Dummheit hat nie jemandem genützt! – Bevor ich aber eine spezifische Antwort versuche, die keine Antwort sein wird, müssen wir eine zusätzliche Schwierigkeit ins Auge fassen: Die Selbstdarstellung, von der ich sprach, ist nicht in die lemurische Mediensphäre gebannt. Der Kampf der Widersprüche selbst nimmt eigentümliche ästhetische Gestalt an. Ich zitiere Prof. Boris Rauschenbach, Mitglied der Akademie der Wissenschaften der UdSSR, nach „Wissenschaft und Fortschritt", Heft 10/1987, über das SDI-Programm: „Angenommen, ein kosmisches Kampfsystem bestünde z. B. aus 40 Satelliten, und es gelänge der gegnerischen Seite, bis zu 10 von ihnen zu vernichten. Dann müssen beim Planen der Software die verschiedenen Varianten der Kampfhandlungen abhängig davon vorausgesehen werden, wie viele und welche Satelliten des eigenen kosmischen Systems außer Gefecht gesetzt sind. Man kann errechnen, daß es über 350 Millionen Varianten gibt. Und schon wenn nur ein weiterer Satellit nicht mehr arbeitet, überschreitet die Anzahl der zu untersuchenden Varianten die Ein-Milliarden-Grenze! Diese schwindelerregend wachsende Lawine von Varianten zwingt dazu, die Varianten zu geeigneten Gruppen zusammenzufassen, also nicht die entfernten Auswirkungen jeder Variante zu verfolgen. (Wollte man dies tun, müßte man die Handlungsvarianten nicht nur abhängig von eigenen Verlusten, sondern auch von möglichen Verlusten der gegnerischen Seite verändern.) Jede nicht konsequent bis zum Ende behandelte (oder behandelbare) Variante der Kampfhandlungen kann jedoch indirekte Folgen in sich bergen, die dem schwersten Fehler gleichzusetzen sind. Hier ist die Analogie zu einer Schachpartie angebracht: Ein Zug, der natürlich und gut erscheint, kann in Wahrheit die Partie verderben. Das wird aber erst nach Dutzenden von Zügen klar."

Rauschenbach beschreibt eine neue Qualität des uralten Theaters, des rituellen, welches Publikum und Akteure nicht trennt; ein jeder schaut, ein jeder agiert. Im modernen strategischen Spiel, in dem, des Rechentempos halber, die beteiligten Computer nur noch von Computern beobachtet werden können, die bekanntlich dumm sind, fallen Spaß, Selbstverständigung, Katharsis aus, obwohl ein ästhetisches Ereignis nach allen Regeln der Kunst stattfindet: das Wechsel- und Widerspiel verquickter Möglichkeiten. Die Kämpfe früherer Jahrhunderte hatten wahrlich auch ihre ästhetische Seite gehabt; neu ist, daß jetzt die Modelle des Kampfes ebenso realer Kampf wie sich selbst genügende Darstellung desselben sind, als Kunstwerke betrachtet: l'art pour l'art reinsten Wassers. Die Sandkastenresultate wurden immerhin noch von Generalen beurteilt: nun waltet permanent die Dramaturgie des klassischen Kriminalromans, mit dem Unterschied, daß wir, die wir uns Schreiber oder Leser, General oder Muschkote dünken, nirgendwo als in den Disketten vorkommen.

Ich erinnere an die Eingangsfrage: ob die Welt, wie sie wirklich ist, in unseren Schriften vorkommt? Vorschläge, wie wir uns behelfen möchten, kann ich nicht tun. Es gibt in der Literaturgeschichte durchaus große Beispiele dafür, daß Epochenumbrüche auf direkte Weise poetisch dargestellt wurden. Es gibt aber auch Beispiele dafür, daß die Selbstdarstellung der Welt in den Kulminationspunkten ihrer Auseinandersetzung diese Direktdarstellung verhindert hat. Das ist ein Problem, das jeder von uns in seinem Leben, an seinem Schreibtisch für sich zu entscheiden suchen muß. Also: Vorschläge, wie wir uns behelfen möchten, kann ich nicht tun. Jeder von uns geht seinen individuellen Weg, der die Wege seiner Väter und Vorväter fortsetzt. Es wäre Unsinn, eine ästhetische Stunde Null zu postulieren.

Aber prüfen, ob und inwieweit wir uns in Quisquilien verrannt haben: das müssen wir.

Ich denke, der erste Schritt, freilich nur dieser erste Schritt, ist die politische Selbstbesinnung. Das Minenfeld vor uns – so Genosse Gorbatschow – können wir mit annähernd heilen Knochen nur durchschreiten, wenn die Nationen und Klassen die berühmte Koalition der Vernunft schließen. Wir haben, und das ist ein Imperativ, den spezifischen Beitrag des Sozialismus – ich sage lieber: des Proletariats – einzubringen, der in der allgemeinen Anstrengung nicht sich auflöst, sondern als Agens sich behauptet. Ich glaube Niemandem, der mir sagt, der Klassenkampf sei verschwunden oder seine Triebkraft gemindert.

Um diese Selbstprüfung zu spezifizieren, stelle ich mir drei Fragen: Denken wir historisch? – Die DDR, wo unsere Schreibtische stehen, ist ein kleiner deutscher Staat. Wir könnten ihn so behandeln. Der aber ist, sub specie vanitatis: das Vor- und Prüffeld des Kommunismus in Zentraleuropa. Ich will über den historischen Blick nicht theoretisieren und nenne ein – leider noch kaum bekanntes – Werk, das ihn im Fleische mitteilt: Peter Gosses Gedicht „Verspielt in der Nuß". (Die Beispiele, die ich jetzt nenne, sind keine Antwort auf die gestellten Fragen, sie wirken eher – denke ich – fragverschärfend.) Also Peter Gosses Gedicht: „Verspielt in der Nuß". Sein Stoff ist nichts anderes als ein Bezirksklassen-Fußballspiel in Leipzig-Schleußig, sein Gegenstand allerdings ist: das proletarische Fest. Klarster Gedankengang in barocker Form, sittlicher Ernst und nachtwandlerische Heiterkeit. Ich könnte andre Texte nennen, indes, es macht mir Freude, hier auf ein unbemerktes Hauptwerk der DDR-Dichtung zu deuten; das Opus, NDL, Heft 2/1987, ist dreieinhalb Seiten lang.

Zweite Frage zur Selbstprüfung: Sprechen wir Urteile? Ich enthalte mich auch hier des Theoretisierens und zitiere eine chinesische Legende: „Es war einmal ein sehr armer Mann. Eines Tages begegnete er einem Reichen. Da sagte dieser zu ihm: Ich gebe dir 1000 Tael Silber, wenn ich dich, lebendig wie du bist, totschlagen darf. Der arme Mann dachte längere Zeit nach und sagte: Gib du mir 500 und schlag mich halbtot." Ich muß die Mehrdimensionalität dieser Legende hier nicht kommentieren.

Dritte Frage: Wie artikulieren wir? – Ein Journalist fragte Paul Dessau: Wie stellen Sie sich den Kommunismus vor? Dessau antwortete: Nicht laut. – Wir sollten sorgen, daß die leisen Stimmen nicht untersinken; die Stimme der Vernunft ist behutsam. Großes Geschrei hervorgerufen hat der Hollywood-Amadeus-Film. Gewiß, er ist massenwirksam, welche Ideologie aber hat da in die Masse gewirkt? Stille vorübergegangen ist die Mozart-Novelle von Friedrich Dieckmann „Orpheus, eingeweiht", ein Buch, das seit Jahren in den Buchhandlungen steht. Dieckmann hat das ästhetische Maß gefunden: der tektonische Bruch in einem Jahrhundert, dem 18., ist mit minimalem Aufwand zur Sprache gebracht. Drei Männer verlassen die Versammlung, zwei erörtern das Zeitalter. Windlicht, Kirchturm, Weinflasche und ein über den Tisch tanzendes Goldstück symbolisieren es. Das sind die Dinge, die auf den 84 Seiten genannt werden, sonst keine. Der Salto vitale in den Essay-Schluß bringt die novellistische Spitze. Eine verborgne Anspielung auf Goethes Schrift über den Granit enthüllt den festen Sinn des Erzählers. Ich bewundere das Buch.

Liebe Kollegen, habe ich zu oft „ich" gesagt? Ich gebrauche das Wort wie mein Freund Czechowski: „Ich, beispielsweise" lautet sein Buchtitel. Einer hat seine Ansicht ausgesprochen, er behauptet nicht, er habe recht. Er wird um seine Sätze debattieren und sie verteidigen, aber sich belehren lassen. Wie denn könnten wir uns verständigen, wenn nicht jeder sein Eigenes beitrüge?

Max Walter Schulz

Danke, Karl Mickel. Das war schon ein ganzes Paket von Gedanken, das man erst noch richtig auspacken muß. Aber es war sozusagen eine Wertsendung, mit deren Inhalt wir uns auch im einzelnen befassen können, soweit wir dazu angeregt worden sind.

Ich glaube, daß Karl Mickel in aller aufklärerischen Rationalität hier Wesentliches über den Zustand der Welt ausgesagt hat, auch Dinge, die möglicherweise vielen Schriftstellern, weil sie nicht so wissenschaftlich-rational zu denken belieben, gar nicht recht bewußt sind. Und über diese große Kälte da oben in den wirklich wissenschaftlich-technischen Oberleitungen und Bereichen wissen wir, weiß ich jedenfalls noch immer viel, viel zuwenig. Aber das bedeutet auch, daß Welt, wie sie heute ist, von der Literatur nicht unbedingt in aller Gegenständlichkeit erfaßt werden muß. Wer von uns, welcher Mensch überhaupt wäre heute noch imstande, eine Art Homo universalis darzustellen, wie das noch zu Zeiten Leonardo da Vincis, in der Renaissance, möglich war? Menschen, die annähernd über das gesamte Weltwissen verfügen, gibt es nicht mehr. Wir müssen uns innerhalb der Gattung in unsere Spezies einzuteilen verstehen und miteinander kommunizieren.

Auf der anderen Seite bleibt natürlich die Welt für die Dichtung immer noch – wie Anna Seghers sagen würde – ein Originaleindruck. Man sollte es sich einmal durch den Kopf gehen lassen: Wo überhaupt in meinem Leben ist mir so recht sinnenhaft zu Bewußtsein gekommen, wo habe ich letztlich sagen können: Das hier ist die Welt? Also ein sinnenhafter Eindruck, zu Karl Mickels Gedanken hinzugedacht, der ja dann mit den Verweisen auf Peter Gosse und auf Friedrich Dieckmann das der Literatur eigentlich Mögliche auch noch einmal akzentuiert hat.

Das Wort hat jetzt Rainer Kirsch, der zur Weltsituation und den Strategien der Schriftsteller sprechen wird.

Rainer Kirsch

Über den Satz: JEDER VERANTWORTUNGSBEWUSST DENKENDE HEUTE WEISS, DASS DIE WELTZIVILISATION BEDROHT IST. Prolegomena zur Strategie schriftstellerischen Arbeitens. Mit einer Nutzanwendung für die Medienpolitik.

Prolegomena ist ein griechischer Plural und meint: das zuvor zu Sagende; die in einem Gegenstand steckenden – meist verknäulten und daher wenig bedachten – Voraussetzungen desselben sollen ausgewickelt werden, auf daß der Gegenstand sachgemäß und ohne kindische Kurzschlüsse zu behandeln gehe.

1 Unter *Weltzivilisation* wollen wir verstehen ein Ensemble von a) *Lebensverhältnissen und Einrichtungen* (die als vorgefunden bis aufgezwungen erlebt werden) und b) *Verhaltensweisen* (vom einzelnen vorwiegend als „freiwillig", als Teil seiner selbst erlebt), deren Zusammenspiel halbwegs menschgemäßes Leben für Mehrheiten der Erdbevölkerung eben noch gewährleistet. Ein Beispiel für a) (zivilisierte Verhältnisse): Man kann, wenn ein Zahn wehtut, zum Zahnarzt gehen, der in der Regel Abhilfe schafft; ein Beispiel für b) (zivilisiertes Verhalten): Man greift, trägt jemand ortsunübliche Kleidung oder gibt ortsunübliche Ansichten kund, nicht zum Knüppel, sondern hält das fremde Bild aus. Es ist dies, wie Sie sehen, im Ganzen ein sehr reduzierter Begriff; die Utopie – der als wünschenswert gedachte Idealzustand der Menschheit – hat an ihm nur prozentweise teil; beschrieben wird, mit viel Freundlichkeit, der Status quo. Man mag einwenden, dieser – der gegenwärtige Weltzustand – sei schon so unerträglich, daß er als zivilisiert nicht mehr gelten könne, sondern barbarisch genannt werden müsse; mir scheint das eine unpraktische Redeweise. Denn solange schlimmere Varianten zur Gegenwart gedacht oder gar als ins Haus stehend befürchtet werden können, ist der heutige Zustand, wie immer unangenehm und bisweilen ekelhaft, vorzuziehen; ihn als barbarisch zu denunzieren lähmt das Denken über seine mögliche Verbesserung.

2 Der Satz *Jeder verantwortungsbewußt Denkende heute weiß ...* impliziert nun, die Menschheit lasse sich in drei Großgruppen einteilen: A) *nicht beziehungsweise kaum Denkende;* B) *Denkende mit mangelndem Verantwortungsbewußtsein;* C) *verantwortungsbewußt Denkende.* Wir wollen die Einteilung, wie grob sie ist, für methodisch sinnvoll nehmen. Das hieße:
a) Es gibt eine enorme Mehrheit von Menschen, die genetisch-biologisch zum Denken ausgerüstet sind, aber der Umstände wegen, unter denen zu leben sie gezwungen sind und/oder sich gewöhnt haben, „nicht dazu kommen"; die Anstrengung ihrer Gehirnkräfte beschränkt sich darauf, die Existenz für die näch-

sten Tage und Monate zu sichern. Bildungseinrichtungen, die zu weitersehendem Denken befähigten, nutzen sie nicht, weil keine da sind oder weil sie nicht gelernt haben, sie nutzen zu wollen; zudem ist ein Teil dieser Bildungseinrichtungen selber in betrüblichstem Zustand und weder fähig noch willens, denken zu lehren. Niedrig geschätzt, dürften zu Gruppe A achtzig Prozent der Weltbevölkerung gehören, vier Milliarden von fünf.

b) Eine beträchtliche Minderheit, vor allem in den Industrieländern zu Hause, hat nicht nur Lesen, Schreiben und einfaches Rechnen gelernt, sondern ist durchaus imstande, logisch zu folgern, sinnvoll zu abstrahieren, fremde, selbst eigene Urteile in Zweifel zu ziehen, das ist ansatzweise bis ernsthaft wissenschaftlich zu denken; der Gebrauch dieser nicht zu unterschätzenden Fähigkeit bleibt indes auf wenige „Anwendungsfelder" – meist auf Beruf, Hobby und den engeren Privatraum – beschränkt. *Denkende mit mangelndem Verantwortungsbewußtsein* meint daher nicht, den Betreffenden sei Verantwortung überhaupt fremd, sondern: Sobald es um – dem Wesen nach wenig augenfällige – Menschheitsangelegenheiten oder um übergreifende soziale Mechanismen, wie das Profitprinzip oder die Gefolgschaftstreue, geht, wird das wissenschaftliche Denken „ausgeschaltet"; an seine Stelle treten Vorurteile und Gefühlskonglomerate, die ein bequemes seelisches Grundbefinden sichern.

c) *Verantwortungsbewußtes Denken* hieße mithin im Kontext überlebenswichtige Menschheitsfragen nicht aussparendes Denken. Wir wollen die Gruppe, die solches Denken pflegt oder zu pflegen sich bemüht, auf zehn Prozent von Gruppe B schätzen, das wären einhundert Millionen, ein Fünfzigstel der Weltbevölkerung.

Anmerkung 1 Rein quantitative Betrachtung wird bei Gruppe C zu stärkeren Verzerrungen führen als bei den Gruppen A und B; in Rechnung zu stellen wäre zusätzlich die Ranghöhe (Einflußsphäre) Gruppenzugehöriger im Gemeinwesen. Zwanzig verantwortungsbewußt Denkende in der Zentrale eines halbwegs hierarchisch verwalteten Großstaates sind vermutlich

„wirkmächtiger" als zehntausend in untergeordneten Positionen befindliche (derer die zwanzig gleichwohl bedürfen). Das klingt hübsch, nur gilt leider umgekehrt: Drei bis fünf Hochweisungsberechtigte mit mangelndem Verantwortungsbewußtsein können eine erdweite Katastrophe auslösen, die nicht einmal ein Atomkrieg sein müßte. Es genügte ja, wenn die brasilianische Regierung beschlösse, die tropischen Regenwälder vollends abholzen zu lassen.

Anmerkung 2   In Gruppe A (*nicht* beziehungsweise *kaum Denkende*) fallen naturgemäß alle Kinder und Halbwüchsigen, von denen ein Teil die Chance hat, in die Gruppe B oder C „hineinzureifen"; doch stehen diesem auf den ersten Blick tröstlichen Vorgang so gut wie überall verquickte Geld- und Machtinteressen entgegen, insbesondere die Unterhaltungs- und Freizeitindustrie, die wesentlich auf Verdumpfung ihrer Kunden-Konsumenten, das heißt auf deren Verbleiben in Gruppe A, hinarbeitet.

Anmerkung 3   Unsere Einteilung spiegelt *nicht* die Zugehörigkeit von Ländern zur ersten, zweiten, dritten Welt; die Risse gehen quer durch die Gesellschaften. Doch dürfte sich das Verhältnis A:B:C in den drei „Welten" unterscheiden. Not lehrt beten, nicht denken; befriedigte Notdurft gewährleistet nicht menschheitsbezogenes Denken, bietet ihm indes Nischen und macht es wahrscheinlicher.

3   Der Genauigkeit halber sollten wir sagen, daß die *Bedrohung der Weltzivilisation* nicht „von außen" kommt (wo immer dieses Außen liegen sollte), sondern vornehmlich aus Strukturen und Wirkmechanismen dieser Zivilisation selber sowie aus Urteilsgewohnheiten und Verhaltensmustern, die bislang als zivilisiert angesehen wurden und werden, weil sich im großen und ganzen mit ihnen leben läßt. Sie, die Bedrohung, bildet sozusagen die aufgelaufene Kostenseite oder den entropischen Müll jener Ordnungen, die wir – mit Recht – als erhaltenswert und verbesserungsbedürftig betrachten; mit der Globalisierung der Menschheitsprozesse werden die Müllplätze eng, und der Unrat fliegt uns bei jedem stärkeren natürlichen oder politischen Wind ins Zimmer, wogegen manche, hier, noch immer

die Losung ausgeben: „Fenster zu! Augen zusammenkneifen! Feuchtes Tuch vor Nase und Mund!" Das ist ein Gebet, nicht wahr? Ich gebe zu, daß Beten manchmal hilft, wird es auf Dauer helfen? Den spaßigen Ton noch einen Moment beizubehalten: Das Wasser, das ich brauchte, Nase- und Mundschutz anzufeuchten, kommt, wo ich wohne, in Marzahn, in einer Qualität aus der Leitung, die es zum Teezubereiten ungeeignet macht, man muß es vorher filtern.

Zum anderen muß das drohende Verlöschen der Weltzivilisation sich ja keineswegs als Katastrophe vollziehen; Katastrophen, nämlich, haben immer auch etwas Tröstliches: sie sind da, und man ist weg, zusammen mit allen andern. Mit gleich großer Wahrscheinlichkeit kann sich die Vernichtung als Abbröckeln, als allmähliches Versanden, „einschleichen" – ein ermüdender, langsam krankmachender Prozeß, in dem, um Reste der Zivilisation zu retten, Position um Position derselben aufgegeben wird. Heiner Müller, ein hochprofessioneller Kollege, dessen Theoriegebäude ich sonst eher weniger schätze (und der auf diesem Kongreß leider nicht vertreten ist, weil er vor Jahrzehnten aus dem Schriftstellerverband ausgestoßen wurde: man muß sich einmal vorstellen, wer da über wen geurteilt hat), hat diese Sorte Bedrohung neulich auf die Formel gebracht, womöglich werde die Menschheit in naher Zukunft nicht mehr zwischen Krieg und Frieden, sondern nur noch zwischen Krieg und Barbarei zu wählen haben.

So weit reicht mein aufgeschriebener Text. Ich fahre improvisierend fort und bitte mindere Präzision der Formulierung zu entschuldigen.

4 Was nun wäre, das bisher Dargelegte als ungefähr zutreffend vorausgesetzt, eine für in der DDR wirkende deutsche Schriftsteller, die ich pauschal der Gruppe der *verantwortungsbewußt Denkenden* zurechne, einzuschlagende Strategie?

a) Meines Erachtens ist Gruppe A für jemanden, der schreibt, von vornherein verloren zu geben. Er hat keine Wirkmöglichkeiten in diese Gruppe hinein oder wenn, sind sie so gering, daß sie nicht ins Gewicht fallen. Ich sage das, weil eine Theorie umläuft, die ungefähr so geht: Diese kaum Denkenden sind einer ungeheuren Reizüberflutung durch idiotische Musik und primitive Filme und primitive Umgangsformen und so weiter ausgesetzt; die Strategie des Schriftstellers müsse nun sein, sozusagen eine Gegenreizüberflutung zu machen, um diese Leute überhaupt zu erreichen. Ich halte das für ein vergebliches und letzten Endes die Kunst verwüstendes und das eigene Talent vergeudendes Verfahren. So etwas kulminiert dann in Veranstaltungen, wie sie der Regisseur Zadek in Hamburg gemacht hat, wo man ein Theaterstück mit Musik bietet, gespielt von der Gruppe „Einstürzende Neubauten", und dazu Ohrenschützer an die Theaterbesucher verteilt. Derlei ist lustig – für jemanden, der davon liest – und bringt ein paar Zeitungsnotizen, aber es ist, denke ich, keine künstlerische Strategie; auch wenn man diese Strategie etwas milder faßt, als es Zadek getan hat.

Vielmehr müßte – bei gegebener Lage – die Grundstrategie eines Schreibenden sein, möglichst viele Leute von Gruppe B nach Gruppe C zu locken, das heißt, die ihr Denken auf wenige Punkte Beschränkenden zu einer Sehweise, die die Menschheitsprobleme berührt, zu führen. Wenn ich da die klassische Kunstdoktrin der romantischen vorziehe, ist das meine Sache. Mir scheint aber, daß diese Strategie von uns, die wir Deutsche sind, aber auch für Leute aus anderen Ländern, die mit uns eins sind in der Sorge um die Menschheitsfragen, zweierlei fordert: größtmögliche Präzision und Klarheit in der Darstellung unserer Gegenstände. Ich gehe hier nicht auf die Wahl der Gegenstände ein; Mickel hat gerade – an Gosses Fußballgedicht und Friedrich Dieckmanns Mozart-Novellette – gezeigt, wie regionale Gegenstände, mit Weitsicht behandelt, große Literatur ermöglichen können. Also Präzision, Durchsichtigkeit, Durchsichtigkeit, Durchsichtigkeit in der Behandlung der Gegenstände – und keine Laxheiten.

Das berührt sich mit der Sorge um die deutsche Sprache. Wer soll denn, wenn Glasnost angesagt ist, Transparenz, Durchsichtigkeit – wer soll deutsche Sprache als Instrumentarium bereithalten und anbieten, so daß sie gebraucht werden kann, wenn nicht die Kollegen der schreibenden Zunft?

Ein Letztes zu diesem Punkt: Wenn ich Klarheit sage, meine ich nicht, daß etwas sozusagen im Interesse der Massen vereinfacht werden müsse, sondern: daß das Komplizierte, so kompliziert es ist, auf die einfachste und verständlichste Weise und in der möglichst besten Sprache zum Leser zu bringen wäre.

b) Gestehen wir uns ein, daß die Weltlage ist, wie sie ist, muß auch die Zensur weiser werden. Wenn Politiker heute erfreulicherweise Verbündete da suchen, wo sie sind, auch wenn sie aus Traditionen kommen, die früher feindlich erschienen, müssen auch auf dem Gebiet der Literatur diese Verbündeten gesucht werden. Und meines Erachtens gibt es überhaupt keinen Grund, Kollegen, die, aus welchen Motiven immer, die DDR verlassen haben und in der Bundesrepublik, in Westberlin arbeiten und schreiben, hier nicht mehr zu verlegen. Es schiene mir dringend notwendig, dies wieder zu tun, auf daß das Übergesiedeltsein eine ebenso normale Sache wird, wie es heute bei Regisseuren, bei Schauspielern und bei anderen aus der Kunstbranche ist. Es gehört sich nicht, daß man Verbündete weggibt aus Beleidigtsein, weil wir ja hiergeblieben sind und die anderen nicht.

5 Zum Schluß zu den Medien, genauer: zum Hörfunk. Vor drei Jahren ist ein Herr Schiwy Intendant des Westberliner RIAS geworden und hat beschlossen, neue Hörer zu gewinnen. RIAS II, nunmehr, sendet Tag und Nacht Pop-Musik niedersten Anspruchs, Nachrichten haben so kurz und unanstrengend zu sein, daß niemand auf eine andere Welle wechselt, die Pflicht der Moderatoren zu grammatisch und phonetisch ordentlichem Deutsch ist aufgehoben. Den Rest üblicher Rundfunkarbeit versieht RIAS I, Kultur darf dort noch stattfinden, aber verkürzt. Die Reaktion unserer Medienpolitiker ist, daß man das Konzept kopiert. Damit sollen vor allem Jugendliche erreicht werden. Das heißt, man will den RIAS über-riassen. In diesem populistischen Konzept, das in unserer Medienpolitik dominiert, muß sich zum Beispiel Radio DDR II, das einen größeren Kulturanteil hat, fortgesetzt verteidigen, weil mit bestimmten Sendungen nur fünf Prozent der Hörer erreicht werden. Ich halte ein solches Konzept für falsch. Nicht, daß ich

mich hier gegen den Populismus stemmen will. Er ist da, man kriegt ihn sowieso nicht weg. Man muß sich nur darüber im klaren sein, daß es bei dem Niveau von Musik, die da angeboten wird – Musik ist nur ein Beispiel –, dann letzten Endes egal ist, ob die Leute den RIAS oder ob sie einen unserer Sender hören. Dreck ist Dreck. Ich plädiere – und meines Erachtens sollte das auch der Schriftstellerverband tun – für eine politische Berücksichtigung der kreativen Minderheit, für die ein Drittes Programm eingerichtet werden müßte, das den ganzen Tag nur Kultur sendet.

Max Walter Schulz

Es bietet sich eigentlich fast an, Rainer Kirsch zu bitten, er möge vorn sitzen bleiben, und Fragen an ihn zu stellen. Aber dann würden wir mit unserem Zeitplan zu sehr durcheinandergeraten, und es liegen ja noch viele Wortmeldungen vor, jeder möchte doch gern auch zu seiner Sache etwas sagen.

Eine Bedenklichkeit ist mir bei ihm gekommen hinsichtlich der Weltzivilisation, überhaupt der Weltexistenz. Wenn es so ist, daß vier Fünftel der existierenden Menschheit zur Kategorie der Nichtdenkenden zu zählen sind, so sind diese Gruppen ja nicht durch Staats- und Ländergrenzen getrennt. Und nun eine Perestroika, eine geistige Revolution in einem so großen Land wie der Sowjetunion durchzuführen, wo ja durchaus nicht alle Bürger der Gruppe C zuzurechnen sind – also die Schwierigkeiten sind ungeheuer. Wir sind Intellektuelle. Wir meinen, daß diese große geistige Revolution, diese Umwälzung nur von den Intellektuellen gemacht werden müßte und könnte. Das ist, denke ich, ein weltweiter Irrtum.

Dennoch: Ich bin sehr dankbar für Denkmodelle dieser Art; wahrscheinlich leben wir in einer Zeit, wo sich der Schriftsteller *auch* Denkmodelle schaffen muß. Verantwortung ist eines dieser neuen, sehr, sehr notwendigen Denkmodelle, mit denen wir Umgang treiben müssen. Ich habe von der Frankfurter Buchmesse „Das Prinzip Verantwortung" von Hans Jonas mitgebracht. Es ist ein sehr wichtiges und gutes Buch, und es steht auf der Basis des philosophischen Materialismus.

Zwischenruf von Lia Pirskawetz
Trotz seines Antikommunismus?

Trotzdem. Es ist ein materialistisches Denken, und es ist ein nur teilweiser Antikommunismus, kein vollständiger. Jonas stellt zum Beispiel fest, daß die Moral der Zukunft eine marxistische Moral sein müsse. – Ich schlage vor, daß wir zunächst Richard Christ hören und uns dann mit Beiträgen von Gisela Kraft und Adel Karasholi ein wenig in die orientalische Welt begeben.

Richard Christ
Ich bin natürlich viel zu diszipliniert, Max Walter Schulz, um mich nicht an deine Empfehlung zu halten, obwohl ich schon Lust hätte, aus diesem Forum hier eine Diskussionsbühne zu machen. Zum Beispiel drängt es mich, einiges gegen das Bild von unseren Medien einzuwenden, das Rainer Kirsch entworfen hat. Als ein sehr alter Mitarbeiter des Rundfunks meine ich, da stimmt einiges nicht, da scheint mir einiges falsch aufgefaßt zu sein. Ich bin zum Beispiel nicht einverstanden, daß Rainer Kirsch eine bestimmte Art von Musik einfach als „Dreckmusik" abtut. Musik, die doch große Teile unserer Bevölkerung erfaßt, Musik, mit der man arbeiten muß, denn man muß doch sehen, an die Leute ranzukommen. Die Mittel dazu sollte man sorgfältiger prüfen und bewerten.

Zwischenruf von Karl Mickel
Ich nutze die Gelegenheit, etwas zu Richard Christ einzuwerfen. Wieder ein chinesisches Sprichwort: Auch wenn vier oder zehn Wagen in die falsche Richtung fahren, kommt keiner ans Ziel.

Ich hielte es für sehr amüsant, uns weiter mit Sprichwörtern zu bombardieren, aber die Zeit wird uns knapp, und ich möchte nun das tun, was Karl Mickel selbst angeregt hat, als er sagte, jeder solle sein Eigenes beitragen.
Mein Beitrag hat keine Überschrift, weil er auch nicht program-

matisch gemeint ist. Er ist nichtsdestoweniger methodisch. Er möchte aus diesem riesigen Gebiet „Literatur und Welt" ein kleines Stück herausschneiden, nämlich das, was wir gemeinhin unter „Welt" verstehen, als einem Gegensatz von „daheim" oder von „zu Hause"; und Literatur wäre dabei eine Brücke von hier, von uns in die Welt. Das ist immer eine der vornehmsten Aufgaben der Literatur gewesen. Die Anfänge der griechischen Prosa, auf Tierhäute geschrieben, waren Reisebücher. Und es hat sich bis heute nichts daran geändert, daß Beengtheit im Denken, auch im Schreiben, Provinzialismus, durch das Hereinholen von Welt zu einem Teil aufgehoben werden kann.

Natürlich gab es in der Literatur, in der deutschsprachigen zumal, immer introvertierte Phasen, die bezeichnenderweise zusammenfallen mit den Perioden, als das Land zerstückelt war, mit den Perioden der Kleinstaaterei. Der „deutsche Seelenadel", wie ihn Wilhelm Raabe im 19.Jahrhundert episch porträtierte, hat sich hinterm Ofen gebildet, weil damals die Welt den guten Charakter verdarb, vorgeblich.

Nun ist unser Jahrhundert, in seiner zweiten Hälfte zumal, ein Jahrhundert der Welterkundung geworden. Das Daheim will die Welt kennenlernen und will mit ihr in Korrespondenz leben. Da wäre, vorsorglich wie wir sind, wenn „unsere Menschen" grenzüberschreitend werden, vielleicht danach zu fragen, wie sie eigentlich dafür ausgerüstet sind.

Es wäre, meine ich, einer Untersuchung wert, wie Reiseratschläge mit den Epochen sich geändert haben. Pückler-Muskau, in der ausgehenden Goethe-Zeit, als zur Persönlichkeitsbildung noch das Welterlebnis gehörte, dieser reisende Graf schreibt 1826: „Hätte ich einem jungen Reisenden einige allgemeine Regeln zu geben, so würde ich ihm ganz ernsthaft raten: In Neapel behandle die Leute brutal, in Rom sei natürlich, in Österreich politisiere nicht, in Frankreich gib dir keine Airs, in Deutschland recht viele, und in England ... sind folgende drei Verstöße die größten: das Messer wie eine Gabel zum Munde führen, Zucker und Spargel mit den Händen nehmen oder vollends gar irgendwo in einer Stube ausspucken ... Damit käme der junge Mann schon ziemlich weit durch die Welt."

Was geben wir heute dem jungen Mann, der jungen Frau mit, wenn sie in die Welt ziehen? Mein Vorschlag wäre: einen Katechismus der Enttäuschungen. Mit dem Hinweis: Vor Antritt des Reisens und Schreibens zu lesen!

Erste Enttäuschung: Welt ist das eine, Lehrbuch ist ein anderes. Und dies gilt heute weltweit. Der rationalistische Islam kann selbstmörderisch unberechenbar werden, der weltabgeschiedene Hinduismus nationalistisch, das duldende Judentum aggressiv, der sanfte Buddhismus militant, das vergebende Christentum rachsüchtig. Der Kapitalismus enttäuscht womöglich, weil er fleckenweise nicht mit dem Messer zwischen den Zähnen empfängt; unsere eigene Welt schließlich, die sozialistische, ist wieder, und gut so, voller Überraschungen, weil da und dort Altvertrautes beim Umbau über Bord geht, ohne daß wir es mit Klassikerzitaten festzurren könnten. Wer mit der Welt mitkommen will, muß beweglich sein und muß einen festen Standpunkt haben.

Zweite Enttäuschung: Zu oft klassifizieren uns diejenigen, die ex officio über unsere Manuskripte und Bücher zu befinden haben, als Schreibende im Dienste der Diplomatie, und damit glauben sie uns an Sprachregelungen gebunden. Das Buch ist dann von der Zeitung nur graduell unterschieden, es besteht gewissermaßen aus aneinandergehefteten Artikeln. Oft hat sich auch das Ausland daran gewöhnt, Bücher eines DDR-Autors als eine Art leinengebundene Zeitung zu betrachten, wogegen beim Presseamt zu klagen ist. Unter diesem Mißverständnis leiden alle: Politik, Diplomatie und Literatur.

Dritte Enttäuschung: Leider ist es nicht so, daß überall in der Welt, wo unsere Flagge aufgezogen ist, unsere Literatur auch Unterstützung fände. Ausnahmen sind gegeben, ich habe sie an anderen Orten gebührend beschrieben. Im allgemeinen aber gilt noch immer ein Satz von Hacks, nämlich daß man doch bitte eine Landschaft nicht mit einer Landkarte verwechseln möge. Wir kennen Expertisen über Reisebücher, die vom Autor ausdrücklich verlangen, er möge seine eigene Meinung zurücknehmen, weil mit Betroffenheit, womöglich mit Demarchen aus aller Welt gerechnet werden müßte, und dies im Ernst könne ja nicht die Aufgabe und Absicht von DDR-Literatur sein. Wer da nun Rat sucht in seinem marxistischen Autorenbrevier, wird nirgendwo die Forderung nach Meinungsenthaltsamkeit finden, wohl aber die Warnung, wo einer landet, der solchen Wegweisern folgt: auf den – oft gut ausgepolsterten – Pfühlen der Trivialliteratur. Malerisches Indien, im Freundschaftszug durchs weite Sowjetland, durch die Wüste und durchs wilde Kurdistan, natürlich ohne Kurden, aber mit den besten Empfehlungen aus Radebeul!

Vierte Enttäuschung: Die Literaturwissenschaft hat nie Respekt gezeigt vor den ionischen Tierhäuten und ihren Nachfolgern. Sonst läge längst eine, wenigstens eine einzige Monographie vor über progressive deutschsprachige Reiseprosa, über Entwicklungslinien von – willkürlich herausgegriffen – Kisch, Kellermann, Richard Katz und Tucholsky über Renn, Uhse, Fühmann, Kunert bis meinetwegen zu Fries, Jendryschik, Schirmer. Und die Zuwendung der Medien? Meist Obenhin-Rezensionen, die das Land sehen, aber nicht den Autor darin!

Noch eine Enttäuschung: Reiseprosa wird spärlich übersetzt. Das ist verständlich. Ein Buch über die Sowjetunion etwa wäre für DDR-Leser anders geschrieben als für polnische und wieder anders für westdeutsche. Nationale Sicht herrscht vor, Geschichtserfahrung mischt sich ein, zuweilen auch Empfindlichkeit.

Vorletzte Enttäuschung: Welt kann Literatur fördern, aber auch bremsen. Dafür Beispiele, die mir am nächsten liegen: Bücher über Indien, wenn sie die Realität respektieren, werden auf lange nicht aus der Mode kommen, weil sich die Probleme des Subkontinents auch auf längere Sicht wohl kaum völlig lösen lassen. Bücher über Sri Lanka erhalten von den Medien täglich Reklame. Das klingt zynisch, weshalb ich hinzusetzen will: Ich würde unendlich gerne auf diese Absatzbeschleunigung durch menschenmörderische Werbung verzichten. Und noch ein Beispiel: Vor Jahren erschien ein Buch von mir über die Sowjetunion, eine literarische Panoramaaufnahme aus der mittleren Breshnew-Ära. Es hat viele Leser gefunden, für manche war es ein Vademekum bei SU-Reisen. Aber ich denke, schon morgen wird es aus dem Rennen sein, sobald wir etwas adäquat Neues haben, das die Züge der jetzigen Ära einfängt. Enttäuscht darüber? Als Autor vielleicht, aber nicht enttäuscht als Zeitgenosse.

Eine letzte Enttäuschung. Die am schwersten zu bewältigen ist. Unsere Bücher – ich meine jetzt immer Reisebücher im Sinne Tucholskys: Bücher, aus denen der Autor zu erkennen ist – sind auch Ausdruck von Völkerverständigung, von gegenseitiger Achtung, von Vernunft im Umgang miteinander, von Internationalismus. Was eigentlich haben wir damit bewirkt, der Debütant mit seinem ersten Band, wir Älteren nach zwei, drei und mehr Schaffensjahrzehnten? Was haben wir schon geändert in der Welt mit unserem Schreiben?

Das Allgemeine wird anschaulich im Detail. Ein Unterseeboot, ein einziges, amerikanisch, sowjetisch – das Beispiel stammt aus dem Vortrag eines DDR-Wissenschaftlers –, hat heute anderthalbmal mehr Vernichtungspotential an Bord, als in sämtlichen bekannten Kriegen auf dieser Welt freigesetzt wurde. Wo ist die Chance der Welt – Welt jetzt nicht als Gegensatz von „daheim", sondern die Welt, in der wir alle leben, die Mitwelt, die Umwelt? Wie kann sie überleben? Wir sprechen, wir schreiben, wir erörtern die Lage, verfolgen die Erbsenzählerei von Sprengkörpern und Abschußbasen, dieses lächerliche und todernste Abzählen und gegenseitige Aufrechnen. Wir atmen auf, wenn auch nur drei Prozent Vernichtungskraft beseitigt werden sollen. Wir nehmen die Beschreibung des atomaren, des ökologischen, des Wärmetods zur Kenntnis, und in der Tiefe seiner Seele will ja keiner das alles für möglich halten, und nur manchmal, mitten im Reden, wie vielleicht eben jetzt, wird einem bewußt, daß in diesem Moment die Welt in die Luft fliegen kann, vielleicht nicht einmal als Folge von politischem Fanatismus, sondern als Versagen einer Technik, die sich schon zu eigenen Entscheidungen entschließt. Aber dann bereden wir selbst das wie auf einer absurden Bühne, wo Ionesco inszeniert wird, die Szene, in der die Nashörner schon durch die Straßen toben, während die Menschen erörtern, ob dieses Viehzeug eigentlich zwei Hörner auf dem Kopf trägt oder doch nur eines.

Ich meine, das Schlimmste sind nie die Zustände, das Schlimmste ist die Gewöhnung an Zustände. Die Gefahr wächst, empfinde ich, den Mund zu schließen und die Feder wegzulegen. Davon ist gestern oft die Rede gewesen in den Diskussionsbeiträgen. Dies wäre der Sieg der Nashörner. Deshalb erscheint mir heute als das Schwierigste, gegen die Enttäuschung unserer minimalen Wirkungsquoten anzugehen. Es ist das Schwierigste und zugleich das Wichtigste. Wenn es gelingt, jedem von uns gelingt, die aus der letzten Enttäuschung aufwachsende Mutlosigkeit täglich erneut zu überwinden und nicht sprachlos zu werden, dann vielleicht könnten wir mit den anderen Enttäuschungen fertig werden.

Max Walter Schulz

Danke, Richard Christ. Ich möchte folgenden Vorschlag machen: Bevor wir in eine kurze Pause eintreten, möchte ich Roland Opitz das Wort geben, der einen kürzeren Beitrag vorbereitet hat. Nach der Pause würden wir mit Gisela Kraft und Adel Karasholi fortfahren. Roland Opitz ist – in der Nachfolge von Hans Marquardt – Leiter des Reclam-Verlages.

Roland Opitz

Mein Thema lautet: „Die moralischen Postulate der sowjetischen Schriftsteller und unsere Literatur".

Vor einem knappen Monat wurde in Leipzig vom Rat der Stadt und vom Verlag Volk und Welt eine öffentliche Diskussion über Aitmatows neuen Roman „Die Richtstatt" veranstaltet, die keinen der Anwesenden unbeteiligt ließ. Dank der Großzügigkeit der Veranstalter hatte jeder eine Woche vorher ein Exemplar des Buches erhalten, und von der ersten Minute an spürte man in dem überfüllten Theatersaal, in dem man gar auf den Treppenstufen saß, die Betroffenheit des Publikums; einige griffen mit erregten Worten in die Debatte auf der Bühne ein. Und auch die sieben Leute vorn, Schriftsteller und Literaturwissenschaftler, die Übersetzerin und ein Regisseur, sprachen mit Erregung von den großen Dingen, die Aitmatow aufwirft. Der schlimme Abbau an Menschlichkeit wurde benannt, die Pervertierungen von humaner Kraft gar, die den Roman durchziehen und zur Erschütterung des Lesers beitragen. Große Sätze und Ziele, die wir in unserer Jugend als Leitsätze ansehen konnten, kehrten sich inzwischen in ihr Gegenteil um, indem wir sie relativ linear befolgten: die These etwa, daß der Mensch Herr über die Natur sein solle und könne oder daß Planerfüllung das oberste Gesetz einer Wirtschaftsleitung sei, oder der Satz, Religion sei Opium für das Volk. Seinerzeit hatte Dostojewski seinen Helden Myschkin die Welt als eine umgestülpte, falsch sich entwickelnde Welt empfinden lassen, in der die Menschen mit den Beinen nach oben laufen. Heute empfindet sein Nachfahr Awdi Kalistratow, der wie Myschkin vieles erst mühsam zu begreifen beginnt, die Gefahren einer unbedachten Entwicklung, die in ihrer Konsequenz unter extremen Umständen damit enden könnte, daß Menschen sich wie Wölfe benehmen und die einzigen humanen Kräfte in einem Wolfspaar stecken, das unter der Bedrohung der allgegenwärtigen Hubschrauber sich um seine Weiterexistenz ängstigen muß, unfähig zu eigenem Widerstand in dem ungleichen Kampf gegen eine moderne Waffentechnik.

Wie sein Vorfahr Dostojewski läßt Aitmatow es aber nicht beim Aufdecken solcher entsetzlichen Pervertierungen menschlicher Energie bewenden. Er gewinnt moralische Energien nicht nur aus unserer Gegenwart und aus uns Gegenwärtigen, die wir verstrickt sind in den großen Streit um Verantwortung und Gewissen, um Schuld und Sühne, um Reue und Barmherzigkeit. Das ethische Konzept wird – so geschah es bei Dostojewski auch – aus weltliterarischen Quellen gewonnen, und so sind wir in seinem Roman beteiligt an den heftigen Debatten zwischen Iwan und Aljoscha Karamasow, zwischen Pilatus und Christus. Der rigorose, maximalistische Einsatz eines großen Schriftstellers unserer Tage, der die Weltkultur vor der Vernichtung bewahren will, indem er sich in den Kämpfen unserer Zeit auf sie stützt und ein großes moralisches Programm daraus macht – das ist es wohl auch, was die Leser und Teilnehmer an jenem denkwürdigen Abend im Leipziger Theater so gepackt hatte, daß sie sich beim Wiedertreffen an den darauffolgenden Tagen als tief beeindruckt erklärten. Noch gestern sprach mich ein Rundfunkjournalist, der hier auf dem Kongreß tätig ist, mit erregter Stimme daraufhin an.

So herausragend diese eine Diskussion aber auch ist, so ist sie doch nur ein zugespitzter Fall in einer ganzen Reihe ähnlicher Veranstaltungen. Wenn heute ein Slawist über Tendrjakow und Below, über Granin und Bykau, über Rasputin und Anatoli Kim spricht, so empfiehlt er Bücher, die es trotz riesiger Auflagen nicht zu kaufen gibt, und es geschieht ganz selten, daß jemand ein Buch dieser Autoren in ein Antiquariat trägt. Die Leser sind betroffen nicht so sehr von Ereignissen oder von Berichten. Nicht die nüchtern-kritische Analyse des sozialen Getriebes wie bei Balzac und Gogol und auch nicht die leidenschaftliche Suche der älteren Sowjetliteratur nach den Geheimnissen und unerhörten Leistungen einer ganz neuen Welt ist es, was die Leser heute fesselt, sondern die Frage nach der eigenen moralischen Verantwortung. Eine Literatur, die diesen neuen Akzent setzt, ist in höherem Maße als die frühere bei dem angekommen, was Literatur eigentlich zu sein hat.

Wladimir Tendrjakow zielt mit seinen Kriminalgeschichten auf die moralischen Hauptfragen unserer Zeit. Seine Erzählung „Das Gericht" wird zum moralischen Gericht, in dem der Bärenjäger Teterin in Nordrußland – und der Leser in der DDR – mit der Frage gefoltert wird, ob er sich mit seiner Persönlichkeit für die Wahrheit eingesetzt hat oder nicht. Die Frage wird gar zum Selbstgericht der handelnden Person, die die höchste und peinigendste Form der literarischen Gerichtsbarkeit darstellt. In Wassili Belows „Sind wir ja gewohnt" ist der von der entsetzlichen Tragödie betroffene Mushik unserer Tage nicht voll in der Lage, seinen Anteil Schuld zu ermessen, und so wird in noch stärkerem Maße der Leser durch den Vorwurf gequält, er lasse gleichgültig wie ein Wiederkäuer alles mit sich geschehen. Das erschüttert und treibt zum vollen Einsatz für den Sieg der Menschlichkeit. Daniil Granin variiert in seinen Werken das Doppelgänger-Motiv E. T. A. Hoffmanns: jeden Lebensweg, jede Tat gibt es in zwei Varianten, die dem Leser als Alternative für das eigene Handeln vorgelegt werden. Wenn Bulat Okudshawa heutzutage historische Prosa macht, dann nicht so sehr, um uns über vergangene Zeiten zu unterrichten, sondern um uns wiederum mit unserer eigenen Rolle und zwingenden Aufgabe in der Gegenwart zu konfrontieren. In Rasputins „Leb und vergiß nicht" erregt nur auf den ersten Blick die außergewöhnliche Geschichte von der Desertion eines sowjetischen Soldaten im letzten Kriegsjahr, auf den zweiten Blick erweisen wir uns selbst als beteiligt an der harten Unerbittlichkeit im Leben der sibirischen Bäuerin Nastjona. Wassil Bykau baut in viele seiner Geschichten ein moralisches Experiment ein, so etwa mit der Überkreuzentwicklung zweier Partisanen in „Die Schlinge", und er klagt in einem Interview selbst über die „moralische Taubheit" vieler Zeitgenossen. Als Schreibimpuls gibt er an: „Wir wollen läuten, vielleicht hört's einer."

Viele hören in unserem Lande die harten ethischen Postulate; die Geschichten um Hingabe und Verantwortung wirken dort, wo ein lineares Verständnis des Leistungsprinzips Egoismus produziert. Die Reue sei eine der großen Errungenschaften in der Geschichte des menschlichen Geistes, schreibt Aitmatow in der „Richtstatt", wohl wissend, daß eine erbarmungslose Selbstüberprüfung in der Dialektik unserer Vorwärtsentwicklung eine bedeutende Rolle spielt. Junge Menschen meinen heute oft nicht ohne Grund, sie seien in eine fertig institutionalisierte Gesellschaftsordnung hineingeboren, sie vermögen unsere Sätze von den großen Veränderungen in unserem Leben nicht zu begreifen, bis sie eines Tages mit der fordernden Frage konfrontiert werden: Wie nützen wir alle die neuen Möglichkeiten, die durch die sozialistischen Verhältnisse entstanden sind und die sich unterderhand aus einem großen Sieg in eine noch größere revolutionäre Aufgabe verwandeln? Auf diese Frage leitet die jüngere Sowjetliteratur hin, etwa seit Aitmatows „Djamila", wo das Recht der jungen Frau auf Menschlichkeit in ihrer Pflicht verborgen lag, sich auf menschliche Weise zu verhalten, und das Unglück ihres Mannes einzig darin, daß er auf traditionelle Weise sich verhalten wollte.

Die Sowjetliteratur hat seitdem unablässig darauf hingearbeitet, was im April 1985 in der UdSSR offizielle Parteipolitik geworden ist. Die moralischen Postulate Michail Gorbatschows, des großen Ethikers, werden aus der gleichen Erkenntnis über unsere Entwicklungsetappe abgeleitet: Wie nutzen wir die neuen Gesellschaftsverhältnisse? Wir sind nicht frei in unseren Entscheidungen, denn nur eine maximale Freisetzung und Anspannung der Kräfte jedes Werktätigen kann der Welt einen Ausweg weisen aus der drohenden Katastrophe.

Die DDR-Literatur hat seit dem Beginn der sechziger Jahre in die gleiche Richtung gearbeitet, und sie hat dabei Bemerkenswertes geleistet. „Nichts weniger als der volle Einsatz der eigenen moralischen Existenz ist gefordert", hatte Christa Wolf am Anfang dieser Etappe bekannt, und im Jahre 1963 hat sie einen Satz hingeschrieben, der wie eine Losung des XXVII. Parteitages klingt: „Das Hauptproblem" sei jetzt „der Widerspruch zwischen den ökonomischen, gesellschaftlichen, politischen Möglichkeiten, die wir schon haben, und ihrer oft unvollkommenen Verwirklichung durch uns alle." Solche Sätze führten sie auch zu den ethischen Forderungen ihres „Nachdenkens über Christa T.", eines Buches, das damals schlecht verstanden worden ist. Volker Braun spricht etwa in der gleichen Zeit von der „Tragödie der Unfähigkeit" beim Umgang mit unserer Zeit und unseren eigenen Möglichkeiten, und mit dem Blick auf das Symbol der Partei und der Gewerkschaft, den Händedruck, dichtet er die Zeilen: „Denn was wir uns geben, womöglich / Ist erst der kleine Finger / Und nicht die Hand // Und das reicht mir beileibe nicht / Was wir miteinander machen". Günter de Bruyn ist mit seinen moralisch fordernden Büchern dauernd auf Mißverständnisse gestoßen. Der gewaltig zu nennende moralische Impetus des Ole Bienkopp ist von den meisten Kritikern damals nicht gesehen worden. Gerade hierin aber liegt die gute Wirkung dieses Buches, und in dieser Richtung muß wohl weitergearbeitet werden.

Max Walter Schulz

In der Pause hat sich das Begehren geäußert, die Redezeit zu begrenzen, damit noch Raum bleibt für die spontane Diskussion, die in der Tat ins Hintertreffen zu geraten droht. Ich habe selbst ein wenig Schuld daran, weil ich unseres Zeitplans wegen darum gebeten hatte, von Fragen an Rainer Kirsch abzusehen. Also: Wer bei den kommenden Beiträgen Einspruch anmelden möchte, dem sei es gestattet, dem jeweiligen Redner auch ins Wort zu fallen, wenn es sachlich berechtigt ist, oder er sei aufgefordert, nach Ende des Vortrages seine Fragen kundzutun. – Es gibt offenbar einen Stau des Gefühls, der sich aus der Unzufriedenheit mit dem bisherigen Verfahren ergeben hat, aber nicht nur mit unserem, sondern auch mit dem des gestrigen Tages. Lia Pirskawetz möchte dazu etwas sagen.

Lia Pirskawetz

Ja, ich muß meine Enttäuschung über den gestrigen ersten Kongreßtag loswerden. Im Vorfeld des Kongresses war uns in Berliner Gruppengesprächen wiederholt versichert worden, man werde auf diesem Kongreß das Thema der Umweltliteratur nicht wieder mit einem einzigen Beitrag abhandeln, wie das auf dem vorigen Kongreß geschah, obwohl sich damals mehrere Kollegen zu diesem Thema vorbereitet hatten.

Was passierte gestern auf dem Plenum, wo ein so hochkarätiges Präsidium anwesend war? Nicht einer von den drei Autoren, die, vom Schriftstellerverband aufgefordert, sich zum Umweltthema vorbereitet hatten, ist zu Wort gekommen, und damit ist eine große Chance vergeben.

Im Präsidium saß der Umweltminister. Ich hoffe, alle begreifen, daß das Umweltministerium allein Umweltpolitik nicht durchsetzen kann, daß dieses Ministerium auch auf uns Schriftsteller als Partner angewiesen ist. Im Präsidium saß auch Günter Mittag. Unter seiner Leitung finden die regelmäßigen Zusammenkünfte der Generaldirektoren der Kombinate statt, auf denen das Thema Umwelt vermutlich eine noch zu geringe Rolle spielt. Hier gab es also eine Riesenchance, die nicht genutzt wurde.

Ich wiederhole: Ich war sehr enttäuscht, daß diese Kollegen nicht zu Wort kamen. Selbst wenn sie morgen noch sprechen sollten, haben sie nicht mehr diese Chance, gehört zu werden.

Karl Mickel

Ich glaube auch, daß so ein Problem diese oder jene hohe Büroentscheidung voraussetzt. Aber wir sollten nicht übersehen, daß die Wirtschaft der DDR unter äußerstem Druck steht. Nein, das entbindet uns nicht der Notwendigkeit, für das, was wir Umwelt nennen – das Wort ist ja ein Euphemismus –, mehr als Etwas zu tun. Jedoch müssen wir zunächst sehen, daß dies tatsächlich enorm schwierig und nicht einfach – auf diesen Satz bitte ich meinen Einspruch reduzieren zu wollen – eine Willensfrage ist.

Lia Pirskawetz

Dieses Argument, daß wir ökonomisch so unter Druck stehen und daher umweltpolitisch zu wenig machen können, höre ich seit zehn Jahren von den Verlagen, von der DEFA und sonstwem. Das ist einfach ein primitives Argument. Wir Schriftsteller haben die Aufgabe und Pflicht, etwas für die Umwelterziehung zu tun. Zu diesem Thema beispielsweise hätte ich hier gern gesprochen, werde aber schwerlich zu Wort kommen, wenn Rainer Kirsch allein dreißig Minuten beansprucht.

Benito Wogatzki

Das war aber sehr unsachlich und unfair; der Beitrag von Rainer Kirsch war sehr gut.

Karl Mickel

Ich sage doch noch einen Satz dazu. Ich hatte vorhin versucht, das, was Sie Umwelt nennen, zu definieren. Wenn man da Entscheidungen trifft – wir sprechen jetzt zunächst nicht über Kunst, sondern über das, was passiert, also Stoff der Kunst ist –, wären Entscheidungen zu treffen größeren Ausmaßes: etwa die Orientierung der DDR auf Erfindung und Produktion von Umwelttechnologien, die uns zugleich den Weltmarkt öffnen würden.

Max Walter Schulz

Wir wollen versuchen, daß Lia Pirskawetz heute noch in die Diskussion einsteigen kann. Jetzt gehen wir mit dem Beitrag von Gisela Kraft sozusagen erst einmal weiter in der Welt.

Gisela Kraft

Ich verstehe meinen Beitrag als Ergänzung. Ich spreche über mein Verhältnis als Schüler von Literatur und Schüler von Welt zu einem bestimmten Weltraum: Morgenland und Mittelmeer.

1

Im Jahr 1819 erschien der „West-östliche Divan" des siebzigjährigen Goethe, ein morgenländischer Kosmos, der allerdings durch Phantasie und Bildung erfahren und nicht wirklich bereist worden war. „Für Liebende ist Bagdad nicht weit." Das Ereignis wirkte wie ein ansteckendes Fieber. Rückert antwortete noch im selben Jahr mit „Ghaselen" nach Rumi sowie der Sammlung „Östliche Rosen", einer poetischen Replik auf den „Divan", dessen Schöpfer gewidmet. Auf Rückert folgte augenblicks Platen, wiederum mit „Ghaselen". Heine setzte sich an seinen „Almansor".

Freilich war die Ausschüttung dieses Wunderhorns seit einzweieinhalb Jahrhunderten vorbereitet, durch Reiseberichte, Kompendien, Übersetzungen – vor allem die der „Märchen aus tausendundeiner Nacht" –, durch Herders weltläufigen Humanismus. Auch hatten die Frühromantiker und Frühverstorbenen Novalis und die Günderode nicht auf Goethes Premiere warten können. Vor ihrem Tod, kurz nach der Jahrhundertwende, fingen jeweils beide die Zeichen aus Orient auf und schrieben das Ihre dazu.

Warum dieser Exkurs ins Vergangene? Weil ich mich abfrage: Ob ich ein Erbe habe verludern lassen?

Doch bereits um die Mitte des 19. Jahrhunderts schien das Zau-

184

berlicht erloschen. Erst nach Beginn des 20. scheint es wieder auf, mitten in Kriegszeiten und als gelte es, das einhundertste Jubiläum des „Divan" einzuläuten. Else Lasker-Schüler erfand sich das Morgenland als Wohnort der inneren Emigration. Klabund zelebrierte seinen Mohammed-Roman.

Und heute? Und wir? Auch wenn wir auf Tralow verweisen können: Mit realistischer Literatur, mit der Wahrnehmung östlicher und südlicher Weltgegenden hatte und hat dies alles nichts zu tun.

2

Die Deutschländer haben immer schon am Mittelmeer gelegen, wenn auch nur im Geiste. Das „Heilige Römische Reich Deutscher Nation" sowie weitere Beziehungen zur Latinität brauchen kaum erwähnt zu werden. Ebensowenig die hellenische Wurzel, deren Säfte den römischen Stamm nährten und allein deswegen auch dessen deutsche Zweige. Erst neuerdings sehen wir Griechenland so, wie es ist, etwa durch Erich Arendts Sprachaugen, ohne antiken Glanz, doch licht durchaus. Wäre übrigens die hellenische Kultur Mutter der deutschen, dann wäre die arabische uns Schwester oder Milchschwester, denn sie hat kaum weniger an der griechischen Brust gesaugt als wir. Die großen Werke der arabischen Philosophie sind ohne Vorarbeit der griechischen undenkbar. Wer von alledem nichts wissen will, der benutzt doch täglich als angeblich deutsche Wörter lateinische, griechische und, noch vertrackter heimlich, arabische, deren Herkunft uns Syrer, Libanesen, Palästinenser, Ägypter, Libyer, Tunesier, Algerier, Marokkaner lächelnd erklären könnten.

Allerdings, die muslimischen Araber drangen im 8.Jahrhundert über Westen nach Norden bis Frankreich vor, wurden im Jahr 732 geschlagen und auf die Iberische Halbinsel zurückgedrängt – eine historische Bewegung, die immer noch ein Nährboden für Angst ist. Was später drei Jahrhunderte lang die Kreuzzüge anrichteten, von Europa über Osten nach Süden bis Palästina, transportierte die Angst in der entgegengesetzten Richtung.

Kreuzfahrer säten Krieg und brachten Kulturschätze heim. Maurische Dichtung und Musik aus Spanien färbten den provenzalischen und altfranzösischen Minnesang der Troubadours und Trouvères und ließen ihre Spuren in manchem romanischen Formelement der Poesie, das wir uns ebenso aneigneten wie das antike griechische Metrum. Wenn ich den Endreim entdecke, scheinbar neu und zwingend, dann haben doch meine Urahnen nach mittellateinischen Mustern mir den vorgeübt. Vielfach schließt sich der Kreis um das Mare antiquum. Die Juden trugen ihre Kultur nach beiden Seiten um seine Küste. Martin Luther ging geistig im biblischen Land ein und aus. Ein jüdisches Buch in seiner Übersetzung begründete die deutsche Hochsprache, mein A und O. Genau zweihundert Jahre nach Luthers Geburt standen die Türken, Herren des halben Mittelmeerraumes, Arabiens und Mesopotamiens, vor Wien. Heute steht es schlecht um sie, in Anatolien, in Westeuropa und inmitten der DDR, wo ihre „viertgrößte Stadt" namens Westberlin liegt. Westberlin, zugleich stärkste Palästinenserkolonie außerhalb Palästinas und des Libanon: Wir haben das im Herzen.

3

Die Botschaften sind noch nicht abgehört, sie strömen weiter. Die Mythen des alten Ostens, als Urbilder des menschlichen Lebensdramas, füllen unsere Literatur. Häßlich gesagt: Sie haben Hochkonjunktur. Bedächtig gesagt: Sie sind ein Teil von uns. Vielleicht um der moralischen Forderung des Realismus nachzukommen, wollen wir gerade das älteste Zeichen noch einmal anschauen, das sich aus den Zeichen der im Umkreis des Mittleren Meeres gefundenen Bilderschriften, Keilschriften und dem ersten, dem ugaritischen „Alphabet" zusammensetzt. Es weist auf die Vielgottheit, die hinter jedem Wesen und Ding wirkende, einzeln zu achtende Energie. Ich übersetze: Jedes Wesen, jedes Ding ist selbst eine Welt. Meine Verehrung sei Genauigkeit der Beobachtung und des Ernstnehmens. So bin ich in der Gegenwart, die Sinne offen.
Aber auch um Handwerkliches geht es. Um das Mißverständ-

nis, das uns Nördliche nicht selten beim Verdichten, beim *Dichten* maß-regelt. Wir sondern aus, wir schmelzen ein, wir destillieren, wir kürzen – kürzer geht's nimmer. Lyrik als Synonym für Trockenobst. Selbst biographisch kann das gefährlich werden. Wir kennen Meisterkollegen – nicht unseres Landes, aber unserer Zunge –, die als letzte Zusammenziehung ihrer überreifen Sprache den Tod wählten. Das Leben aber wiederholt, es spielt, es ist sentimental. Es übertreibt. Warum Kühle statt Wärme? Warum nicht psalmodieren, lamentieren, herzaubern und hinschenken? Wie soll gewebt werden, wenn vorher nicht gesponnen worden ist? Warum nicht, was wert ist, wieder und wieder singen? Woher überhaupt diese Scheu vor Musik in der Sprache – eine für unsere östlichen und südlichen Schreibfreunde im Sammelsurium der Weltängste gänzlich absurde Befürchtung? Warum soll, was mein Nachbar im Idiom ersinnt, für mich „verschossen" sein? Was wäre, wenn ich es nachahme oder gar stehle, als Angebot der Bruderschaft? Möchte ich nicht insgeheim, daß mein und dein gekünstelt Gekratztes Umgangssprache würde? In aller Munde unser aller Poesie?
Wir werkeln kräftig dagegen und reden uns heraus mit Nüchternheit. Das Skelett haben wir gut und richtig, jeder ein Knöchelchen davon. Seien wir weniger streng zu den nichtfesten Aggregatzuständen. Lassen wir die Elemente über den Horizont, damit es leib-haftiger wird, unser Menschenbild. Auch atmen kann uns die Welt lehren.

Max Walter Schulz
Schönen Dank, Gisela Kraft. Als nächster wird Adel Karasholi sprechen. – Was mir ein bißchen zu kurz zu kommen scheint: Wir leben in einer politischen Welt, aber diese politische Welt und ihre Beziehung zur Literatur verlangt natürlich auch das Mithineindenken in das, was Poesie, was Sprache ist als Weltbindeglied. Ich darf mir erlauben, ganz kurz zu zitieren, was der alte Goethe zur Weltliteratur seiner Zeit gesagt hat.

Adel Karasholi
Das will ich auch tun.

Max Walter Schulz
Wenn du dasselbe Zitat hast?

Adel Karasholi
Genau dasselbe! Vom Mittwoch, dem 31. Januar 1827.

Max Walter Schulz
Möglich, daß es das gleiche ist, ich weiß es nicht. Er will jetzt reden. Das muß man verstehen. Bitte, Adel.

Adel Karasholi
Ich habe einmal einem DDR-Verlag vorgeschlagen, die Gedichtauswahl eines arabischen Lyrikers zu veröffentlichen. Die verantwortliche Lektorin fragte, ob seine Lyrik auch Weltliteratur sei, denn die Reihe, an die ich bei meinem Vorschlag dachte, veröffentliche nur Weltliteratur. Ich muß zugeben, daß ich das nicht mit Bestimmtheit sagen konnte; ich wußte nicht, was das eigentlich ist – Weltliteratur. Ich wußte nur, daß dieser Lyriker einer der bedeutendsten arabischen Dichter der Gegenwart ist und daß die arabische Lyrik eine lange Tradition besitzt, so daß sich ein Mann wie Hegel in seiner „Ästhetik" zu folgender Äußerung hinreißen ließ: „Von Hause aus aber poetischer Natur und von früh an wirkliche Dichter sind die *Araber.*"
Nein, ich bilde mir darauf nichts ein. Ich halte es lieber mit Goethe, von dem der berühmte Ausspruch stammt: „Der Herr von Matthisson muß daher nicht denken, er wäre es, und ich muß nicht denken, ich wäre es, sondern jeder muß sich eben sagen, daß es mit der poetischen Gabe keine so seltene Sache sei und daß niemand eben besondere Ursache habe, sich darauf viel einzubilden, wenn er ein gutes Gedicht macht."
Spätestens seit jenem Mittwoch, dem 31. Januar 1827, an dem Goethe dieses dem Herrn Sekretarius Eckermann offenbarte, müßten wir es also wissen: Die Poesie ist „ein Gemeingut der Menschheit", und wenn die Deutschen nicht aus dem „engen Kreise" ihrer „eigenen Umgebung" hinausblickten, sagte er, so würden sie „gar zu leicht in diesen pedantischen Dünkel" kom-

men. Er, Goethe, sehe sich daher gern bei fremden Nationen um, und er rate jedem, es auch seinerseits zu tun. An jenem Mittwoch war es, da Goethe den Begriff „Weltliteratur" prägte, der Generationen von Schriftstellern und Literaturwissenschaftlern beschäftigte und noch beschäftigt. „Nationalliteratur", stellte er fest, „will jetzt nicht viel sagen, die Epoche der Weltliteratur ist an der Zeit, und jeder muß dazu wirken, diese Epoche zu beschleunigen."

Das war ein Startsignal, und viele waren es, die „dazu wirken" wollten. Nur eines vermochten sie bis heute nicht – sich über eine Definition des Begriffs zu einigen. Auch ich beabsichtige nicht, eine Interpretation zu wagen, obwohl ich, ebenso wie die meisten der hier Versammelten, sehr gern diese Epoche noch weiter beschleunigen möchte. Nur eins möchte ich einmal mehr feststellen, was Sie alle sowieso wissen, nämlich daß ein Kunstwerk, sei es ein Gedicht, ein Roman oder ein Theaterstück, zuallererst durch Institutionen, Medien und Distributionssysteme einer Öffentlichkeit präsentiert werden muß, um seinen Wert überhaupt erweisen zu können.

Wie kann demzufolge das Werk eines afrikanischen, eines arabischen, eines lateinamerikanischen oder meinetwegen eines DDR-Autors zur „Weltliteratur", was man auch immer darunter verstehen will, gezählt werden, wenn diese Institutionen, Medien und Distributionssysteme sich seiner nicht annehmen, ja sich ihm verweigern? Neigen wir nicht außerdem allzuleicht dazu, ein Werk erst dann zur „Weltliteratur" zu rechnen, wenn es in einer der westlichen Metropolen veröffentlicht wurde und „gut angekommen" ist? Unterwerfen wir uns nicht vorschnell den Maßstäben, die uns von dort aufgezwungen werden? Von „pedantischem Dünkel" kann man hier wirklich nicht reden, eher von Anpassungszwängen.

Nicht nur die arabische Literatur, auch die Literaturen vieler Länder der dritten Welt und auch die sozialistischer Länder befanden sich bisweilen in diesen Metropolen in einem nicht erklärten Belagerungszustand. Ich darf daran erinnern, daß erst im vorigen Jahr zum ersten Male ein afrikanischer Autor den Nobelpreis bekommen hat und daß bis jetzt kein arabischer

Schriftsteller diesen Preis zu verdienen scheint. Ich tröste mich aber damit, daß auch kein DDR-Autor diesen Preis erringen konnte, was, meiner Ansicht nach, weder über die Qualität dieser Literatur noch über ihre großen Leistungen viel aussagt.

Vor einigen Jahren brachte ich in Libanon einen Band von Georg Maurer heraus, und ich war selber verblüfft über die Resonanz, die Maurer in den arabischen Ländern fand. Ich bekam viele Rezensionen. Einige dieser Rezensionen schrieben Lyriker aus Syrien, Libanon, Irak und Tunesien, und man sprach dort in bezug auf Maurer von Weltlyrik. Vor kurzem haben wir in der DDR den achtzigsten Geburtstag Georg Maurers gefeiert. An jenem Tag las ich im ND eine bescheidene Meldung über diesen Geburtstag, an der Spitze derselben Seite aber einen mehrspaltigen Artikel über Peter Maffay, der hier zu Gastspielen weilte. Ich habe im Prinzip nichts gegen einen Sänger wie Peter Maffay, zumal sein bestes Lied von einem meiner Freunde in der DDR stammt, und nichts gegen solche Gastspiele und am allerwenigsten etwas gegen ihre Propagierung in der Presse. Nur, ein Dichter wie Georg Maurer hätte mehr Raum verdient. Das ist natürlich nichts als ein kleines Beispiel. Wir wissen ja, wie in den kapitalistischen Ländern durch große Aufwendungen ein Werk oder ein Autor in die Bestsellerlisten lanciert wird. Wie geht man aber hierzulande mit der „eigenen Weltliteratur" um? Tut man genug, diese Literatur als solche auch wirklich zu begreifen und zu fördern?

Mir geht es aber hierbei weder um den „Welterfolg" noch um die Bestimmung des Begriffs „Weltliteratur". Es geht mir darum, was Literatur im Prozeß der Annäherung zwischen Völkern und Kulturen in unserer Zeit zu bewirken vermag und was diesen Prozeß behindert.

Nicht nur unser Alltag ist voll von Vorurteilen, die unsere Reaktionen und Verhaltensweisen bestimmen, sondern auch die Geschichte der Menschheit war stets von ihnen durchzogen, und sie hatten nicht selten verheerende Folgen. Machtinteressen konnten oft nur mit Hilfe von Vorurteilen durchgesetzt werden, die notwendig waren für das Aufstellen von Feindbildern.

Schon im 17. Jahrhundert schrieb Spinoza in seiner „Ethik": „Wer sich vorstellt, daß das, was man haßt, zerstört wird, der wird Lust empfinden." Und moderne Sozialpsychologen meinen: Wenn einem Objekt (einem Menschen, einer Gruppe oder einer ganzen Nation) ein Vorurteil angeheftet wird, dann werde es mit einer „magischen Aura gefährlicher, unberechenbarer Fremdheit" ausgestattet. Damit verschaffe das Vorurteil den drängenden aggressiven Bedürfnissen „Aussicht auf Befriedigung". Und nicht selten wird auch eigene reale Schuld auf andere projiziert; es entstehen Vorurteile, die, wie Alexander Mitscherlich schreibt, in ihrer kollektiven Verbreitung „mit gebilligten Affekten gegen gebilligte Objekte" aktiv werden. Wir alle wissen, wie dieser Vorgang im zweiten Weltkrieg zu millionenfachem Mord an unschuldigen Juden und Menschen anderer Völker Europas führte, und wir erleben tagtäglich, wie Fremdenhaß in vielen kapitalistischen Ländern zunimmt und wie das Wort „Palästinenser" zum Beispiel in den meisten westlichen Massenmedien mit dem Attribut „terroristisch" versehen wird.

Lang und leidvoll war der Weg, den die Menschheit beschreiten mußte vom Aufstand des Spartakus über die Unabhängigkeitserklärung in Amerika – in der zum ersten Mal von der natürlichen Gleichheit, Freiheit und Unabhängigkeit als angeborenen, unveräußerlichen und unentziehbaren Rechten des Menschen die Rede war – und die Französische Revolution bis hin zu jener „Sternstunde" der Menschheit, die vor siebzig Jahren durch die Oktoberrevolution zum ersten Male in der Geschichte neue, reale Möglichkeiten eröffnete, diesen Traum zu verwirklichen. Jeder von uns weiß aber auch, daß dieser Versuch, die Gleichheit zwischen Menschen und Völkern und damit die friedliche Kommunikation zwischen ihnen herzustellen, de facto nicht abgeschlossen ist. Machtinteressen und Vorurteile, Unduldsamkeit und Fanatismus ziehen unsichtbare Grenzen zwischen Menschen und Völkern.

Tschingis Aitmatow vergleicht in einem Artikel mit dem Titel „Körner und Mühlstein" die nationale Eigenständigkeit mit Körnern und die moderne Zivilisation, das heißt die Standardisierung des Wohnraums, der Kommunikationsformen, des Denkens und der Sprache, mit großen Mühlsteinen, die die Körner der nationalen Kultur „zum Mehl der tagtäglichen Existenz" zermahlen. Diese Entwicklung kann heute wohl niemand bestreiten, doch ungeachtet aller „Standardisierungen" kommen in jeder nationalen Literatur, schon ihres Stoffes und ihres Adressaten wegen, immer wieder nationale Eigenarten zum Ausdruck. Gerade sie sind es, die uns den anderen, den „Fremden" in seinem Menschsein zeigen und so die Hülle, die seine Gestalt verzerrte, zerreißen. Sein Körper kommt zum Vorschein. Sein Gesicht erhält menschliche Züge, und seine Stimme wird vernehmbar. Es ist nicht mehr so leicht, ihn jetzt noch mit einem Vorurteil zu belegen.

„Weltoffenheit" und friedliche Kommunikation haben wir ernst zu nehmen, wollen wir uns nicht mitschuldig machen am Elend der Welt. Nur als ein Ganzes, als ein Unseres ist diese Welt zu begreifen und zu erfühlen, soll sie errettet werden, soll sie nicht vermonden. Und wenn die Empfehlung Goethes, uns bei fremden Nationen umzusehen, heute – da es ums Überleben der Menschheit geht und sich der Mensch zurechtfinden muß zwischen manipulierten Nachrichten und Informationslücken – einen Sinn haben soll, dann nur diesen: Literatur ist aufgerufen, Vorurteile abbauen zu helfen zwischen Menschen und Völkern, um Unduldsamkeit, Fanatismus und Aggression den Nährboden zu entziehen.

Max Walter Schulz

Euer Beifall verzeiht die Zeitüberschreitung. Schön, daß du mich darauf hingewiesen hast: ich hatte tatsächlich dasselbe Goethe-Zitat. Das ist aber gewiß kein Zufall. Hier fällt ja der Begriff Weltliteratur überhaupt zum ersten Mal.

In der Pause äußerte jemand, in den Arbeitsgruppen vor dem letzten Kongreß – oder bei denen auf dem VII. Kongreß? – hätten wir uns in solcher Diskussion viel lockerer bewegt, mit mehr Rede und Gegenrede. Ich weiß es nicht mehr so genau. Im nachhinein bilden sich manchmal schönende Legenden. Wir haben auch damals vorbereitete Vorträge gehabt. Allerdings fällt mir bei den Beiträgen, die wir heute gehört haben, eines auf: Das eigene Weltbild ist stabiler und nachdenklicher geworden, und auch die Eloquenz, die Sprechfähigkeit hat zugenommen. So schön das alles ist, in einer Veranstaltung wie dieser hemmt solche neue Qualität die Intensität des Dialogs. Jeder beansprucht jetzt für seine Selbständigkeit ein wenig mehr Zeit und kann sich nicht mehr auf Widerspruch oder Einwurf begrenzen, er muß es ausbreiten.

Peter Gosse
Vielleicht sollte man es auf den Versuch ankommen lassen. Ich kann mir vorstellen, daß viele das Bedürfnis haben. Ich sage das jetzt ein bißchen pro domo, aber auch deshalb, weil wir Robert Roshdestwenski hier haben, der nicht nur selbst ein wesentlicher Lyriker ist, sondern auch dem bedeutenden Liedermacher Wyssozki zum Durchbruch verholfen hat. Ich könnte mir vorstellen, daß Robert Roshdestwenski Lust hat, uns seine Eindrücke von unserem Kongreß mitzuteilen oder etwas darüber zu sagen, was im literarischen Leben Moskaus vor sich geht, wo elf Autorentheater existieren – im Unterschied zu uns, wo es gar keines geben wird, wie wir gestern vernommen haben –, drei Autorenverlage arbeiten und wo sich bei der Wahl des Vorsitzenden des Moskauer Schriftstellerverbandes drei Kandidaten der Abstimmung stellten, wobei dann Jewgeni Jewtuschenko knapp unterlag. Vielleicht wären auch Informationen über solche Vorgänge durch Roshdestwenski von großem Interesse.

Max Walter Schulz
Zwar hast du ihm jetzt schon allerlei Pulver von der Pfanne genommen, aber ich frage Robert Roshdestwenski natürlich sehr gern, ob er uns – im Sinne von Welt – einiges über seinen Verband oder auch über unseren Kongreß mitteilen möchte. Ich glaube, ich brauche ihn nicht besonders vorzustellen, neu ist aber wohl für die meisten, daß er seit einigen Monaten Vorsitzender der Auslandskommission im sowjetischen Allunionsverband ist.

Robert Roshdestwenski

Mein Name ist Robert Roshdestwenski. Das ganze Leben schon habe ich Gedichte geschrieben. Ich spreche in der Vergangenheitsform darüber, weil ich seit nunmehr drei Monaten Sekretär im Verband bin und zur Zeit nur noch dort arbeite. In diesen drei Monaten habe ich keine Zeile schreiben können. Daß ich hier das Wort erhalte, kommt überraschend für mich, ich habe mich nicht vorbereiten können. So bitte ich zunächst um Entschuldigung, daß meine Aussagen ein bißchen ungeordnet daherkommen.

In der Welt gibt es zur Zeit eine Reihe von Ereignissen, die uns auf diese oder jene Weise bewegen. Sehr wichtig ist natürlich das, was wir als neues Denken bezeichnen. Bisher hat sich die Welt nach folgendem Prinzip entwickelt: Diejenigen, die mehr Waffen hatten, haben gesiegt. Diejenigen, die mehr Fabriken hatten, wurden auch die Erfolgreichsten. Diese Mehrzahl bestimmte das Ganze. Aber in vielen Bereichen sind wir schon dazu gekommen, daß nicht immer die Mehrzahl das Stärkste, das Größte und das Lohnendste ist. Mehr Atombomben bedeuten noch lange nicht mehr Stärke, oder mehr Fabriken sind nicht unbedingt besser für die Menschen. Wir sind verpflichtet, diese ganze hartnäckige Psychologie zu verändern. Und das betrifft uns alle.

Für uns alle steht die Frage: Was können wir als Schriftsteller tun? Einiges können wir. Zum Beispiel: Zwei Menschen sehen dasselbe Problem, und beide stellen sich die Frage: Was kann ich dagegen tun? Das trifft auch für den dritten zu, den vierten und vielleicht noch für weitere. Ich möchte damit sagen, daß die Stimmen immer stärker werden und immer hörbarer. Und dieser Chor der Stimmen kann etwas bewirken.

Für uns alle ist es gegenwärtig unwahrscheinlich interessant geworden, in unserem Lande zu leben. Interessant, aber auch schwierig. Das ist zur Zeit untrennbar. Interessant ist es in vieler Hinsicht. Zum Beispiel ist es interessant, heutzutage die Zeitungen zu lesen, alle Zeitungen, möchte ich betonen. Früher hat man die Zeitung nicht gelesen, sondern nur durchgeschaut, vielleicht einen Artikel aus der Zeitung diagonal gelesen. Heutzutage liest man durchschnittlich etwa zwei Stunden am Tag die Zeitungen. Und trotzdem hat man das Gefühl, man hat längst noch nicht alles gelesen, was lesenswert ist. Vor kurzem rief mich mein Freund an und sagte: „Du, Alter, hast du schon den Artikel im ‚Wassertransport' gelesen?" Ich wußte gar nicht, daß so eine Zeitung existiert. Der Freund sagte: „Du mußt das unbedingt lesen, der Artikel ist höchst interessant." Das ging so weit, daß ich sogar in die Bibliothek ging, was ich früher nie getan habe. Ich habe die Zeitung gefunden und mehrere Nummern durchgeblättert. Und das war in der Tat höchst interessant.

Es ist zur Gewohnheit für uns geworden, sich an die Volksmassen zu richten. Das ist gewiß schwierig, aber sicher noch nicht das Schwierigste, schon deswegen, weil Volksmasse keine Fragen stellt. Fragen stellen konkrete Personen.

In unserer Arbeit, in unseren Beziehungen beobachten wir jetzt, daß die Widersprüche sich verschärft haben, auch in der Literatur. Vor kurzem haben wir den Ersten Sekretär des Schriftstellerverbandes in Moskau gewählt. Ich war leider nicht dabei. Es gab acht Kandidaten, am Ende hatten wir noch drei. Man kann solche Wahlen, wo es zunächst sehr viele Kandidaten gibt, auch zur Fiktion werden lassen. Aber in diesem Falle hatten wir einen sehr interessanten und auch sehr offenen sogenannten Vorwahlkampf. Und am Ende wurde nicht Jewgeni Jewtuschenko gewählt. Er kam nur auf den zweiten Platz. Ich würde sagen, er hat in diesem Wettbewerb die Silbermedaille gewonnen. Gewählt wurde der Kritiker Michailow.

Interessant ist auch, daß sich die Zahl der liberalen Redakteure, künstlerischen Theaterleiter und so weiter verringert hat. Früher war es zum Beispiel so: Ein Autor bringt sein Werk zur Redaktion, zum Redakteur oder Lektor. Der Lektor liest die Erzählung und sagt: Du bist ein Genie; ich würde deine Erzählung sofort publizieren; aber du verstehst doch … Und er zeigt dabei nach oben. Und sie gehen auseinander und bleiben dabei ganz große Freunde: Der eine ist ein genialer Schriftsteller, und der andere ist der kluge Lektor. Heutzutage kann auch solch ein kluger Lektor nicht mehr nach oben zeigen. Er kann nur noch auf sich selbst zeigen. Er hat das Recht, alles zu publizieren. Unsere Zensur beschränkt sich jetzt darauf, daß keine militärischen Geheimnisse gelüftet werden, keine Pornographie publiziert wird, keine antisowjetischen Aussagen erscheinen und keine Kriegspropaganda betrieben wird. Deswegen sage ich auch, wir haben jetzt viel weniger liberale Redakteure und Lektoren. Vor zwei Jahren konnte man über so einen Lektor sagen, er ist liberal, jetzt aber geht das nicht mehr, jetzt trägt er selbst die Verantwortung mit.

Bei uns tragen die Versammlungen zur Zeit sehr stürmischen Charakter. Gewiß, Literatur wird nicht auf Kongressen und Tagungen geschaffen. Trotzdem geben sie uns die Möglichkeit, Einschätzungen vorzunehmen und gewisse Urteile zu fällen und danach an unsere Schreibtische zurückzukehren, die vom äußeren Bild her sehr unterschiedlich sind. Es gibt Schreibtische, die sehr unordentlich aussehen, deren Unordnung für den Schreibenden aber sehr wichtig und notwendig ist; sehr oft wird gerade an solchen unordentlichen Schreibtischen Wichtiges geschrieben. Denn auch die besten Referate auf Tagungen ersetzen nicht die Werke des Schriftstellers.

In dieser Hinsicht erleben wir zur Zeit eine sehr interessante Erscheinung bei uns: Werke, die seit langem in der Schublade lagen, werden herausgegeben. Es wird in der nächsten Zukunft noch viel publiziert werden, wovon wir kaum etwas wußten. Wir halten das für eine sehr wichtige Sache, obwohl diese Werke natürlich sehr unterschiedlich sind und es auch verschiedene Standpunkte und Meinungen zu ihnen gibt.

Das ist es, was ich Ihnen im Moment mitteilen könnte. Bestimmt habe ich einige wichtige Dinge weggelassen und statt dessen über manches weniger Wichtige gesprochen. Glauben Sie mir bitte: Wenn ich mich vorbereite, dann kann ich auch sehr, sehr gut sprechen.

Max Walter Schulz

Also, wir haben wenigstens ein Beispiel eines absolut nicht vorbereiteten Vortrages, für den ich herzlich danke. – Ich gehe nun nach dem Alter der Wortmeldung vor und schlage folgende Reihenfolge vor: zunächst Joochen Laabs, dann Jean Villain, Benedikt Dyrlich, Egon Richter und Helmut Richter. Wir haben noch eine Stunde Zeit. Es können also, wenn sich die Kollegen kurz fassen, noch einige weitere zu Wort kommen.

Joochen Laabs

Literatur ist Umgang mit Mangelerfahrung, sagt Martin Walser. Vielleicht habe ich mich intuitiv aus so einem Mangelgefühl für diese Arbeitsgruppe entschieden und dabei zwei Sachen in einen Topf geworfen: Alltagswirklichkeit und Literatur. Das Weltverhältnis des einen muß ja nicht seine direkte Entsprechung im anderen haben. Aber daß das eine mit dem anderen absolut nichts zu tun hat, an dem ist es nun wieder auch nicht. Die Gesellschaft ist ein System kommunizierender Röhren.

Nun sind wir Schriftsteller in diesem Land, was die Möglichkeiten betrifft, die Welt zu erfahren, nicht besonders zu Klage und Anklage prädestiniert. Wir genießen einen bevorzugten Status. Aber unsere Art, sich sozial zu verhalten, ist, sich über unsere Erfahrungen – schreibend – zu äußern. Wobei wir – wenn auch zunächst ins Unbestimmte – auf Adressaten gleicher und ähnlicher Erfahrungen zielen. Aber darin steckt nun der Haken, was unsere Welterfahrungen betrifft. Wer außer unseren Zunftbrüdern und -schwestern hat sie? Ein bißchen möchten wir doch über diesen Kreis wirken, auch außerhalb von ihm auf jemanden – ich bin versucht zu sagen: unseresgleichen stoßen. Aber nun zeigt es sich, wir sind nicht mehr so ohne weiteres anderen gleich. Wenn ich von meinen unmittelbaren Welterfahrungen reden (oder schreiben) will, habe ich über Ungleichheiten zu reden: vielleicht weniger als vor zehn Jahren, aber immer noch über zuviel. Wie also verhalte ich mich? Ich kann so tun, als sei es für mich das Normalste, anderen Orts zu sein. Und mitunter ist mir ja auch so zumute. Aber schreibe ich so, ignoriere ich etwas Wesentliches, den Grund, weshalb mein möglicher Leser sich nicht neben mir durch den gestauten Autokonvoi auf der Rue de Rivoli windet. Ich ergehe mich in Ignoranz. Und in Wellen kommt das Bewußtsein, daß es für einen meiner Herkunft eben nicht das Normale ist, ja auch über mich. Also bleibt der naheliegende Schluß, meiner zwiespältigen Verfassung das Wort zu geben. Tue ich jedoch das, ist die Gefahr groß, den geographischen Ort, die andere Welt, um die es eigentlich geht, aus dem Auge zu verlieren.

Natürlich gibt es diverse Möglichkeiten, mit seinen Erfahrungen umzugehen, zum Beispiel mit Ironie und Sarkasmus – und oft genug ist mir nach Sarkasmus zumute, das läuft also gar nicht unbedingt auf Verstellung hinaus –, und ich bringe die Stadt, das andere Land, meine innere Verfassung einigermaßen auf Distanz, mache alles gut handhabbar und literarisch dabei sogar süffig. Aber wenn ich dann doch auf dieses unfaßbare Meßgerät reagiere, das da in mir irgendwo ganz im Innern angebracht ist und das ohnehin nur in sozusagen moralischen Sternstunden aufleuchtet, fühle ich mich nicht so recht wohl, auf diese Art mit der Welt umzugehen.

Bleiben mir diese Sternstunden überhaupt versagt, kann ich natürlich noch ganz anders verfahren: dem Leser suggerieren, wie glücklich er sich schätzen kann, daß ihm das alles erspart bleibt, was ich auf mich nehme, die Konfrontation mit Bösartigkeit, Brutalität, mit Elend, daß ich mich diesem Labyrinth von Täuschungen und Schein aussetze; ja ich kann es darauf anlegen, daß er um ein Gefühl der Dankbarkeit für meinen Opfermut nicht herumkommt. Man kann das tun, nur, dieses Gefühl der Dankbarkeit will beim Leser dennoch nicht so recht aufkommen. Im Gegenteil, was man sich als Autor einhandelt, ist vor allem Unglaubwürdigkeit. Denn diese Bücher – oder was es sein mag – sind nicht die einzige Quelle, aus der er sein Weltbild formt. Die DDR befindet sich nun mal an einer geographischen Stelle und in einer historischen Situation, an und in der man ohne Weltanschauung nicht auskommt. Und der potentielle Leser – wenn ich mit diesem sehr anfechtbaren Begriff umgehen darf – weiß mittlerweile, die Welt richtet sich nicht nach dem Bild, das mancher beflissen von ihr macht. Und wir wissen es ja auch.

Wenn ich mich hier – sprachlich – zum Plural weite und zum Pronomen „wir" greife, so weil ich glaubte, für diese Einsicht

198

bestünde ein ziemlich weitgehender Konsens. Aber ich habe mich wohl vergriffen. Vielleicht hören nicht wenige meinen Worten mit innerer Distanz zu, weil sie es als Grundausstattung an Wissen eines Schreibenden ansehen, daß Literatur auch die Folge von Irritationen ist. Also, was soll solches Lamentieren über die Schwierigkeiten, sich mit Lesern zu verständigen, anstatt naheliegenderweise dankbar zu sein, daß man auf so einem relativ leichten Weg mit Irritationen als Schreibrohstoff versorgt wird. Nur, ich denke, diese Irritationen entspringen einem Nachholebedarf an Normalität. Sie aufzuarbeiten heißt, sich mit Unterversorgung herumzuschlagen. Vielleicht erscheint es auch manchem als Schnee von gestern, den ich hier aufhäufe. Denn es tut sich doch einiges in letzter Zeit, was diese Unterversorgung abbaut. Vielleicht hätte ich mich auch dem erhebenden Trend vertrauensvoll überlassen und hier kein Wort verloren, schiene er mir nicht unerwarteterweise wieder bedroht.

Wir hatten uns daran gewöhnt, trotz der nicht gerade üppigen Weltbetrachtung vor Ort, die dem einzelnen zugebilligt wurde, befugt zu sein, über die Welt zu urteilen. Wir sparten nicht mit Urteilen, auch mit Verurteilungen nicht, die durchweg in eine Richtung zielten. Wir – ich meine die Gesellschaft als Institution – sahen uns dazu befugt dank der Vorleistung an gründlicher *Welt*anschauung, deren sich andere unterzogen hatten, um sie zu einer Welt*anschauung* von wissenschaftlichem Format zu verdichten, und dank der Kraft, die wir aus dem Verbund mit gleichgesinnten Staaten zogen.

Aber Übung macht bekanntlich den Meister. Und was dem in einer Richtung recht ist, ist ihm in der anderen mittlerweile nur billig. Und unsere Presse – es läßt sich nicht vermeiden – gebärdet sich nun als Lehrmeister auch in ebendie andere Richtung, die richtige, die eigene, bin ich versucht zu sagen. Aber was bleibt denn da noch an Richtigem? – Sie wissen, wovon ich rede: von einem Film, von einer Äußerung zu einem Film. Ich will sagen, mir wird ein bißchen albanisch zumute. Ich finde, es gehört eine Menge Selbstgerechtigkeit, ja Anmaßung und Ignoranz dazu, aus der Distanz Tausender Kilometer, aus einem anderen Erfahrungsumfeld den richtigen Blick auf die Dinge für sich zu reklamieren; die Frage, ob es nicht eben doch Vorgänge und Erfahrungen gab, die solch einen Film entstehen lassen, außerhalb jeder Erwägung zu lassen! Bei uns, in unserer politischen – und, das liegt in der Natur der Sache, von den meisten Punkten der Welt gesehen, auch geographischen – Randlage, unter uns 17 Millionen, denen zudem bisher eben kein besonderer Eifer bei der Inaugenscheinnahme der Welt nachgesagt werden kann, ist das absolute Gehör für die Wahrheit, deren die Fünf-Milliarden-Menschheit bedarf, installiert. Also läßt sich die Frage nicht vermeiden: Wozu Welterfahrung, wenn die Wahrheit auch ohne sie zustande kommt? Ich hoffe nur, daß Hedda Zinners Worte von gestern auch für diesen Fall gelten: zum Glück keine Ratschläge von direktiver Kraft. Und da ich mich schon mal der Äußerungen anderer bediene, auch noch eine Stephan Hermlins: Die Offenlegung solchen Fehldenkens hat auch ihr Gutes. Allerdings, was den Umgang mit Welt betrifft: Ein Stück Arbeit, von dem ich geglaubt hatte, es sei getan, ist offensichtlich noch zu leisten.

Jean Villain

Im Dokument „Der Kampf der Ideologien und die gemeinsame Sicherheit" liest man an zentraler Stelle, nämlich dort, wo es um die Notwendigkeit der hier und heute schon vielfach beschworenen unaufschiebbaren Menschheitsaufgaben geht, daß dabei „Wettstreit und Zusammenarbeit der gesellschaftlichen Systeme" einander nicht nur nicht ausschlössen, sondern eine „wenngleich oft widerspruchsvolle Einheit" bildeten. Und weiter heißt es dort, die sich hieraus ergebende Spannung zwischen Konsens und Konflikt erfordere die „Entwicklung einer Kultur des Streits und des kontroversen Dialogs". Genauer: eines Streits und zugleich Dialogs, der „auf einer realistischen Analyse der Möglichkeiten beider Seiten beruhen" und „die gesellschaftspolitischen Gegensätze klar zum Ausdruck bringen" müsse. Eine „realistische und differenzierte Analyse und Darstellung" der jeweils anderen Seite sei hierfür die Voraussetzung.

Diese wohldurchdachten und präzise formulierten Forderungen gehen, meine ich, nicht nur Berufspolitiker und Journalisten, sondern auch uns Literaten eine ganze Menge und höchst praktisch und sehr pragmatisch an. Insbesondere jene unter uns, die das sogenannte operative Genre, wie die Reportage, kultivieren. Wäre doch gerade diese – zumindest theoretisch – optimal dazu geeignet, den realen Stand der Dinge hier wie dort, in diesem und in jenem Land, differenziert und analytisch darzustellen.

Doch grau ist nicht nur alle Theorie, sondern mitunter auch die Praxis. Zwar hat die literarische Publizistik dort, wo sie DDR-spezifische Thematik aufgreift, in den letzten Jahren sicherlich gewonnen und sich sicherlich nicht schlecht entwickelt. Sie wagte sich auf Neuland und lernte außerdem, mit unsern hausgemachten Widersprüchen besser umzugehen. Um so krasser, meine ich, sticht jedoch ins Auge, wie sehr das Defizit an unbestritten guter Reportage über den Stand der Dinge außerhalb der Landesgrenzen angewachsen ist. Was in dieser Sparte angeboten wird, empfinde ich als alarmierend lückenhaft und fragmentarisch, und ich meine, daß es – jetzt abseits von Qualitätserörterungen – meilenweit davon entfernt ist, jenes Mindestmaß an Welt zu liefern, das interessierte, aufgeschlossene Menschen brauchen, um sich eine eigene fundierte Meinung von den Möglichkeiten und den Grenzen des Konsenses und von den Chancen der Kultur des Streits zu bilden.

So fehlt zum Beispiel immer noch die tatsächlich analytisch angelegte und verläßlich recherchierte reportagehafte Darstellung der Weltmacht USA. Ein gut geschriebenes Buch, das kompetente Auskunft böte über all die Dinge, die sich im Laufe langer Reagan-Jahre dort zusammenbrauten. Wie wichtig und wie hilfreich wäre es in diesen Tagen der internationalen Börsenkrachs, der welterschütternden politischen, der Wirtschafts- und der Dollarkrisen!

Schlimm aber auch, daß es so wenig gute, das heißt sowohl die Ratio als auch die Sinne ansprechende und mobilisierende Reportagen über jene hier ebenfalls schon mehrfach erwähnten hochdramatischen Zustände und Prozesse gibt, die Lateinamerika, Schwarzafrika und Teile Asiens erschüttern. Es will mir schlicht nicht in den Kopf, weshalb die operativ-literarische Erschließung so vieler Schauplätze wesentlichen, die Zukunft der Menschheit mitbestimmenden Weltgeschehens in den letzten zehn bis fünfzehn Jahren über weite·Strecken doch sehr zögerlich und sporadisch betrieben wurde, ja daß sie zum größern Teil, glaube ich, dem Zufall überlassen blieb. Wer etwas brachte, der kam zum Zug. Aber organisiert wurde relativ wenig.

Ganz zu schweigen von den Fristen, die verstreichen, bis solch ein rares Buch erscheint. Ich will konkret sein: Da erhielt ein seriöser hiesiger Verlag im März dieses Jahres von einem seriösen hiesigen Autor ein zwar unverlangtes, jedoch seriöses Reportage-Manuskript. Thema: afrikanisch-aktuell, recherchiert vor Ort im Jahre 1985. Das erste Außengutachten lag schon im April vor, also knapp 30 Tage später. Es empfahl die rasche Publikation des Textes. Worauf gar nichts geschah. Nicht einmal Vertragsgespräche wurden eingeleitet. Grund: Das zweite Außengutachten ließ auf sich warten. Und nun warteten halt alle, der Autor, der Verlag, vor allem aber das Publikum. Warteten und warteten, bis tief in den September. Da ging der Autor zum Minister. Drei Tage später: Treffen zwischen Autor und Verlagsvertretern, welch letztere nun immerhin schon über einen Vertrag mit sich reden ließen. Im Oktober, hieß es, wenn das Zweitgutachten endlich günstig ausgefallen sei, solle er bestätigt werden. Rund weitere dreißig Tage später hörte man tatsächlich, der Zweitgutachter habe sich geäußert. Leider bisher allerdings nur mündlich, wenngleich im wesentlichen positiv. Dennoch blieb die Sache, in Erwartung schriftlicher Substanz, vorerst weiter auf der langen Bank. Und wenn das Buch inzwischen nicht gestorben ist, wird es frühestens 1989 oder 90 kommen, denn selbst wenn Zweitgutachten und Vertrag mittlerweile unter Dach und Fach sein sollten – die neuesten Meldungen besagen, daß das noch nicht sicher ist –, müßte noch das Nadelöhr der Herstellung bezwungen werden.

Diese Story ist, wie gesagt, authentisch und kein Einzelfall. Auch für das Genre, das sich reichlich euphemistisch als das

„operative" definiert, sind heute Fristen von zwei Jahren oder mehr zwischen Manuskriptabnahme und Buchpremiere an der Tagesordnung.

Obschon natürlich Schäden, verursacht durch zu spät erschienene oder vom entmutigten Autor gar nicht erst geschriebene Bücher, vordergründig weder einklagbar noch meßbar sind, möchte ich bezweifeln, daß wir uns in Zeiten kontroversen Dialoges zwischen den Systemen länger solch verschwenderischen Umgang mit kreativer Arbeit, aktueller Information, Erfahrungs- und Begabungspotentialen leisten können. Setzt doch gerade diese Art von Dialog voraus, daß möglichst viele Menschen so genau wie möglich wissen, worauf es heute primär ankommt. Ein klares Weltbild aber kann nur der haben, der im Bilde ist und damit in der Lage, seine eigene Meinung und sein Handeln in bezug aufs Ganze wissend, das heißt bewußt, zu definieren. Daß die operativen Genres derzeit, daran gemessen, was sie heute leisten müßten, deutlich unterfordert sind – auch von der Kritik übrigens –, wer wollte das bestreiten? Und dennoch tut sich meines Wissens bisher herzlich wenig, was geeignet wäre, diesen Sachverhalt zu ändern. Das Aktiv im Verband, das sich um dieses Genre kümmern sollte, monologisierte mangels wirklich interessierter Ansprechpartner während ein paar Jahren unauffällig vor sich hin, ohne Wesentliches zu bewirken. Auch von langfristig konzipierter Nachwuchsförderung hat man bislang nicht sehr viel vernommen. Und schier prähistorisch weit zurück scheint die schöne Zeit zu liegen, da angesehene Buchverlage und gewisse Redaktionen in ihren Jahresplänen fast mehr große Reportagethemen als Autoren führten und deshalb ihre sicherlich auch damals schon begrenzten Mittel sehr gezielt einsetzten, sie mitunter gar zusammenlegten, wenn es um besonders wichtige Projekte ging.

Nein, ich schwelge nicht in Nostalgie! Vergangenheitsvergoldung liegt mir fern. Ich will nur sagen, daß wir auf dem Feld der Reportage schon mal besser waren und daß wir in Anbetracht der allgemeinen Lage und der Weltprozesse dringend dafür sorgen sollten, so schnell wie möglich wieder gut zu werden.

Benedikt Dyrlich

Unser Gast aus der Sowjetunion sprach von den vielen Stimmen, die heute wichtig sind, und so möchte ich auch meinen Beitrag verstanden wissen: „Welten in der Welt oder wie schief hängt das Bild unserer Welt."

Ich verstehe die Welt nicht mehr, kann schon derjenige feststellen, der sich nur einmal nach klassischen Welten der Weltliteratur umgedreht hat. Dabei muß man sich nicht einmal nach Goethe umsehen, um sich seiner eigenen Weltbeschränktheit zu vergewissern. Wenn jetzt jemand in dieser Runde eine türkische Welt der Gegenwart aus Westberlin zitierte, ein Gedicht, würden die meisten von uns kaum mehr als erstaunt sein über Klangfiguren, die wie aus einer fernen und fremden Welt zu uns kommen. Aber Türkisch gehört heute, wie sogar auf den Straßen unserer Hauptstadt zu hören ist, genauso zu den realen neuberlinischen Sprachen und Welten wie das Kroatische, Pakistanische, Griechische, Kurdische oder Arabische. Durch Berlin läuft nicht nur die Grenze zweier Gesellschaftssysteme, auch Sprachen und Literaturen teilen diese zwiefach gewordene Weltstadt in allerlei Welten.

„In meinem Körper stecken / drei glänzende Säbel / und auf der anderen Seite / ganz nah / eine stolze / tote Wölfin", heißt es in einem kroatischen Gedicht des Westberliner Autors Stjepan Kostre. Wer kann auf Anhieb nachempfinden, was für eine Welt sich in dem Text äußert? Was ist gefühlt worden? Was ist gemeint?

Auch Berlin, Hauptstadt der DDR, und Bautzen, kulturelles Zentrum der zweisprachigen Lausitz, trennen Welten, selbst wenn gleiche Fundamente die kleine und die große Stadt tragen.

„Tu stawa, w kole pohladnje / kaž paduch – nihdźe ničo. / Zastona młode žito, prosy, / ta jenož chwali kosu sej, / kiž změ-rom, chiba rěči: / Solingen Solingen Krupp."

Der Text, den ich zitiere, ist eine Welt für sich, und doch liegt diese Welt innerhalb der Grenzen meines Vaterlandes. Aus dem Gedicht von Jurij Chěžka mit der Überschrift „Fantazija" hören Sie sicherlich eine merkwürdige Sprachwelt heraus: sirrende und zischende Laute, die sich aber trotzdem betulich verhalten; sie rauschen nicht und reißen nichts auf; bis eine überraschende Metapher daherkommt, noch immer im gleichen Schritt wie die vorhergehenden Zeilen, und den Fluß durch eine verformelte Meldung abbricht.

„Solingen Solingen Krupp" – solche sichere und leicht verständliche Mitteilung aus einer nicht vertrauten Welt liefert Dichtung nur selten. Dichtung, die sich ja an Sprachen bindet, sie gar bildet, wird sich immer schwer erschließen. Wer von Dichtung formulierte Nachrichten erwartet, muß sich, wenn er wirklich Welten wahrnehmen will, Sprachen öffnen, sie lernen; Poesie der Welt kennt nicht eine einzige Weltsprache, ihre Botschaft kommt in einer Vielzahl von Formulierungen, Wendungen, Zeichen und Bildern auf uns zu.

„Ja će widźu, ja će słyšu" – Ich sehe dich, ich höre dich –, sagt heute immer noch der Sorbe, wenn er einem Menschen seiner oder einer fremden Sprache zutrinkt oder sich mit ihm verbrüdert. Sind nicht Sehen und Hören die ersten Schritte zu einem erweiterten Verständnis von Welt und Verhältnis zur Welt? Zur Toleranz und Aufgeschlossenheit gegenüber einer polyglotten und polyphonen Welt, gegenüber kleinen und großen Welten? Gegenüber kleinen und großen Literaturen im Ensemble der Weltliteratur? Gegenüber mehr oder weniger wichtigen Poetiken innerhalb mannigfacher Weltpoesie? Sind nicht Sehen und Hören gefordert, ob ich nun „Faust" lese und fassungslos bin oder den Klängen eines türkischen Gedichtes lausche und augenblicklich in eine ungewohnte Fassung gerate? Nicht auf eine formulierbare Moral kommt es zuerst an, der moralische Trieb ist entscheidend für Poesie, und dieser hat seinen freundlichen und verzweifelten Blick, eine Grimasse oder Fratze, seine Physiognomie, die auch derjenige verstehen kann, der den Inhalt der Zeichensprache nicht versteht.

„Jeder spricht sein eigenes Latein. Jeder spricht nach eigener Weise." Das machen uns zwei deutsche Sprichwörter weis. Sind jene mehr als zwei Augen und Ohren, die dem Menschen nun einmal von Gott oder der Welt gegeben sind, wirklich von dieser Weisheit und Weitsichtigkeit schon ergriffen? In aller Welt?

Zumindest auch in unserer Welt, die – wie schon gesagt – auch keine ganze ist und sein kann?

„Die Menschheit leidet ja immer noch darunter, daß große Völker mit einer Weltsprache hier und dort kleine Völker mit ihrem unschätzbaren folkloristischen und sprachlichen Reichtum, mit ihren Bräuchen und ihrer Geschichte assimilieren. Diese verschwinden spurlos vor unseren Augen ..." So klingen die fast entmutigenden Worte von Dmitri Lichatschow, Mitglied der Akademie der Wissenschaften der UdSSR, über die Befindlichkeit der Welt, ihrer Kulturen, Sprachen und damit auch Literaturen. Ausgesprochen wurde diese bittere Wahrheit im Februar in der Weltstadt Moskau, auf dem Weltforum „Für eine kernwaffenfreie Welt, für das Überleben der Menschheit". Formuliert wurden diese Worte im Namen eines neuen und ermutigenden Denkens, das nicht *auch*, sondern *vor allem* darauf zielt, eine Sprache, mit der nur noch zwei Menschen leben, ebenso zu erhalten wie eine Pflanze, die nur noch in wenigen Exemplaren existiert. Es geht – so das Anliegen des namhaften sowjetischen Wissenschaftlers – um die Rettung der *Mannigfaltigkeit* des Lebens und der Kultur, um das Ende der Eintönigkeit, die Entwicklung nicht beflügeln kann, um ein Gewissen und Verhalten, das Leben und Kultur bewahrt und *vielfältig* fördert.

Fühlen wir uns von diesem Weltblick getroffen? Von einem Blick auf die Weltkarte der Kultur und Literatur, der auch das Kleine und scheinbare Geringe, das Prunklose und häufig Unvollkommene zu fassen vermag? Bemühen wir uns, im Besonderen und auch Sonderlichen mehr zu sehen als eine Kuriosität, eine Rarität, ein Randproblem, ein Wehwehchen, das die Mehrheit nicht bewegt? Sehen wir in der Weltgeschichte auch die Geschichten kleiner und sehr kleiner Sprachen und Literaturen?

Neulich sprach in Bautzen der in Helsinki lebende westdeutsche Autor und Nachdichter Manfred Peter Heyn über die Verbreitung der Werke baltischer Literaturen im deutschsprachigen Raum. Die DDR, so wies er nach, sei dabei das Vorbild. Sicher sind wir das, wenn man an weitere, besonders slawische

Literaturwelten und ihre Poetiken denkt, die wir in unsere Welt hereingeholt haben – zu einem kleinen Teil auch über die sorbische Sprache. Und die Entfaltung und Förderung der zweiten Literatur, der sorbischen, in diesem Land ist mehr als ein gutes Beispiel unter vielen. Beruhigt das? Ist wirklich schon jeder Produzent, Mittler und Verleger von Literatur in unserem Land frei von einem Standardsystem kultureller Werte und Normen, von dem der Stärkere dem Schwächeren immer das Gefühl der Minderwertigkeit vermittelt – bewußt oder unbewußt?

Ein Beispiel: Unsere Verbandszeitschrift publizierte kürzlich zahlreiche „Stimmen aus Österreich". Warum fehlt die slowenische oder eine andere nichtdeutsche Stimme aus Österreich? Sind Gustav Januš, Florjan Lipuš, Andrej Kokot oder Maja Haderlap schlechtere Dichter als ...? Muß die Literatur aus Österreich, der Bundesrepublik und Westberlin sich immer nur original-deutsch präsentieren, wenn sie doch in Wirklichkeit in mehr als einer Sprachwelt wurzelt? Was zeigt diese Art zu denken und zu handeln? Überheblichkeit? Weltmißverständnis? Ein Mißverhältnis zur Welt? Nicht wahrhaben wollen, daß die Geschichten dieser Welt eben nicht aus einer Wurzel gewachsen sind?

Jedes Land auf unserem Kontinent hat mehr Wurzeln und Welten, als man sie im „Faust" von Goethe, der in jeder Sprache eine Welt sah, finden kann. Eine kühne Behauptung?

Jurij Chěžka hat vor genau fünfzig Jahren im Gedicht grause Töne des Todes angeschlagen. Wie kein anderer sorbischer Dichter seiner Zeit wollte er damit vor der „großen" Welt der Rüstung und Zerstörung warnen.

„Müssen wir wirklich aufeinander schießen, nur weil wir verschieden sind? Müssen wir nicht vielmehr diese Verschiedenartigkeit nutzen, um etwas Neues zu gewinnen, etwas, was uns gegenseitig bereichert?" So fragte vor einem Jahr der Staatsmann, der ein neues Denken in die politische, wissenschaftliche und künstlerische Welt brachte, die Teilnehmer eines Forums am Issyk-Kul. Leben wir schon in der Welt dieser Fragen? Suchen wir nach neuen Antworten? Suchen wir das Neue in der Vielfalt?

In den nächsten Jahren werden in den Bezirken Dresden und Cottbus weitere Dörfer verschwinden, wo auch heute noch die Muttersprache des Dichters Jurij Chěžka ihre Wurzeln hat. Später, nach dem Abbau der Kohle, wird, wie die Erfahrung lehrt, auch diese Stimme eines mehrstimmigen Lebens an bestimmten Punkten meines Landes nicht wiedererklingen; Rekultivierung der Mutter Erde sieht die Wiederbelebung ihrer Schwester, der Mutter Sprache, bisher nicht vor.

Warum eigentlich nicht? Wer oder was hindert uns, wieder kleine Häuser, Kirchen und Schulen zu bauen, um Vielfalt der Sprachen und Literaturen zu bewahren, sie zu entfalten? Unser Bild von der Welt? Das Bild unserer Welt?

Egon Richter

Es ist hier über Amerika geredet worden, über Paris, über Indien, über die Türkei, über einen großen Teil der Welt also, nicht aber über den, der uns eigentlich auch interessieren müßte. Ich möchte deshalb ein paar Fragen aufwerfen zu dem Thema, wie der Gegenwartsautor der DDR denn die *sozialistische* Welt sieht.

Lassen Sie mich aber zunächst einen ausländischen Kollegen zitieren: „Am 9. Januar fuhr ich an der Spitze einer Delegation zum Schriftstellerkongreß der DDR nach Berlin. Es war ein ruhiger, um nicht zu sagen belangloser Kongreß. Alles verlief in der gehörigen Ordnung: Begrüßungen, Verabschiedungen. Es gab auch ein paar kurze polemische Wortwechsel, natürlich mit Heym, aber auch das gehörte zum Ritual. Ein etwas aufmerksamerer Beobachter konnte allerdings wahrnehmen, daß diese Ruhe nicht mit dem Trägheitsgesetz zu erklären war, sondern daß man nicht ohne Mühe vorher daran gearbeitet hatte."

Dem Verfasser dieser Sätze kann, selbst beim schlechtesten Willen, keine Feindschaft zum Sozialismus, keine Aversion gegen die DDR, keine Absicht unterstellt werden, unseren Verband zu diskreditieren. Dennoch – oder gerade deshalb? das ist schon die erste Frage – hat er seine ganz persönlichen Wahrnehmungen aufgeschrieben und publiziert, ob sie uns passen oder nicht. Wir können sie jederzeit auf Seite 364 des zweiten

Bandes seiner Memoiren nachlesen, die der Verlag Volk und Welt unter dem Titel „Ein halbes Jahrhundert" herausbrachte. Ihr Verfasser ist kein Geringerer als unser leider schon verstorbener Freund, Kollege und Genosse Jerzy Putrament. Weder der Sozialismus noch die DDR, noch der Schriftstellerverband unseres Landes sind dadurch in irgendeiner Weise geschädigt worden. Nicht einmal die „gehörige Ordnung" der Kongresse.

Wie sieht ein DDR-Autor von heute in seinen literarisch-publizistischen Aussagen, die gewöhnlich als sogenannte Reisebücher abqualifiziert werden – dazu hat Richard Christ schon etwas gesagt –, die sozialistische Staatengemeinschaft und jenen begrenzten Teil der dritten Welt, von dem wir annehmen, vermuten oder zu wissen glauben, daß er einen sozialistischen Weg beschritten habe? Mit dem Begriff „literarisch-publizistische Aussage" ist eine Einschränkung benannt. Denn ich meine natürlich nicht, wie der einzelne Kollege das jeweilige Volk oder Land *tatsächlich* sieht, falls er – Zusatzeinschränkung: bei den vorwiegend mit Amtsträgern, Funktionären und Leitungskadern abgewickelten Kontakten und der relativ geringen Berührung mit den sozusagen normalen Menschen – es überhaupt „sieht", sondern wie er das, was er, auf welche Weise auch immer, erlebt, erfahren, erkannt hat, in seinen literarisch-publizistischen Äußerungen *darstellt*. Ich meine also, wie die Weltsicht des einzelnen Autors an seine Leser gebracht und was diesem Leser wirklich an Kenntnis und Einsicht vermittelt wird.

Ich nehme mich überhaupt nicht aus, wenn ich frage, ob das Bild von dem benannten Teil der Welt wahrhaftig mit jenem übereinstimmt, das wir gewonnen haben. Die Leser, die nach unseren Büchern greifen, tun das doch im Vertrauen auf unsere Ehrlichkeit, auf eine eigene, höchst individuelle Sichtweise, auf deren Basis ihnen ein möglichst glaubwürdiges Bild des jeweiligen Gegenstandes vermittelt wird, ein Bild auch, in dem die mehrfach abgesicherten Rücksichten der Medien, wenn *die* über den gleichen Gegenstand informieren, keine so gravierend vorsichtige Rolle spielen. Werden wir solchen Ansprüchen und

Erwartungen gerecht? Diese Frage schließt schon den Zweifel ein, und der wiederum hat seine Ursachen.

Edith Anderson hat einem Amerika-Buch den Titel gegeben: „Der Beobachter sieht nichts". Solch Titel hat symptomatischen Wert und trifft keineswegs nur auf Amerika zu. Wer von uns als Autor und mit der Absicht, darüber zu schreiben, in ein beliebiges sozialistisches Land kommt, ist nicht mehr als Beobachter und Gast. In den meisten Fällen ist er der Sprache des Landes nur unvollkommen mächtig und – nicht nur deshalb – mit entsprechender „landeskundlicher" Begleitung ausgestattet, die ihm im wesentlichen die Schokoladenseite vorführt, so wie man es mit Gästen halt macht. Seine Aufenthalte sind zeitlich eng begrenzt und ähneln eher Stippvisiten, bei denen fundamentale Einsichten in gesellschaftliche Grundstrukturen, Widersprüche und Problemkreise kaum oder gar nicht möglich sind.

Wiederholt haben wir uns bemüht, diese Praxis oberflächlicher Betrachtung zu ändern, zumindest zu modifizieren, und zu erreichen, daß Autoren langfristige, nicht in Hotels verlegte und mit amtlichen Erklärern ausgestattete Aufenthalte bekommen, die eine intensive Integration in das normale Leben des Partnerlandes ermöglichen. Bisher sind solche Bemühungen in der sozialistischen Gemeinschaft weitgehend gescheitert und in Teilen der dritten Welt nur regional begrenzt, sporadisch und viel zu selten realisiert worden.

Natürlich müssen wir selbst, von allen administrativen Schwierigkeiten abgesehen, eigene Vorleistungen dazu einbringen können. Dazu gehört die Kenntnis der jeweiligen Landessprache, ein Vermögen, das ja bei uns außerordentlich unvollkommen entwickelt ist, sowie das stillschweigende Einverständnis, eben nicht wie ein Gast und Beobachter betrachtet, sondern wie ein normaler Mensch behandelt zu werden. Solche Voraussetzungen auf allen Seiten müssen überhaupt erst geschaffen werden.

Es offenbaren sich aber noch andere Probleme, die meines Ermessens nicht allein in der unbestrittenen Tatsache liegen, daß ein Autor von uns, wenn er ein fremdes Land betrachtet, dies von einem anderen Standort aus tut als der jeweilige Bewohner dieses Landes, daß er aus einem anderen Kulturkreis kommt und eine andere historische oder Sozialerfahrung hat. Das ist natürlich und kann durchaus, auch literarisch, sehr reizvoll sein.

Ich meine eher ein ganz bestimmtes ideologisches Grundmuster, ein sozusagen fertiges Weltbild, in welches das entsprechende Freundesland nur noch in positiv-progressiver Hinsicht eingeordnet werden muß, ein Bild also, das wir uns schon vorher gemacht haben oder das sich aus politischer, oft nur tagespolitischer Sicht als gerade notwendig erweist. Ich will, wenn ich Beispiele nenne, deshalb von mir sprechen, um nicht andere Kollegen in ein falsches Licht zu setzen.

Vor über zwanzig Jahren habe ich mein erstes Sibirienbuch geschrieben, „Sehnsucht nach Sonne". Inzwischen sind von DDR-Autoren wer weiß wie viele ähnliche literarisch-publizistische Bücher über diesen Teil oder andere Gebiete der Sowjetunion oder auch über die Sowjetunion generell vorgelegt worden. Von kleinen punktuellen Bemerkungen, Zwischentönen und kaum entschlüsselbarem Untertext abgesehen, waren und sind alle diese Bücher, meine eingeschlossen, zum größten Teil reichlich konflikt- und problemlose Bekundungen über Gastfreundschaft, Liebenswürdigkeiten, Landschaften, gewaltige materielle, industrielle, landwirtschaftliche, kulturelle und soziale Leistungen, vor denen man sich nur in Bewunderung verneigen kann. Diese Bewunderung, das will ich hier ehrlichen Herzens sagen, hatte und hat ohne Zweifel ihre Berechtigung und ist völlig legitim. Sie ist unstreitig auch mehr als die halbe, aber sie ist eben nicht die ganze Wahrheit. Sie entbehrt jeden Konfliktbewußtseins, sie täuscht über gesellschaftliche, soziale, wirtschaftliche Problemsituationen hinweg, obwohl oder weil die mir – oder uns, wie man das auch sagen will – durchaus bekannt waren oder sind und inzwischen ja zur kritischen Basis für die Perestroika erklärt wurden. Ob heute also solche literarische Berichterstattung anders aussehen dürfte, weiß ich nicht und will es deshalb nicht beantworten. Aber damals oder hier?

Dort, wo auch nur der Ansatz von Konflikterwähnung vermutet werden konnte, gab es Debatten, Streichungen oder mehr. Ich habe mich bei dem erwähnten ersten Sibirienbuch zum Beispiel wochenlang mit Gutachtern herumschlagen müssen, die schon auf der ersten Seite die Streichung des Sibirienmottos „Hundert Kilometer sind keine Entfernung, hundert Rubel sind kein Geld, und hundert Gramm sind kein Schnaps" verlangten, und zwar deshalb, damit nicht der Eindruck entstünde, in der Sowjetunion herrsche eine materielle Gesinnung und es würde zuviel Alkohol konsumiert. Dazu erspare ich mir jeden Kommentar. Ich weiß von anderen Manuskripten, in denen Sätze und Teilabschnitte eliminiert werden mußten, weil darin – vorsichtig und wohlabgewogen – von langen Schlangen vor leeren Geschäften die Rede war.

Erfahrungen solcher Art haben schnell zu einer gut funktionierenden routinierten Selbstzensur geführt. Die veranlaßte mich oder uns, in literarisch-publizistischen Aussagen über die Welt des Sozialismus trotz oder bisweilen entgegen eigenen Erfahrungen, Erlebnissen, Erkenntnissen und Feststellungen, ja selbst im Widerspruch zu den Beobachtungen, die jeder aufmerksame Tourist machen konnte oder kann, und im Gegensatz zu vielem, was uns die belletristische Literatur der dortigen Autoren sozusagen frei Haus lieferte und liefert, im wesentlichen das zu verlautbaren, was einer durchweg problemlosen tatsächlichen oder vermuteten offiziellen ideologischen oder politischen Sicht- und Darstellungsweise entsprach oder entgegenkam.

Vor zehn Jahren habe ich ein Szczecin-Buch geschrieben: „Eine Stadt und zehn Gesichter". Im Jahre 1980, als die schweren Auseinandersetzungen in der polnischen Gesellschaft wieder einmal – wieder einmal! – ihren Anfang nahmen, wurde ich bei Leserdiskussionen, die das KIZ der DDR in Warschau und anderswo veranstaltete, vielfach und intensiv danach gefragt, warum denn in dem Buch keine Rede sei von ebenjenen heftigen Auseinandersetzungen um soziale und gesellschaftliche Zustände und Gegebenheiten, die von 1956 bis 1976 mehrfach die Stadt, ihre Einwohner, die Arbeiter der Warski-Werft erschüttert und betroffen und also Gesicht und Verhalten von Stadt und Einwohnern mindestens in gleichstarker Weise geprägt hätten wie die seit 1945 zweifellos errungenen Fortschritte und Erfolge. Ob, wurde gefragt, ich etwa behaupten wollte, davon nichts gewußt zu haben. Das konnte ich nicht, das durfte ich nicht, und das wollte ich auch gar nicht behaupten. Also versteckte ich mich hinter jenem Terminus technicus, den ich und wir in solchen Fällen und generell aus Politik und Diplomatie flugs in die Literatur transportiert haben und der „Nichteinmischung in die inneren Angelegenheiten" lautet. Das Zweifelhafte solcher Argumentation wurde und wird mir zunehmend bewußter, je mehr zu bemerken ist, wie wenig sie auf andere Teile der Welt angewandt wird.

Aber zurück oder hin zu der Frage an mich und uns: Warum ist das so? Welche Gründe oder Veranlassungen haben wir, bei literarisch-publizistischen Äußerungen über die Länder und Völker der sozialistischen Staaten möglichst alle durchaus vorhandenen, auch erkannten oder erfahrenen Konflikte und Probleme weitgehend zu verschweigen, unter den Teppich der Bedeutungslosigkeit zu kehren oder gar mit schönfärberischen Mitteln blauäugig zu übermalen? Über diese Gründe kann ich natürlich nur durchaus anfechtbare Vermutungen anstellen. Die erste betrifft die schon genannte Beobachter- und Gastrolle, hat also organisatorisch-administrative Gründe und ist von uns allein nicht beeinflußbar. Die zweite wäre die, daß die Untaten, mit denen der deutsche Faschismus die meisten dieser Länder überzogen hat, immer noch wie eine Art Kollektivschuld auf uns lasten und wir uns deshalb einer so vorsichtigen Zurückhaltung befleißigen, zumal die Welt des Sozialismus ja von anderer Seite genug kritischen Wertungen ausgesetzt ist und wir die Verpflichtung spüren, dem ständig vehement entgegenzuwirken. Das wäre ja immerhin noch ehrenhaft, wenn es auch an der Unstimmigkeit vermittelter Bilder nichts ändert.

Meine nächste Vermutung geht dahin, daß wir aus mehr oder minder schlechten Gründen oder Erfahrungen der Befürchtung unterliegen, wir könnten uns durch eine auch nur partielle Erwähnung vorhandener und erkannter Probleme und Konflikte in einen erkennbaren Gegensatz zu offiziellen oder offiziösen Verlautbarungen über die betreffenden Regionen und dadurch also in die persönliche Gefahr bringen, als jenseits der geltenden Staatsräson, der politischen Notwendigkeiten, des proletarischen Internationalismus angesehen zu werden, was wiederum möglicherweise persönliche Nachteile zur Folge haben oder uns gar bestimmter beruflicher Privilegien verlustig gehen lassen könnte. Ob solche Haltung noch ehrenhaft zu nennen wäre, bezweifle ich, bei allem Verständnis, das ich ihr nicht versagen kann.

Wie dem auch sein mag: Schriftsteller gelten dem Leser als sensible, individuelle Beobachter und Erforscher des Gegenstandes, den sie behandeln, ob das in der Belletristik Menschen und menschliches Verhalten oder in der literarischen Publizistik zum Beispiel fremde Länder und Völker sind. Von ihnen erwartet er mit Recht tiefergehende, subtilere, kritischere Aufschlüsse über seine und unsere Welt, als er sie bei den durch zahlreiche Rücksichten gehemmten Medien erfahrungsgemäß voraussetzen darf. Deshalb greift er zu unseren Büchern. Wenn er in denen nichts wesentlich anderes oder Tiefergehendes erfährt als das, was offizielle Deklarationen ihm liefern, wenn sich gar das vorgesetzte Bild im Widerspruch zu erkennbaren gesellschaftlichen Prozessen und Tendenzen befindet und wenn er zu der Vermutung gelangen sollte, der Autor enthalte ihm einen beträchtlichen Teil der eigenen Erkenntnisse vor, wird die Bereitschaft nachlassen, die Schriftsteller noch als vertrauenswürdige Partner zu akzeptieren.

Und wie sieht es bei uns selbst aus? Verpflichten uns – das ist eine Frage, die ich an mich stelle – ideologische Übereinstimmung oder Nähe, solidarische Freundschaft und politische Verbundenheit dazu, unübersehbare Konflikte und Problemkreise, ja sogar erkennbare Erosionen in gesellschaftlichen Strukturen befreundeter Länder zu übersehen oder wegzuretuschieren?!

In diesem Sinne bleibt für mich die Frage offen, die ich mir – und uns, wenn ihr es akzeptiert – stellen wollte: Wie wahrhaftig und real ist das Bild, das wir uns und unseren Lesern von dieser unserer sozialistischen Welt machen?

Max Walter Schulz

Schönen Dank, Egon Richter. Auf meiner Rednerliste von
heute morgen steht nach Helmut Richter noch Karlheinz Steinmüller. Wir können unsere Zeit nicht überschreiten, wir müssen in der Rednerliste jetzt einfach so weit gehen, wie wir kommen. Karlheinz Steinmüllers Beitrag berührt sich mit dem
Thema einer weiteren Wortmeldung, die wir ganz sicher nicht
mehr berücksichtigen können. Aber zunächst Helmut Richter,
bitte.

Helmut Richter

Wenn es stimmte, was der englische Naturwissenschaftler und
Belletrist C. P. Snow behauptet, daß in heutigen Gesellschaften
zwei Kulturen existierten (die wissenschaftlich-technische und
die humanistisch-literarische), deren Denkweisen diametral
ausgerichtet seien, und beide sogar stolz darauf wären, die andere nicht zu verstehen, dann gäbe es wahrscheinlich wirklich
keine Hoffnung mehr. Die Arbeitsteilung, das Spezialistentum,
eine Erfindung der Menschheit, die deren Produktivität ungeheuer befördert hat, brächte ihre Schöpferin um. Denn die bi-
blische Sprachverwirrung wäre dann vorsätzlich verinnerlicht,
das Nichtverstehen erwünscht, die gesamtgesellschaftliche oder
gar die globale Aussprache über Sinn und Unsinn großer Ziel-
setzungen überhaupt nicht mehr möglich.

„Die Meinung, man müsse alles, was technisch machbar ist,
auch wirklich machen", heißt es bei Carl Friedrich von Weiz-
säcker zum Thema Technik als Menschheitsproblem, „ist ein
kindlicher Allmachtstraum, rührend bei einem Kind, verbre-
cherisch bei einem Erwachsenen." Und er meinte ganz zu
Recht, daß die technisch-ökologischen Probleme, die aus diesem Allmachtstraum erwachsen, nur gelöst werden könnten,
wenn zuvor die politischen Vorbedingungen dazu geschaffen
würden. Das ist ein nobler Appell an die Adresse der Spezialisten der Politik, und man müßte sich nun fragen, mit welcher
Aussicht auf Erfolg, da dieser ja inzwischen auch eine Funktion der Zeit ist. Und ich frage dies trotz der Beharrlichkeit, mit
der bestimmte Verhandlungen von solchen Spezialisten gerade

jetzt zu einem mühseligen Zwischenergebnis geführt worden sind.

Hermann Kant hat uns „Die Summe" vorgelegt, ein Buch, das unser Zwerchfell zwar häufig kitzelt, jedoch nicht heiter ist. Es wird da vorgeführt, wie die Strukturen wirken, in denen bisher alle übergreifenden Ideen, nicht nur die einer Alleuropäischen Kulturstiftung, fein säuberlich zermahlen wurden. Das Rollenspiel der Länder und Ländergruppen ist ein groteskes Ritual, das die Veränderung, die – siehe oben – dringend nötig wäre, gar nicht zu wollen scheint, sie auf jeden Fall nicht herbeiführt. Dieses Ritual will offensichtlich nur den Status quo sichern. Schon in Aitmatows „Der Tag zieht den Jahrhundertweg" wird ähnlich schlagend nachgewiesen, daß das berühmte Gleichgewicht des Schreckens global den wirklichen Frieden nur verhindert und regional das überwunden Geglaubte noch einmal restauriert. Kant läßt seinen Helden Schleede sich diesem Spezialistenritual entziehen, das geschieht keineswegs „heldisch", dramatisch wird der Vorgang nicht beschrieben. Schleede fährt schlicht und einfach nach Hause, obwohl der inhaltsleere Job den Mann bis in sein Rentenalter hinein gut ernähren würde. Ich denke, wir sollten diesen Vorgang ja nicht überlesen.

Wenn also, um den Faden des Gedankens wieder aufzunehmen, politische Strukturen die Neigung haben, sich zu verfestigen – Aushärtung wäre ein halbwegs treffender Begriff, Kristallisation desgleichen, was nicht nur negativ zu werten ist –, wenn also dies so wäre, worauf dann Hoffnung setzen?

Der „Störfall" von Christa Wolf hat schon viele Lesarten erfahren, und das Buch wird, so einfach es auch zu sein scheint, noch viele Lesarten provozieren. Eine häufig abgegebene ist jene: es sei dies ein Text über die Janusköpfigkeit von Wissenschaft und Technik, über das Wohl und Wehe, das sie in sich trügen. Ich wage eine engere, zugleich umfassendere: ich sage, es ist ein Buch über die Janusköpfigkeit von Spezialistentum.

Christa Wolf zitiert aus der Autobiographie Charlotte Wolffs dies: „,Aber in dem miserablen sozialen Zustand unseres Zeitalters müssen wir uns mit Halbheiten abfinden. Wir müssen unsere vielfältigen Persönlichkeiten wie Schauspieler benutzen, die in verschiedenen Stücken spielen. Unser authentisches Selbst müssen wir unter einer Maske verbergen und eine Rolle spielen, um klarzukommen mit einem festgelegten sozialen Code.'" Und dann, ihr Selbstgespräch mit ihrem Bruder wieder aufnehmend, fährt Christa Wolf fort: „Ist es so? So ist es. Schreibend, Bruder – weil du gefragt hast –, haben wir mehr und mehr die Rolle des Schreibenden zu spielen und uns zugleich, indem wir aus der Rolle fallen, die Masken abzureißen, unser authentisches Selbst hervorschimmern zu lassen – hinter Zeilen, die, ob wir es wollen oder nicht, dem sozialen Code folgen. Diesem Vorgang gegenüber sind wir meistens blind. Ein Tag wie dieser, paradox in seinen Auswirkungen, zwingt uns, zwingt mich, Persönliches nach außen zu kehren, das Widerstreben zu überwinden."

Man könnte natürlich vermuten, dies wäre lediglich der Versuch, sich zu rechtfertigen, aber ich denke, es ist mehr, viel mehr. Denn parallel dazu läuft ja das andere, ein andres Unterlaufen oder Sprengen des sozialen Codes: Jener Bericht von einem modernen Doktor Faustus, der nicht Wissen, sondern Ruhm gewinnen will; die Story jenes Hagelstein, der im Verein mit andern Spezialisten SDI-Forschung betreibt: „Höchstbegabte sehr junge Männer, die sich – getrieben, fürchte ich, von der Hyperaktivität bestimmter Zentren ihres Gehirns – nicht dem Teufel verschrieben haben (ach, Bruder! Der gute alte Teufel! Gäbe es ihn noch!), sondern der Faszination durch ein technisches Problem." Hier koppelt sich, scheint mir, der Tatbestand zurück auf C. P. Snows Theorie von den zwei Kulturen, und nur Bedrücktheit, um nicht zu sagen Pessimismus, kann die Folge sein. Dann aber, ein knappes Halbjahr später, die Gegennachricht: Ebenjener Hagelstein habe den Vertrag mit Livermore gekündigt, sei ausgeschieden aus dem teuflischen Labor und habe sich damit der Droge Faszination entzogen! „Einer hat es geschafft. Nichts ist endgültig", heißt es bei Christa Wolf. Gibt es tatsächlich keine Sachzwänge, frage ich nun, gibt es tatsächlich nur Denkzwänge? In der Leipziger „Pfeffermühle" läuft gegenwärtig ein Programm, das von der Dresdner „Herkuleskeule" übernommen wurde und dessen Titel durchaus ein Lebensprogramm abgeben könnte (und ich zitiere hierfür absichtlich keinen Klassiker); der Titel lautet: „Auf dich kommt es an, nicht auf alle."

Und was hat das alles mit unserer Literatur zu tun? Nun, ich fühle mich nicht in der Lage, Zensuren zu verteilen, dies entspräche auch gar nicht meinem Temperament, aber die beiden von mir zitierten Bücher sind jedenfalls zwei sehr neue Antworten auf die uns alle bedrängenden alten Fragen; *trotz* der großen Beachtung, die sie, im Gegensatz zu den von Mickel genannten Werken, seit ihrem Erscheinungstag erfahren haben. Und dies ist nicht polemisch, sondern ergänzend gemeint. Denn natürlich bin ich froh, daß Mickel auf Gosse und auf Dieckmann hingewiesen hat. Überhaupt wäre dies ganz im Sinne der Überwindung jenes sozialen Codes (der bei Schreibenden wohl auch die Komponente „unvergleichbar" enthält), auf Werke anderer kommunikativ einzugehen, die von anderen gefundenen Antworten zumindest als Anregung anzunehmen. So daß sich unsere Literatur noch mehr vernetzen könnte. Was alle großen Literaturen auszeichnet und ihre Wirkung in der Welt sehr stark befördert.

Karlheinz Steinmüller

Um kurz zu umreißen, worüber ich sprechen will, möchte ich vier Thesen voranstellen.

Erstens: Unsere Literatur wird daran gemessen werden, ob und wie sie sich den Problemen der Welt – und das sind für mich vor allem die globalen Probleme – stellt.

Zweitens: Die Literatur muß gegen den Schlaf der Vernunft ankämpfen.

Drittens: Die Literatur des Mikroskops sollte um eine Literatur des Makroskops ergänzt werden.

Viertens: Lediglich Betroffenheit zur Schau zu stellen genügt in der Literatur sowenig wie anderswo. Es kommt darauf an, Ursachen zu analysieren.

Zur ersten These. Für mich steht und fällt die Glaubwürdigkeit literarischer Werke mit ihrem Weltgehalt, das heißt Gehalt an Konflikten, die mit heutigen Menschheitsproblemen zusammenhängen: Krieg oder Frieden, Demokratisierung der Gesellschaft, Meisterung des wissenschaftlich-technischen Fortschritts, Bewahrung der Umwelt. Speziell könnten wir etwa die Lyrik daraufhin befragen, ob sie nicht bisweilen eine Idylle auf Erden, eine heile Umwelt ausmalt, die es so nicht mehr gibt. Oder wir könnten die Science-fiction daraufhin untersuchen, ob sie nicht überwiegend in einen völlig heilen Welt-Raum flieht. Weder das eine noch das andere ist für mich glaubwürdig, und ich vermute, daß die entsprechenden Werke auch für einen Großteil der Leser keine Glaubwürdigkeit mehr besitzen.

Generell hat unser Zukunftsbild in den letzten Jahrzehnten an Kontur verloren. Vom mitunter übertriebenen Pathos unserer Gründerjahre haben wir uns weit entfernt; statt dessen sehen wir die Zukunft oft auf „High-tech" eingeengt, oder es äußert sich – als anderes Extrem – eine wenig reflektierte Angst vor dem Kommenden. Dabei übersehen wir gern, auf welch behütetem Fleckchen Welt wir – trotz aller äußerer Bedrohung – leben, und ebenso gern vergessen wir bei unserem Kampf um den täglichen Luxus, daß anderswo ein Kampf um das tägliche Überleben geführt wird. Wer literarisch etwas bewegen will, muß meines Erachtens diese Welt-Sicht mit einbringen.

Aber es reicht noch nicht aus, sich auf einen globalen Standpunkt zu stellen, wir sollten auch einen historischen einnehmen und beispielsweise aus der Perspektive der Zukünftigen fragen: Wie habt ihr uns die Erde überlassen? Habt ihr unser Erbe, die Rohstoffe der Welt, nicht verschleudert? Ihr wart dabei: Habt ihr nichts bemerkt, nichts gewußt? Ihr habt euch gerühmt, daß der Ausstattungsgrad eurer Wohnstuben mit technischem Gerät beständig wuchs, und ihr habt darüber vergessen, daß der Ausstattungsgrad der Natur mit Tieren und Pflanzen unaufhaltsam abnahm! Vielleicht werden sie uns die Marxsche Mahnung um die Ohren schlagen, daß alle gleichzeitigen Gesellschaften nur Nutznießer der Erde seien und nicht ihre Eigentümer und sie den nachfolgenden Generationen verbessert zu hinterlassen haben. Wenn wir die Erde den Zukünftigen schon nicht verbessert hinterlassen, so sollten wir sie doch zumindest als bewohnbaren Planeten bewahren.

Dazu ist – ich komme zu meiner zweiten These – neues Denken notwendig. Neues Denken heißt für mich Ende des Schlafs der Vernunft. Schlaf der Vernunft bedeutet ja nicht Abwesenheit der Vernunft, sondern – ich könnte mich hier auf Alexander Kluge berufen – hyperaktiver, unkontrollierter Logos, Verstand, der bis zum äußersten getrieben und auf spezielle Dinge eingegrenzt wird. Hier berührt sich meine Position mit dem, was Helmut Richter über das Spezialistentum gesagt hat. Schlaf der Vernunft impliziert ein Denken, wonach der Zweck die Mittel heiligt, ein Denken, das Probleme verdrängt und Informationen verweigert; Schlaf der Vernunft impliziert Ressortdenken, Panikmache und ein Eigeninteresse, das auf Konfrontation aus ist.

Es ist kein Wunder, wenn dieser Art des – philosophisch gesehen rein verstandesmäßigen – Denkens sowohl ein unbegründeter Fortschrittsoptimismus entspringen kann, der die Welt in Rosa malt, als auch ein ungezügelter Fortschrittspessimismus, der, praktisch aus der gleichen Quelle gespeist, die Zukunft und den Zustand unserer Welt in Schwarz malt. Ich kann als Beleg Stanisław Lem zitieren: Die Menschheit ist in die Technologiefalle gestürzt. Fortschritt wird hier als ein Naturgesetz betrachtet, das, wie von einem strafenden Gott für die Hybris der Menschen verhängt, als eine Notwendigkeit über uns hereinbricht, der wir ohne alle Freiheit unterworfen sind.

Altes Denken, das heißt für mich bloßes Reagieren auf Sachzwänge, beispielsweise wenn einer behauptet: Wir können nicht anders, wir stehen wirtschaftlich unter Druck – und weiterwurstelt auf eingefahrenem Gleis. Von dieser Verhexung des Denkens durch den Sachzwang müssen wir uns befreien, wenn wir zu neuem Denken gelangen wollen.

Ich meine, als Literat darf man auch ausgefallene Hypothesen äußern, etwa die folgende: Wie wäre die Entwicklung verlaufen, wenn die DDR nicht über die Braunkohle, ihren einzigen wichtigen Rohstoff, verfügt hätte? Vielleicht wären wir dann ein

Stück weiter voran, weil wir den japanischen Weg eingeschlagen hätten? Oder man könnte fragen: Warum sprechen wir statt von der Einheit von Wirtschafts- und Sozialpolitik nicht besser von der Einheit von Wirtschafts-, Sozial-, Friedens- und Umweltpolitik? All diese Bereiche sind ja eng miteinander verflochten.

Neues Denken schließt die Erkenntnis ein, daß falsche Mittel den Zweck entheiligen, daß Verantwortung geteilt werden muß – ich könnte auf einige Reden des gestrigen Tages verweisen –, daß ohne die Mitwirkung der Betroffenen keines der Probleme unseres Zeitalters gelöst werden kann. Mitwirkung setzt jedoch Mitwissen voraus. Unzumutbar ist deshalb eine Informationspolitik im Umweltbereich, die davon ausgeht, daß die Menschen vor den Daten geschützt werden müssen, statt davon auszugehen, daß die Menschen vor dem geschützt werden müssen, worüber die Daten etwas aussagen. Ein neues Denken müßte sich meines Erachtens gegen Konfrontation, Verschweigen und Panikmache richten und die Kultur des Streits entwickeln. Vor allem aber müßte es die Gefühle der Menschen einbeziehen. Sie sind unabdingbar, wenn es gilt, dem Schlaf der Vernunft ein Ende zu setzen.

Als Exkurs ein Beispiel dafür, worin sich altes und neues Denken unterscheiden: etwa im Umgang mit der Angst. Das alte Denken hat Angst vor der Angst, sie muß verdrängt werden, es beschönigt oder es verfällt in Panik. Im neuen Denken kann die Angst dich wach machen. Wir haben dies während des Kampfes gegen die Hochrüstung vor vier, fünf Jahren erlebt. Doch um ziellose Angst in schöpferische Angst zu verwandeln, brauchen wir Wissen.

Zur nächsten These: Die Literatur des Mikroskops sollte um eine Literatur des Makroskops ergänzt werden. Ich bin nicht einer Meinung mit Volker Braun, daß jedes Problem eine neue Poetik erfordert, aber ich glaube schon, daß die Literatur es erst lernen muß, mit neuen Herausforderungen umzugehen, weniger im Formalen als im Inhaltlichen. Und darauf ziele ich mit meinen Begriffen von Literatur des Mikroskops und Literatur des Makroskops ab.

Die Literatur des Mikroskops lotet die Psyche des Menschen aus, sie notiert die feinsten Regungen der Innenwelt. Die Literatur des Makroskops wäre sozusagen die außenweltliche Ergänzung dazu, nämlich die Schau auf die großen Zusammenhänge, eine Gesamtschau der Weltprobleme. Die Literatur des Makroskops sieht den Wald trotz der Bäume.

Natürlich dürfen wir dabei das Mikroskop nicht beiseite legen. Es käme darauf an, daß sich die großen Probleme der Welt in der Seele des Helden spiegeln – so wie Fontanes Stechlin die Erschütterungen der Welt anzeigt. Doch Literatur darf nicht dabei stehenbleiben, als Seismograph Erschütterungen zu melden, als Barometer Hochs, Tiefs und Sturm im Lande anzuzeigen.

Damit komme ich zu meiner vierten These: Die bloße Betroffenheit, das bloße Präsentieren dessen, was im Lande und in der Welt nicht in Ordnung ist, genügt noch nicht. Um ein Beispiel zu nennen: Hanns Cibulka, den ich sehr schätze, hat sich durch die Schilderung von Umweltproblemen sehr verdient gemacht – und wir brauchen mehr Bücher wie die seinen, die Betroffenheit wecken –, doch er stellt hauptsächlich dar, und ich wünschte mir, daß wir einen Schritt weitergingen und Ursachen analysierten.

Ich bin immer unzufrieden, wenn ich in einer Diskussion mit Lesern höre: Ja, ja, so ist es! Zustimmung ist zwar wichtig, sie beweist, daß man mit seinem Text nicht an der Wirklichkeit vorbeigegangen ist. Aber wir sollten doch mehr erreichen können, womöglich einen Heureka-Effekt, neue Erkenntnis. Wahrscheinlich ist es dazu bisweilen nötig – vielleicht hat Volker Braun hierin doch recht? –, daß man die Form durchbricht und über das Ästhetisieren der Betroffenheit hinwegkommt, um tiefer betroffen zu machen und neue Einsichten zu ermöglichen.

Lassen Sie mich kurz zusammenfassen: Die Hauptfunktion der Literatur an der Schwelle zum 21. Jahrhundert sehe ich darin, an den Schlaf der Vernunft zu rütteln und populäre Mythen auszuräumen, Mythen wie die folgenden: Die Wissenschaft vermag alles von allein. Die Wissenschaftler und die Politiker werden es schon richten. Wir können eh nichts ändern. Es ist alles nur halb so schlimm.

Ich kann mich auf die Etymologie berufen: „Welt" stammt her von „wër" gleich „Mensch" und „ald" gleich „Zeitalter". – Daß die Welt uns Menschen auf Dauer erhalten bleibe!

Max Walter Schulz

Wir haben mit diesem Beitrag von Karlheinz Steinmüller, glaube ich, einen akzeptablen Schlußpunkt gesetzt.

Ich verzichte auf eine Zusammenfassung. Ich sage nur eines: Das Wort, das heute in dieser Diskussion am häufigsten akzentuiert worden ist, ist das Wort „Verantwortung". Ich meine, auch das ist neues Denken. Und diese historische Geste, von der uns Robert Roshdestwenski sprach: Wenn der Zeigefinger von oben – lieber Gott, Partei, Zentralkomitee, Verlag oder wer es auch ist – heruntergeht auf: Ich verantworte es!

Ich danke für die Engagiertheit der Beiträge und allen für das aufmerksame Zuhören.

Arbeitsgruppe IV
Literatur und Wirkung

Rainer Kerndl

Liebe Kolleginnen und Kollegen, ich begrüße euch in der Arbeitsgruppe „Literatur und Wirkung". Ihr wißt, Christoph Hein hat sich freundlich bereit erklärt, seine Überlegungen, seine Gedanken, seine Position zum vorgegebenen Thema als einleitenden Diskussionsbeitrag vorzutragen. Zuvor aber noch einiges zum Ablauf: Bereits gestern habe ich eine ganze Reihe von Wortmeldungen für diesen Vormittag bekommen. Andere gingen beim Organisationsbüro ein. Ich möchte natürlich, daß alle Kollegen, die sprechen wollen, auch sprechen können. Das setzt aber voraus, daß sich jeder möglichst präzise an das Thema hält, wie weit das auch gespannt sein mag, und sich möglichst auch zeitlich komprimiert. Ich weiß, daß eine ganze Reihe Kollegen sich vorbereitet haben. Ihre Sorgfalt ist zu begrüßen. Andererseits möchte ich, daß dieses Gespräch wirklich eine Diskussion wird, daß man aufeinander eingeht. Und das könnte bei dem einen oder anderen bedeuten, daß er vielleicht, so interessant das auch sein mag, was er hier vortragen wollte, auf dieses oder jenes verzichtet, wie schwer es auch für einen Schriftsteller ist, sich selbst zu streichen. – Großen Wert lege ich auf spontane Wortmeldungen, um zu eben Gesagtem seine Meinung zu äußern.

Aber nun hat erst einmal Christoph Hein das Wort.

Christoph Hein

Wir haben gestern viel Freundliches über uns gehört. Und wir haben, wo uns das nicht ausreichte, uns selbst gelobt. Das ist so korrekt wie verständlich: die eigenen Verdienste kennt jeder selbst am besten. Die gestrige Aufzählung unserer Erfolge noch im Ohr, wollen wir uns heute mehr den Problemen der Wirkung unserer Arbeit zuwenden. – Ich werde über manches sprechen und – aus Zeitgründen – über sehr vieles nicht. Ich bitte dafür um Verständnis. In der anschließenden Diskussion besteht für Sie auch die Möglichkeit, Fehlendes zu ergänzen beziehungsweise mich zu korrigieren.

Literatur und Wirkung

1. Der verratene Leser

„Die verschiedenen Empfindungen des Vergnügens oder des Verdrusses beruhen nicht so sehr auf der Beschaffenheit der äußeren Dinge, die sie erregen, als auf dem jedem Menschen eigenen Gefühle, dadurch mit Lust oder Unlust gerührt zu werden. Daher kommen die Freuden einiger Menschen, woran andere einen Ekel haben, die verliebte Leidenschaft, die öfters jedermann ein Rätsel ist, oder auch der lebhafte Widerwille, den der eine woran empfindet, was dem andern völlig gleichgültig ist. Das Feld der Beobachtungen dieser Besonderheiten der menschlichen Natur erstreckt sich sehr weit und verbirgt annoch einen reichen Vorrat zu Entdeckungen, die ebenso anmutig als lehrreich sind. Ich werfe für jetzt meinen Blick nur auf einige Stellen, die sich in diesem Bezirke besonders auszunehmen scheinen, und auch auf diese mehr das Auge eines Beobachters als des Philosophen."

Soweit Immanuel Kant. „Beobachtungen über das Gefühl des Schönen und Erhabenen" nennt Kant diesen Blick. Unser Jahrhundert beließ von diesem Vokabular ungekränkt lediglich das Wort „Beobachtung". Bei dem „Gefühl", dem „Schönen und Erhabenen" zögern wir. Wir nennen das Thema sachlicher „Literatur und Wirkung". Die Aufgabe für den Beobachter und Berichterstatter jedoch ist so unverändert wie die verschiedenen Wirkungen des gleichen, sie verursachenden Gegenstands, in unserem Fall der Literatur, des Buchs.

Und die Wirkungen sind, wie Immanuel Kant bemerkt, sehr viel weniger dem „äußeren Ding", dem Buch, geschuldet als der Verfassung des Konsumenten, des Lesers. Die Wirkungen, die Literatur hervorruft, sind fast immer überraschend und häufig unvorhersehbar. Von den Wirkungen läßt sich nur bedingt auf das Buch schließen, aber unbedingt auf den Leser. Schon Immanuel Kant wußte von jenen „wohlbeleibten Personen, deren geistreichster Autor ihr Koch ist und deren Werke von feinem Geschmack sich in ihrem Keller befinden", jene, die das Bücherlesen und -vorlesen lieben, „weil es sich sehr wohl dabei einschlafen läßt", und jene, deren emsigste und einzigste Lektüre ihrem Kontobuch gilt.

Beifall und Ablehnung, Begeisterung und Langeweile, moralische und politische Wertungen offenbaren einiges über das jeweilige Buch, sie erhellen stets den Urteilenden. Die Literatur erregt die Wirkungen, doch diese bezeugen vor allem die Verfassung des Lesers, des Gemeinwesens. In der vergleichbar kurzen Zeitspanne von nicht einmal vierzig Jahren läßt sich anhand der Wirkungen, die Literatur verursachte oder vielmehr auslöste, ein Bild der wechselvollen Verfassung unseres Staates, unserer Gesellschaft und der lesenden Bürger aufzeigen. Diese Wirkungen unterliegen vielfachen Beeinflussungen, werden modifiziert durch die Medien, die Moden, staatliche und gesellschaftliche Maßnahmen, die das eine hervorzuheben, das andere ungesehen wünschen; dennoch und gerade deshalb erhellt Literatur mit ihren Wirkungen auf eine einzigartige Weise den inneren Zustand einer Gesellschaft und ihrer Bürger.

Gewiß, Bücher verraten ihren Autor, Literatur offenbart weit mehr als ihren Gegenstand ihren Verfasser. Literaten sind Exhibitionisten: es ist nicht möglich, zu schreiben und sich bedeckt zu halten. Hier liegt eine der Wirkungen von Literatur begründet: wir fühlen uns hingezogen, gefühls- oder geistesverwandt mit dem oder jenem Autor, das veröffentlichte Werk macht uns selbst einen längst verstorbenen Autor zum nahen Vertrauten.

Bücher haben ihre Schicksale, und diese beruhen allein auf ihren Wirkungen. Die Schicksale der Bücher erzählen von den Lesern, sprechen von ihrem Mut und ihrer Feigheit, ihrem Rückgrat oder Opportunismus, ihrem Kunstverständnis, ihrer Kultur und Bildung. Unabhängig vom literarischen, gesellschaftlichen und politischen Wert eines Buches geben uns seine Wirkungen Auskunft über seinen Leser. Die im Vergleich mit allen anderen Medien so unaufdringlich wirkenden Bücher entblößen ihren Leser.

Ein Buch kann nach unseren Erfahrungen erst einige Jahrzehnte nach seinem Erscheinen klar und sachlich beurteilt werden. Aber bereits mit seinem Erscheinen, mit den ersten Wirkungen, die das Buch auslöst, beurteilt es den Leser, offenbart ihn. Um so erstaunlicher ist daher der leichtfertige, arglose Umgang mit einem so argen Ding wie dem Buch, das mitleidslos und durch die von ihm bewirkte Selbstentblößung überzeugend und unwiderlegbar seinen Leser denunziert. Autoren können mitleidig, arglos, freundlich und nachsichtig sein, Bücher sind es nie. Sie verraten ihren Urheber, und sie verraten – mittels ihrer Wirkungen – den Leser.

2. Über die Sitzgelegenheiten unserer Verleger
Traditionell thronen Verleger auf den Abrechnungen ihrer Buchhaltung. Das ist ein bewährter, sicherer, jedenfalls unzweifelhafter Sitz. Von ihm aus gestaltet sich der Umgang mit Autoren problemlos: die schwarzen und roten Zahlen unterstreichen oder widerlegen jede Ästhetik. Wer Bücher verkaufen will, wird den Bestseller nicht nur kaufmännisch, sondern auch literarisch schätzen. Und mit dem absehbaren, bereits eingeleiteten Ende der Verlage in der westlichen Welt, ihrem Verschwinden in wenigen marktbeherrschenden Buchkonzernen, wurde die Buchhaltung nicht allein der Thron des Verlegers, sie wird auch zum einzig maßgeblichen Lektor. Dann wird – eine Neuerung im alten Geschäft des Büchermachens – das Neo-Analphabetentum eine weitere Unterstützung erfahren.

Unsere Verleger sitzen anders auf ihren Stühlen. Sie sitzen allerdings auch auf anderen Stühlen.

Überrascht bemerkte ich, daß unsere Verleger auf Bücherstapeln sitzen. Diese Stapel bestehen nicht aus Ladenhütern, aus unverkäuflicher Ware – der Absatz ihrer Produkte ist die geringste Sorge unserer Verleger –, diese Stapel bestehen aus Büchern der laufenden Produktion.

Bücherstapel sind eine sehr unbequeme und unsichere Sitzgelegenheit. Sie sind instabil, und so kann es keinen verwundern, wenn unsere Verleger, auf ihnen sitzend, gelegentlich wackeln oder – und auch das kam vor – von diesen Büchern zu Fall gebracht werden. Ich plädiere für bessere und stabilere Stühle in den Chefetagen unserer Verlage, möglichst keine Drehstühle, aber gesundheitsfördernde, also rückgratstärkende und auch rückgratschonende Sitzgelegenheiten.

Durch meine Arbeit hatte ich Gelegenheit, mehrere Verleger meines Landes kennenzulernen. Nicht mit allen konnte ich mich gütlich einigen, und es kam auch vor, daß ich mich mit einem überhaupt nicht einigen konnte. Aber alle diese Verleger sind Leute, die ihr Geschäft verstehen, mit Verstand und Herz aufopferungsvoll für ihre Bücher arbeiten, kämpfen und einstehen. Es ist nicht einer unter ihnen, der einer Aufsicht bedarf. Dafür lege ich meine Hand ins Feuer, und ich bin überzeugt, daß die Mehrzahl meiner Kollegen, wenn nicht gar alle, dazu ebenfalls bereit sind.

Das Genehmigungsverfahren, die staatliche Aufsicht, kürzer und nicht weniger klar gesagt: die Zensur der Verlage und Bücher, der Verleger und Autoren ist überlebt, nutzlos, paradox, menschenfeindlich, volksfeindlich, ungesetzlich und strafbar. Ich werde das im folgenden begründen:

Die Zensur ist überlebt. Sie hatte ihre Berechtigung in den Jahren nach dem zweiten Weltkrieg, als der deutsche Faschismus von den Alliierten militärisch vernichtet, aber die geistige Schlacht um Deutschland, um die Deutschen damit noch nicht entschieden war. Damals hatte die Zensur, ähnlich den Lebensmittelmarken, die Aufgabe, den allgemeinen Mangel zu ordnen, das Chaos zu verhindern und die Aufbauarbeit zu ermöglichen. Zudem begünstigte die damalige historische Situation die Existenz einer Zensur, also das, was unsere neuere Geschichtsschreibung mit den seltsam verwaschenen Formulierungen „jene tragischen Ereignisse der dreißiger Jahre in der Sowjetunion" und „zeitweilig aufgetretene Verletzungen der Leninschen Normen des Parteilebens" eher zu verdecken sucht als zu benennen. Die Zensur hätte zusammen mit den Lebensmittelmarken Mitte der fünfziger Jahre verschwinden müssen, spätestens im Februar 1956.

Die Zensur ist nutzlos, denn sie kann Literatur nicht verhindern, allenfalls ihre Verbreitung verzögern. Wir haben es wiederholt erlebt, daß nicht genehmigte Bücher Jahre später die Genehmigung erhalten mußten. Und daher wissen wir alle, daß Bücher, die uns heute noch nicht zugänglich sind, etwa einige der Bücher von Stefan Heym oder die von Monika Maron, in DDR-Verlagen erscheinen werden.

Die Zensur ist paradox, denn sie bewirkt stets das Gegenteil ihrer erklärten Absicht. Das zensierte Objekt verschwindet nicht, sondern wird unübersehbar, wird selbst dann zum Politikum aufgeblasen, wenn Buch und Autor dafür untauglich sind und alles andere zu erwarten und zu erhoffen hatten. Die Zensur erscheint dann lediglich als ein umsatzsteigernder Einfall der Werbeabteilung des Verlages.

Die Zensur ist menschenfeindlich, feindlich dem Autor, dem Leser, dem Verleger und selbst dem Zensor. Unser Land hat in den letzten zehn Jahren viele Schriftsteller verloren, unersetzliche Leute, deren Werke uns fehlen, deren Zuspruch und Widerspruch uns bekömmlich und hilfreich war. Diese Schriftsteller verließen gewiß aus sehr verschiedenen Gründen die DDR. Einer der Gründe, weshalb diese Leute und ihr Land einander vermissen – das eine weiß ich, das andere vermute ich – heißt Zensur; denn wie die Engländer sagen: „You can take the boy out of the country, but you can't take the country out of the boy." (Du kannst einen Menschen aus einem Land herausnehmen, aber nicht das Land aus einem Menschen.)

Und der Autor, dem es nicht gelingt, aus seiner Arbeit die ihr folgende Zensur herauszuhalten, wird gegen seinen Willen und schon während des Schreibens ihr Opfer: er wird Selbstzensur üben und den Text verraten oder gegen die Zensur anschreiben und auch dann Verrat an dem Text begehen, da er seine Wahrheit unwillentlich und möglicherweise unwissentlich polemisch verändert.

Den Leser entmündigt die Zensur. Er kann ihr folgen und die Beschränkungen akzeptieren oder ihr widerstehen und sich ihr mit dem dann nötigen größeren Aufwand entziehen, um das nicht genehmigte Buch zu lesen. In jedem Fall ist seine Wahl von der Zensur bestimmt.

Die Zensur zerstört den Verleger, sie zerstört seine Autorität, seine Glaubwürdigkeit. Sie verbietet es dem Verleger, Verleger zu sein, da sie ihm nicht erlaubt, das Programm seines Verlages zu bestimmen. Welche Weisheit zeichnet eigentlich jene Leute aus, die Druckgenehmigungen erteilen oder nicht, daß sie sich anmaßen, einem ausgewiesenen und befähigten Menschen – denn anders wäre ein Verleger bei uns nie Verleger geworden – Vorschriften zu machen? Die Zensur verkürzt das Vokabular des Verlegers, sie verkürzt es um das gewichtige Wort: *nein.* Ein Verleger muß das Recht haben, nein zu sagen, nein zu einem Manuskript, nein zu einem mit seinem Verlag nicht zu vereinbarenden Programm. Solange aber eine vom Verleger unabhängige und ihn bestimmende Zensur existiert, verbietet sich das Nein eines Verlegers, ist es unsittlich und unmoralisch.

Und die Zensur zerstört den Zensor. Der kunstsinnigste Mensch wird in der Funktion, Genehmigungen zu erteilen oder zu verhindern, zum Büttel. Sein Blick, seine Sinne verengen sich notwendigerweise in dem Bemühen, Mißfälliges aufzufinden. Und wie so mancher Kollege habe ich Beispiele erlebt, wie dieser verengte Blick unsinnige Interpretationen, absurde Verdächtigungen und zweideutige Mißverständnisse produzierte, die eindeutigen Aussagen unterschoben wurden.

Die Zensur ist volksfeindlich. Sie ist ein Vergehen an der so oft genannten und gerühmten Weisheit des Volkes. Die Leser unserer Bücher sind souverän genug, selbst urteilen zu können. Die Vorstellung, ein Beamter könne darüber entscheiden, was einem Volk zumutbar und was ihm unbekömmlich sei, verrät nur die Anmaßung, den „Übermut der Ämter".

Die Zensur ist ungesetzlich, denn sie ist verfassungswidrig. Sie ist mit der gültigen Verfassung der DDR nicht vereinbar, steht im Gegensatz zu mehreren ihrer Artikel.

Und die Zensur ist strafbar, denn sie schädigt im hohen Grad das Ansehen der DDR und kommt einer „Öffentlichen Herabwürdigung" gleich.

Das Genehmigungsverfahren, die Zensur muß schnellstens und ersatzlos verschwinden, um weiteren Schaden von unserer Kultur abzuwenden, um nicht unsere Öffentlichkeit und unsere Würde, unsere Gesellschaft und unseren Staat weiter zu schädigen.

Die Verleger meines Landes bedürfen keiner beamteten Aufsicht. Hilfe der Behörden benötigen sie allenfalls bei ihrer Suche nach freien Druckkapazitäten und Papier. Sie müssen souveräne Leiter ihrer Verlage sein dürfen, für die Öffentlichkeit arbeitend und öffentlich kritisierbar. Aber sie müssen die Chance haben, wirkliche Verleger zu sein, also nicht Jahr für Jahr und bei jedem inhaltlich und formal wirklich neuen Buch ein Stuhlbeben zu befürchten haben.

Zu einem anderen Problem: In den meisten westlichen Ländern vollzieht sich zur Zeit eine aus wirtschaftlichen Gründen diktierte Konzentration des Verlagswesens und des Buchhandels. Bereits heute ist absehbar, daß in naher Zukunft sämtliche größeren und großen Verlage in jedem westlichen Land sich im Besitz von wenigen Konzernen befinden. Aus heutiger Sicht werden es international wirkende Konzerne sein, so daß der gesamte Buchmarkt in den kapitalistischen Ländern von vielleicht vier oder fünf Konzernen beherrscht wird. Es wird dann noch Bücher geben, aber die Buchhandlungen werden durch Buch-Warenhäuser mit Bestseller-Mentalität, Billigangeboten und Ramschverkäufen ersetzt; aussterben wird der Verleger, ihn ersetzt ein Buchhalter; aussterben wird die Literatur, die Belletristik, die vom Sachbuch und Bestseller verdrängt wird; aussterben wird ein wichtiger Teil der Kultur, ein so wichtiger Teil, daß die Kultur Westeuropas insgesamt gefährdet sein wird. Diese Entwicklung wird von Klein- und Kleinstverlagen nicht abgefangen werden können, zumal diese Kulturverluste – wie die Erfahrungen der letzten Jahrzehnte zeigen – von der betroffenen Gesellschaft nicht als Verlust begriffen werden. Hier entsteht für die nichtkapitalistischen Länder eine Verpflichtung, sie werden – um der Kultur der Menschheit willen – auch für jene Kultur verantwortlich sein, die das Kapital mangels ausreichender Verwertbarkeit verwirft und vernichtet.

Den sozialistischen Ländern droht dieser Ruin einer Kultur nicht, und es gibt, ungeachtet der Probleme, die bei uns noch ungelöst sind, keinen Anlaß, dies für die Zukunft zu befürchten.

Mich beunruhigt eine andere Erscheinung: Vor mehr als zwei Jahrzehnten gab es bei uns, aus völlig anderen Gründen, eine Konzentration unserer Verlage. Mehrere Verlage wurden zusammengelegt, existieren zum Teil nur noch pro forma und als Bestandteil anderer Verlage; andere Verlage wurden aufgelöst. Ich zweifle nicht daran, daß es dafür wichtige, vermutlich wirtschaftliche Gründe gibt. Aber ebenso unzweifelhaft hat diese Konzentration unsere Verlagslandschaft und damit den Reichtum unserer Literatur reduziert. Die Verlage wurden zum Teil schwerfällige, kaum überschaubare Monopole, ein Alptraum für Verleger, für die ein Verlag ohne ein prägendes Programm undenkbar ist. Die Autoren haben nur noch eingeschränkte Möglichkeiten, einen Verlag zu wählen. Sie können sich kaum gegen einen Verlag behaupten, da sie selten eine Alternative haben.

Am fortgeschrittensten ist dieser Prozeß bei der Dramatik. Den Stückeschreibern, im Ensemble der literarischen Künste unseres Landes aus anderen Gründen ohnehin stark benachteiligt, steht ein einziger Bühnenvertrieb zur Verfügung. Die Dramatiker können nur beten, daß in diesem einzigen Bühnenvertrieb weiterhin gute und vernünftige Leute arbeiten und auch für sie zu arbeiten bereit sind. Die Dramatiker können arbeiten und beten; andere Möglichkeiten haben sie nicht, denn mit einem Monopol läßt sich bekanntlich nicht diskutieren.

Andrerseits hat dieser eine Bühnenvertrieb keinerlei Möglichkeit, ein Programm zu entwickeln, sich zu profilieren. Da er konkurrenzlos arbeitet, ist er verpflichtet, alles zu verlegen. Dem Leiter des Bühnenvertriebs ist mehr als allen anderen unserer Verleger verwehrt, nein zu sagen.

Diese Konzentration des Verlagswesens sollte endgültig gestoppt werden, und wir sollten darüber ins Gespräch kommen, wie wir Teile dieser fatalen Entwicklung rückgängig machen können. Denn wo es bereits nur noch einen Verlag für Bühnenwerke gibt, ist es vorstellbar, daß es eines Tages auch für Prosa, Lyrik, Essai und Kinderbuch nur noch je einen Verlag gibt. Diese Vorstellung sollte nicht nur uns Autoren schrecken. In jedem Dorf, sagte Arno Schmidt, muß es zumindest zwei Garküchen geben; kocht nur eine, wird das Essen bald ungenießbar sein. Ich denke, keiner von uns ist so glücklich, die Schrecken dieser Abart von Gastronomie nicht erfahren zu haben.

3. Ein Dank an die Presse
Ich danke unserer Presse und unseren Medien für ihre Arbeit, die die Wirkung unserer Literatur maßgeblich ermöglichen.
Die DDR wird gelegentlich als ein Leseland bezeichnet. Und wenn man die Zahlen der Auflagen und Auflagenhöhen liest, wenn man die stets überfüllten Buchhandlungen und sich schnell leerenden Regale sieht, ist man geneigt, dieser Bezeichnung zuzustimmen. Das ist, bei aller erwiesenen Qualität, jedoch nicht das Verdienst unserer Literatur, sie ist nicht besser und nicht schlechter als die anderer Länder. Auch wird bei uns nicht mehr und nicht weniger als in anderen Ländern gelesen. Es werden hier jedoch weit mehr als in anderen Ländern Bücher gelesen. Die korrekte Bezeichnung wäre also: Buchleseland.
Das Verdienst dafür gebührt unserer Presse, unseren Medien. Ihre Zurückhaltung in der Berichterstattung und der verläßliche Konsens ihrer Meinungen führte dazu, daß kaum ein Bürger unseres Landes mehr als ein paar Minuten sich mit ihnen zu beschäftigen hat. Der Leser wird durch Neuigkeiten nur für kurze Zeit abgelenkt und kann sich dann wieder unseren Büchern zuwenden, von denen er nicht nur Unterhaltung und Geschichten, sondern auch Neues und Wahres erhofft.
In den Ländern östlich und westlich unserer Grenzen beschäftigen Zeitungen, Zeitschriften und Medien das Publikum, halten sie mit Tagesnachrichten von einer sicher gewichtigeren Lektüre, der des Buches, ab. Wir Autoren haben also Grund, unserer Presse dankbar zu sein.
Aber fehlende oder doch unzureichende Berichterstattung und das Ausbleiben öffentlicher Auseinandersetzungen zu unseren öffentlichen Angelegenheiten in Presse und Medien schädigen

und zerstören die politische Kultur unseres Landes. Wer sich für unsere Gesellschaft engagiert und für ihre Entwicklung, muß über diesen Verlust tief besorgt sein. Presse und Medien haben nicht nur Nachrichten zu vermitteln: sie müssen ein Transmissionsriemen sein sowohl zwischen oben und unten wie unten und oben, zwischen Gesellschaft und Staat, zwischen der Masse und der gewählten Leitung. Ist diese Vermittlung einseitig, wird nichts mehr vermittelt, in keiner Richtung. Eine Agitation und Propaganda, die die Massen nur zu belehren glaubt und unfähig ist, sich von den Massen belehren zu lassen, wird erfolglos bleiben müssen. Wer nicht zuzuhören versteht, verlernt erfahrungsgemäß auch bald, sich verständlich zu machen. Wenn Auseinandersetzungen und Entscheidungen hinter verschlossenen Türen stattfinden, kann man für die so getroffenen Entscheidungen nicht mit einem aufgeschlossenen Publikum rechnen. Beste und unzweifelhaft gute Entscheidungen werden durch fehlende öffentliche Auseinandersetzungen und durch den Verzicht auf die Weisheit des Volkes zweifelhaft und schwer annehmbar. Eine einseitig vermittelnde Presse, eine Presse, die nur eine erwünschte Realität vermittelt, die aus der vorhandenen Meinungsvielfalt und von den vorhandenen Lösungsvorschlägen zu gesellschaftlichen Fragen und Problemen allein die ihr opportunen heraussucht und öffentlich macht, beraubt sich selbst der Wirkung, macht Agitation und Propaganda unglaubwürdig, muß die Erfahrung machen, paradox zu wirken. Dann kann – um bei der Literatur zu bleiben – ein Zeitungslob für ein Buch vernichtend sein, ein Verriß aber zu einem Sturm auf die Buchhandlungen führen.

Auch in unserer Gesellschaft gibt es natürlich kontroverse Ansichten und Meinungen zu den verschiedensten gesellschaftlichen Erscheinungen. Sie öffentlich zu machen, sie öffentlich zu diskutieren würde allen helfen, die beste Lösung zu finden, würde die gefundene Lösung akzeptierbarer machen und der Entwicklung unserer Gesellschaft nützen. Die verschlossene Tür aber ist nicht nur ein Symbol für fehlende Öffentlichkeit, sie ist notwendigerweise auch das Zeichen einer verhinderten Öffentlichkeit, einer eingeschränkten Gesellschaft.

Kann es der Gesellschaft, dem Leser oder dem Autor wirklich helfen, wenn die Wirkung von Literatur durch vorgegebene Richtlinien für Rezensionen eines Buches kanalisiert wird? Wem oder was soll es helfen, wenn Rezensionen zu bestimmten Büchern nicht erscheinen können oder wenn Werke der Literatur durch einen zentralen Beschluß nicht rezensiert werden dürfen? Ganz gewiß hilft es nicht der Entwicklung unserer Gesellschaft.

Eine Presse, die nicht öffentlich arbeitet, die nicht von einer realen, sondern allein von einer erwünschten Wirklichkeit berichtet, verzichtet nicht nur auf die ganze Wahrheit, sie wird insgesamt unglaubwürdig und beraubt sich der Möglichkeit zu wirken. Denn die beste, nachhaltigste und erfolgreichste Propaganda war noch nie die opportune Halbwahrheit, sondern stets die vollständige, kontroverse, manchmal schmerzliche Wahrheit.

4. Das alte Lied: Literaturwissenschaft und Kritik

Wenn wir über Literatur und Wirkung zu sprechen haben, ist auch ein Wort zur Literaturwissenschaft und zur Literaturkritik am Platz. Aber ich zögere; ich fürchte, mich zu wiederholen. Zu vieles von dem, was vor Jahren und Jahrzehnten, selbst vor Jahrhunderten dazu gesagt wurde, ist nach wie vor gültig und nach wie vor uneingelöst. Geblieben ist auch die auf beiden Seiten, bei Literaten wie Kritikern, zu bemerkende Gereiztheit, sobald einer von ihnen über den anderen spricht. Offenbar sind die Positionen unvereinbar.

Lassen Sie mich deshalb nur an Fühmanns Rede auf dem VII. Kongreß erinnern, an die dort von ihm vorgetragenen sechsundzwanzig Thesen zur Kritik. Und ich denke, wir befinden uns auf der Höhe der Zeit, wenn wir uns bei diesem Thema mit seinen Gedanken befassen.

Zwei Punkte will ich hinzufügen:

Erstens: Autoren wissen, daß sie, was und wie immer sie schreiben, vor allem über sich schreiben. Mit ihrem Blick auf den Gegenstand ihrer Arbeit offenbaren sie vor allem sich selbst. Kritikern ist, meiner Beobachtung nach, entgangen, daß sie ähnlich den Autoren willentlich oder auch unwillentlich vor allem von sich erzählen. Literaturkritik, Kunstkritik zu zeitgenössischen Werken kann bekanntlich keine Wissenschaft sein. Eine Wissenschaft hat Normen, Leitsätze, überprüfbare Kriterien, ein System unumstößlicher Wahrheiten, die ab und zu umgestoßen werden. All das, mit Ausnahme des letzten, fehlt selbstverständlich bei der Betrachtung neuer, entstehender Kunst. Gäbe es dafür bereits eine wissenschaftliche Betrachtungsmöglichkeit, könnte man gültige Regeln ableiten, sie einem Computer eingeben und diesem die Kunstproduktion überlassen. Aber diese Regeln und Kriterien fehlen, wir haben sie nur für die Kunstwerke früherer Zeiten, aus denen wir sie ableiteten und mit denen wir lediglich Verlängerungen produzieren könnten.

Bei der Betrachtung neu entstehender Kunst fehlt die Sicherheit, die Wissenschaft zu bieten hat. Der Kritiker zeitgenössischer Werke ist unberaten, und seiner Ratlosigkeit hilft er gelegentlich mit Vehemenz des Urteils auf. Was er verkündet, ist und kann nicht mehr sein als lediglich seine Meinung. Und diese Meinung kann uns manchmal etwas vom Kunstwerk erzählen, immer aber über die Person, über den Kritiker. Die arroganteste, dümmlichste Kritik taugt immer noch als Offenbarungseid des Kritikers. Er erzählt in Inhalt und Stil vor allem über sich selbst. Kritiker haben, anders als Autoren, dies bisher nicht wahrhaben wollen.

Zweitens: In den letzten zehn Jahren fiel mir bei den in unserem Land veröffentlichten Kritiken auf, daß sich die Kritik nahezu ausschließlich mit dem Inhalt der rezensierten Werke beschäftigt. Kritiken, die auch die Form berücksichtigen, sind eine seltene Ausnahme geworden. Ich halte das für eine fatale Beschränkung. Wirklich neue Werke haben auch eine neue Form; wenn man diese vernachlässigt und nicht wahrnimmt, muß das zwangsläufig zu Fehlinterpretationen des Inhalts führen. Eine Inhaltsangabe mit anschließender moralischer Wertung ist alles mögliche, aber keine Rezension. Daß die Form eines Werkes sich schwieriger erschließt als sein Inhalt, ist eine alte Wahrheit; diese Schwierigkeit entbindet jedoch den Kritiker nicht von der Pflicht, es zumindest zu versuchen. Als Beispiel für eine Fehlinterpretation, die sich durch mangelndes Verständnis für die Form zwangsläufig ergab, könnte ich Brauns „Hinze-Kunze-Roman" nennen. Aus aktuellem Anlaß will ich ein jüngeres Beispiel dieser Art Dummheit bei der Betrachtung eines Kunstwerkes anführen:

In den letzten Wochen las ich in zwei Zeitungen Rezensionen des sowjetischen Films „Die Reue". Das sich bei beiden Kritikern offenbarende Unverständnis für die groteske Form des Films führte sie zu einem totalen Mißverstehen des gesamten Films. Offensichtlich fehlt diesen Kritikern das einfachste Handwerkszeug ihres Berufes. Und es verschlimmert den argen Zustand der Kritik, wenn dann – bedingt durch den fehlenden Sachverstand – mit Worten wie „Geschichtspessimismus", „ethischer Nihilismus", „Weltverdruß", „Denunziation", „Fatalismus" losgeprügelt wird, also mit den, wie Heiner Müller sagt, „Lieblingsvokabeln verhinderter Zensoren, aus denen sich die akademische Journaille heute wie gestern rekrutiert". Die Kritik selbst ist grotesk, da sie bei dem genannten Film eben das vermißt, was überreich in ihm vorhanden ist, nämlich: Engagement, Verantwortung für die Gesellschaft, sozialistischer Humanismus, eine wahrhaft kommunistische Haltung bei der notwendigen Aufarbeitung unserer Geschichte. Denn so unerbittlich genau und unbeirrt kann nur ein Künstler arbeiten, der trotz der Verbrechen der Stalinzeit die Hoffnung auf den Kommunismus als einzige humane Alternative nicht aufgab.

Vielleicht gibt es eine Möglichkeit, die Ausbildung unserer Kritiker zu verbessern. Vielleicht könnte ein Befähigungsnachweis das Schlimmste abwehren. Ich denke, es ist nicht ehrenrührig, wenn einer unfähig ist, Kritiker zu sein, es gibt andere Berufe. Jede Volkswirtschaft braucht auch einen Bock, nur sollte sie ihn nicht als Gärtner einsetzen.

Und ich hoffe, daß der Film bald in unseren Kinos vorgeführt wird, denn nicht alle konnten oder wollten ihn im westdeutschen Fernsehen und nicht alle konnten ihn wie ich im Haus der sowjetischen Kultur sehen. Nach diesen Rezensionen ist der Progress-Filmverleih verpflichtet, ihn einzusetzen; das verlangt die politische Moral unseres Landes, der durch diese Art von Kritik Schaden zugefügt wurde.

Ich wollte jetzt über jene Klippschule sprechen, in die noch immer einige Literaturwissenschaftler und Philosophen, selbsternannte Oberlehrer der Nation, uns, Leser und Autoren, zu setzen versuchen; ich wollte über Harichs Nietzsche-Artikel sprechen. Aber Hermann Kant und vor allem Stephan Hermlin haben gestern dazu das vorerst Nötige gesagt. Wir benötigen nicht das Erbe und die Erben Stalins und Shdanows. Nietzsches Werk bedarf einer kritischen, sehr kritischen Prüfung. Voraussetzung dafür aber ist die überfällige und gleichfalls kritische Ausgabe seiner Arbeiten. Wenn Harichs verspäteter Versuch einer erneuten Säuberung letztendlich dies bewirkt, sei er schon heute bedankt.

Ich will es bei diesen Bemerkungen zur Literaturwissenschaft und -kritik bewenden lassen. Es langweilt mich, die Schelte zu wiederholen und die Gegenschelte anzuhören, nicht weil das eine oder das andere unzutreffend, sondern weil beides lange bekannt ist.

Unsere Gesellschaft hatte und hat einige Schwierigkeiten, mit Widersprüchen zu leben, sie zu akzeptieren. Gewöhnlich werden allenfalls nichtantagonistische Widersprüche anerkannt, also jene, die sich allein unter den Teppich kehren, wenn man sie nur betrachtet. In den letzten zehn Jahren aber hat selbst die Philosophie bemerkt, was dem Volk aus praktischer Anschauung immer bekannt war: Auch die sozialistische Gesellschaft hat wie jede Gesellschaft ihre unlösbaren Widersprüche, die mit der Gesellschaftsform untrennbar verbunden sind und die nur mit der Veränderung der Gesellschaft aufhebbar sind. Wir haben zu lernen, mit ihnen umzugehen, ihre Bewegungen auszuhalten, und mehr noch: diese teilweise schmerzlichen Widersprüche im Interesse der Entwicklung unserer Gesellschaft zu nutzen.

Vielleicht ist das Verhältnis von Literatur und Literaturkritik, von Autor und Kritiker ein allen Gesellschaften eigener antagonistischer Widerspruch. Die Geschichte scheint das jedenfalls zu belegen. Vielleicht müssen wir lernen, damit zu leben, als

Hund und Katz. Und vielleicht sollten wir mit diesem mißlichen, aber doch möglichen Verhältnis zufrieden sein. Denn wenn wir nicht mehr wie Hund und Katz miteinander auskommen, schwierig miteinander auskommen, dann bleibt uns möglicherweise nur noch eine Beziehung wie die zwischen Katz und Maus. Das würde dann schnell jeden Widerspruch lösen. Aber da unsere Literaturgesellschaft auch diese Erfahrung machen mußte, sollten wir ein solches Verhältnis wegen dieser Erfahrung für alle Zukunft verhindern.

5. Über die Stille auf unseren Bühnen

Nun wäre über die Wirkungen unserer Literatur auf unserem Theater zu sprechen. Aber was da zu vermelden ist, sind allein Klagen. Auf jedem Schriftstellerkongreß, in jedem Gespräch mit einem Dramatiker wird der gegenwärtige Zustand als unhaltbar bezeichnet, und Jahr für Jahr klagen stereotyp die Theaterkritiker über das fehlende Engagement unserer Theater für unsere Dramatik. Der unhaltbare Zustand aber dauert an. Unhaltbare Zustände neigen dazu, sich endgültig zu etablieren. Und statt über fehlende Wirkungen zu sprechen, wäre es angemessener, Sie aufzufordern, sich von Ihren Plätzen zu erheben und mit einer Minute des Schweigens unserer Dramatik zu gedenken.

Immer wieder gab es Versuche der Dramatiker, des Bühnenverlages, des Ministeriums, den neuen Stücken eine den anderen literarischen Genres vergleichbare Chance zu geben. Bislang war alles vergeblich.

Im Juni dieses Jahres wurde von Theaterautoren, unter ihnen so namhafte Leute wie Helmut Baierl, Peter Hacks und Heiner Müller, in den Räumen der Akademie der Künste eine Arbeitsgruppe gebildet, die einige „Maßnahmen zur Einleitung einer Genesung des Verhältnisses zwischen DDR-Dramatik und DDR-Theater" erarbeitete mit der Absicht, alle DDR-Dramatiker zu vertreten. Ich zitiere aus diesem Papier eine einzige Forderung, sie erhellt besonders deutlich den gegenwärtigen Zustand: „Bestallung eines verantwortlichen Zensors mit Begründungspflicht; Erlaß einer Zensurprozeßordnung."

Das heißt, während die anderen Genres einen Fortschritt in der Abschaffung der Zensur sehen, fordern die Dramatiker sie für sich, jedoch eine offene, durchsichtige, beweisfähige, diskutierbare Zensur.

Allerdings befürchte ich, daß selbst eine Zensurprozeßordnung wenig ändern wird, wenn selbst eine erfolgte zentrale Genehmigung für ein Bühnenmanuskript folgenlos bleibt. Die für so viele Stücke unüberwindliche Hürde ist das Theater. Als lokales Kulturhaus untersteht es lokalen Behörden, denen die zentrale Entscheidung wenig bedeutet und die mit lokalem Blick das Manuskript erneut prüfen.

Die Kollegen, die mit dem Theater weniger vertraut sind, bitte ich, sich vorzustellen, ihr gedrucktes, fertiges Buch wird von jedem Bezirk, jedem Kreis, jeder Stadt erneut daraufhin geprüft, ob es in den Buchhandlungen ihres Zuständigkeitsbereiches verkauft werden darf.

Solange nicht der Intendant für seinen Spielplan zuständig ist,

solange Stücke, über die man sich streiten kann, in den verschiedenen Schubläden des Ministeriums oder der Bezirksleitungen oder der örtlichen Behörden oder der Theater bleiben, bis sie zur Unstrittigkeit gealtert sind,

solange ein Intendant mit der Produktion neuer Stücke seine Position gefährdet und nicht wie ein Leiter anderer Produktionsbetriebe genötigt wird, innovativ auch bezüglich der Stücke und Spielpläne zu arbeiten und es wie bei anderen Direktoren zu seinen Pflichten gehört, die Produktion neuer Stücke durchzusetzen,

solange es dem Intendanten erlaubt und sogar bekömmlicher ist, allein aufs Bewährte zu setzen und die unaufhörliche Verlängerung,

solange nur Stücke, die so lustig wie problemlos sind, ohne Schwierigkeiten auf unsere Bühnen kommen, aber es unüberwindbare Probleme gibt, wenn ein Stück weniger lustig ist oder gar zum Streit anregt,

so lange werden wir vielleicht ein unterhaltsames Theater haben, aber kein Theater als öffentliches Forum, kein Theater der

Gegenwart. So lange werden wir weiter Boden verlieren, jenen Boden, auf dem als eine der schönsten und der unzweifelhaftesten Früchte unserer Zivilisation unsere Kultur gedeihen kann.
So lange werden die Regisseure die Theaterautoren aufsuchen, um sie nach einer Bühne zu fragen, auf der sie dies oder jenes Stück inszenieren können, da es in ihrem eigenen Theater nicht möglich ist. Aber so lange haben die Theater auch jedes Recht verloren, sich auf die deutschen Dramatiker von Lessing bis Büchner zu berufen, auf jene Dramatiker also, die zu Lebzeiten gleichfalls vom Theater ausgeschlossen waren.

Natürlich, es gibt Aufführungen neuer Dramatik, aber es gibt kein Theater, das sich kontinuierlich für die nationale Dramatik oder einen unserer Dramatiker einsetzt. Das unterscheidet unser Theater von dem unserer Nachbarländer, und das ist nicht die Schuld unserer Theaterleute.

Theater ist ohne Engagement nicht denkbar, ein öffentliches Engagement, ein politisches Engagement, ein Engagement für die eigene Zeit. Das schließt ein Engagement für die Werke der zeitgenössischen Autoren ein. Keiner unserer Buchverlage, der nicht ein außerordentliches und beispielgebendes Engagement für seine Autoren zeigt, die lebenden wie die toten. Unsere Theater sind einseitiger engagiert.

Die heutige Zurückhaltung der Bühnen gegenüber der DDR-Dramatik und DDR-Dramatikern hat einen Grund in der immer wieder erfolgten Maßregelung und Zerstörung jener förderlichen Verbindungen zwischen Autor und Theater, die es einmal – nicht generell, aber hier und da – in unserem Land gegeben hat. Ich erinnere an Wolfgang Langhoffs öffentliche Entschuldigung im April 1963, ein erschütterndes Zeugnis für ein zerstörtes Engagement. Ich denke, das Theater hat aus verständlichem Selbsterhaltungstrieb dieses Engagement fallengelassen. Die wenigen Theater, die heute noch mit einem Autor verbunden sind, nutzen ihn offenbar nur noch als schmückendes Aushängeschild: die praktische Arbeit bleibt aus. Das ist kein Engagement für Autoren, man hat sie lediglich engagiert.

Ich möchte noch auf ein juristisch-ökonomisches Problem verweisen, das dem Verband und seinem Justitiar ermöglichen könnte, für die Stückeschreiber tätig zu werden:

Die Theater sind subventionierte Kultureinrichtungen. Die Gesellschaft stellt vermittels des Staates Subventionen zur Verfügung, die er dem Theater als Treuhänder übergibt. Nur durch die Subventionen ist unser Theatersystem finanzierbar, können Intendanten, Regisseure, Schauspieler, Bühnenarbeiter und Bühnenpförtner bezahlt werden. Ich denke, es liegt eine Veruntreuung dieser gesellschaftlichen Subventionen vor, wenn der Theaterautor grundsätzlich davon ausgeschlossen ist.

Ein anderes, jahrzehntelang übliches Unrecht, nämlich eine durch die gleichen Subventionen verursachte Reduzierung der Tantieme des Autors, wurde vor kurzem durch ein Prämiensystem ausgeglichen. Das System ist fragwürdig und funktioniert nachweislich schlecht, aber es ist ein Versuch, der etwas verbesserte und der selbst verbessert werden sollte. Und da dieses jahrzehntelang übliche Unrecht getilgt werden konnte, sollte auch das andere verschwinden.

Natürlich weiß ich, daß wir nicht vermittels finanzieller Forderungen und mit einem Justitiar das den Theaterautoren zustehende gesellschaftliche Engagement der Theater erzwingen können. Aber es könnte helfen, der Forderung nach diesem Engagement Nachdruck zu verleihen.

Wenn ich ungefragt jungen Dramatikern einen Rat geben darf: Schreiben Sie Prosa, unsere Buchverlage werden sich für Sie engagieren. Schreiben Sie Prosa oder lernen Sie beizeiten die demütige Haltung des um Almosen bittenden Bettlers.

6. Last and least: der Autor

Die Wirkungen und Rückwirkungen von Literatur auf den Autor sind vielfältig und widersprüchlich. Sie bewirken Erfahrungen und das Ende aller Erfahrungen, da mancher Autor nur noch jenen Teil der Welt wahrnimmt, der bereit ist, ihn selbst wahrzunehmen; sie bewirken Selbstbewußtsein und Zweifel an dem Wert der eigenen Arbeit, Kollegialität und Neid, berechtigten Stolz und stets unberechtigte Eitelkeit. Aber das sind jahrhundertealte Wirkungen von Literatur, und darüber müssen wir nicht reden, zumal der große Karl Kraus sie in die bösen und für alle Autoren tröstlichen Worte faßte: Wenn ein Stück Erfolg hat, freut sich einer, der Autor; wenn es ein Mißerfolg ist, freuen sich alle.

Sprechen wir über die besonderen Wirkungen der Literatur auf Autoren in unserem Land. Ich werde von zwei Wirkungen und Auswirkungen sprechen.

Ich sprach vorhin davon, daß man mit einigem Recht die DDR ein Buchleseland nennen kann. In anderen Ländern liest man sehr viel mehr und manchmal, so scheint es, ausschließlich Zeitungen und Zeitschriften. Nur sehr wenige Länder, wie zum Beispiel neuerdings die Sowjetunion, kann man als ein Leseland für Buch und Zeitungen bezeichnen. Es hat sich dort offenbar etwas verändert, was ein höherer Moskauer Funktionär, wie wir kürzlich im Verband hörten, mit den Worten beschrieb: „Man schlägt am Morgen die Zeitung auf und weiß nicht, was drin steht."

Für Autoren ist es durchaus eine zweischneidige Angelegenheit, in einem Land zu leben, das vor allem Bücher liest. Die schöne Seite ist bekannt, das sind vergleichsweise hohe Auflagen, ständig und schnell vergriffene Bücher, eine hohe Wertschätzung ihrer Urheber, ein – zumindest außerhalb von Presse und Medien – nicht abreißendes Gespräch über Bücher und ihre Themen.

Problematischer ist die hohe und, wie ich meine, zu hohe Bedeutung, die man hierzulande Autoren beimißt. Man neigt dazu, sie – willig oder gegen ihren Willen – auf einen Sockel zu heben und dem Schriftsteller eine übergroße Autorität zu verleihen. Auf einem Sockel aber läßt sich nicht arbeiten, weil auf ihm keine Erfahrungen zu machen sind, ohne die unsere Arbeit nicht möglich ist.

Denn Schriftsteller sind, denke ich, Chronisten. Schreiben ist nach meinem Verständnis dem Bericht-Erstatten verpflichtet. Natürlich ist es die Chronik eines Schriftstellers, sie ist nicht objektiv, sondern sehr viel mehr: Sie ist eingreifend und realistisch und phantastisch und magisch, Poesie eben. Eine Chronik, die von einem Menschen, dem Schriftsteller, und seiner

Welt erzählt und nur dann und nur dadurch von Interesse ist. Dafür sind Erfahrungen die Voraussetzung. Und für Erfahrungen ist ein Sockel oder Thron im 20. Jahrhundert bekanntlich ungeeignet, dort macht man Erfahrungen nur aus zweiter Hand, second hand bestenfalls.

Der Sockel, von dem ich spreche, besteht aus massiven Gründen, die auszuräumen überfällig ist. Einmal ist es die fehlende beziehungsweise unzureichende Presse, die das Publikum dazu bringt, vom Schriftsteller das Fehlende zu fordern. Eine Erwartung, die zu erfüllen für die Literatur vielleicht ehrenhaft ist, aber auch ebenso unbekömmlich. Literatur kann und soll und darf nicht Ersatz von Publizistik sein.

Ein anderer Grund ist eine andere Presse, die von Schlagzeilen lebt und daher – da es seit der Erfindung der Presse nur zwei Schlagzeilen gibt, nämlich: Der König ist tot, und: Es lebe der König! – sich unentwegt darum müht, zu krönen und zu köpfen. Und mag für den Autor auch das eine behaglicher sein als das andere, tödlich ist ihm beides. Ein Thron aus Zeitungspapier und den Drähten der Medien ähnelt schon äußerlich einem Schafott.

Der dritte massive Grund ist der unaufgeklärte Leser, der es sich in seiner selbstverschuldeten Unmündigkeit behaglich einrichtete und den Autor benötigt als Chorführer und Mentor, als Unterschlupf und Obdach. Aber wenn wir eine öffentliche Kultur haben wollen, eine Kultur der Öffentlichkeit, müssen wir auf Lebensweisheiten wie „Hannemann, geh du voran, du hast die größeren Stiefel an" verzichten lernen.

Sich einerseits hinter einer anderen Person, einem lebenden oder toten Autor, zu verstecken und andererseits Öffentlichkeit zu fordern – das macht keinen Reim. Das Problem zeigt sich im Zitat: Das Zitieren, das Verwenden fremder Gedanken, beweist sowohl Bildung, Kultur und Belesenheit wie auch geistiges Phlegma. Das Zitat hat unsere Meinung zu kräftigen oder gar zu beweisen, es soll unser schwaches Rückgrat stärken, aber es ist auch der Verzicht auf die eigene geistige Leistung, auf die eigene und offen vorgetragene Haltung. Das Zitat kann eine glänzende Waffe sein, aber der sie gebraucht, will nicht selbst zum Kampf antreten, sondern schickt den Urheber des Zitats ins Gefecht. Und das ist – wenn das Zitat die einzige vorgezeigte Haltung ist – unserer öffentlichen Kultur abträglich und macht Literatur wichtig mit falschen Gewichten.

Eine weitere Bemerkung zur Literatur und ihren Wirkungen auf den Autor wurde mir erst möglich, seitdem der Reiseverkehr auch in westliche Länder für die Bürger meines Landes sich zu normalisieren beginnt. Die bislang erreichten, gewährten oder erkämpften Ausnahmen – etwa für Künstler, für Schriftsteller – sind, was immer sie auch sonst bedeuten, Privilegien. Und Privilegien sind Krebsgeschwüre einer sozialistischen Gesellschaft, denn sie schaffen Klassen, die sich durch Vorrechte unterscheiden, die durch Ausnahmen voneinander getrennt sind, denen durch Sonderrechte eine Verständigung erschwert wird. Privilegien vernichten eben damit jene Öffentlichkeit, die Voraussetzung der Arbeit aller Künstler ist. Sie vernichten damit die Wirkung ihrer Arbeit, und mit der Wirkung zerstören sie letztendlich die Künstler selbst.

Jetzt, da dieses Privileg sich endlich in einem allgemeinen Recht aufzulösen beginnt, ist über eine andere Gefahr unserer Literatur zu sprechen, den Provinzialismus. Nicht alle haben die Fähigkeit und Kraft wie Immanuel Kant, die Welt in ein kleines Königsberg zu holen; sie müssen in die Welt, um sie zu erfahren, um sie erfassen zu können, um sie mit ihrer Kunst sinnlich begreifbar zu machen. Hinderlich sind dabei manche Beschränkungen, auch und nicht zuletzt die ökonomischen. Der Verband sollte alle Möglichkeiten nutzen, die trotz dieser Beschränkungen zur Verfügung stehen, um Schriftsteller in die Welt zu schicken. Aus dem Recht zu reisen muß eine Pflicht werden – im Interesse unserer Literatur.

Und es gibt noch ungenutzte Möglichkeiten. Ich nenne hier nur ein Beispiel: die Villa Massimo in Rom, eine Stiftung aus dem Jahre 1910, die deutschen Künstlern aller Genres einen Italienaufenthalt ermöglichen soll. Nach dem zweiten Weltkrieg konnten jedoch nur noch die westdeutschen Kollegen diese Stiftung nutzen. Ich bitte den Verband, daß er in Zusammenarbeit mit den anderen Künstlerverbänden und der Regierung unseren unverändert bestehenden Anspruch auf diese Villa durchsetzt. Und ich bitte auch die westdeutschen Kollegen und die Künstlerverbände der BRD, uns dabei zu unterstützen. Heute, wo selbst rechte Parteien der BRD den Alleinvertretungsanspruch nicht mehr oder doch sehr viel verschämter für sich in Anspruch nehmen, sollten sich unsere westdeutschen Kollegen aufgefordert fühlen, darüber nachzudenken, ob nicht auch sie davon Abstand nehmen wollen. „Deutschland und DDR" oder gar „Deutschland gegen DDR", da sind nicht nur falsche Termini zu berichtigen. Der Korrektur der Sprache sollte eine Korrektur der Praxis folgen. Seien Sie uns behilflich, ein vier Jahrzehnte andauerndes Unrecht – nämlich Ihre alleinige und damit stiftungswidrige Nutzung der Villa Massimo – zu beseitigen.

Ein letzter Gedanke zur Förderung unserer Künste. Von der Antike bis zum Kapitalismus gab es, um das bornierte, eingeschränkte Interesse des Staates auszugleichen und die Bewegung der Künste zu gewährleisten, das Mäzenatentum. Ihm verdanken wir einen Teil der erstaunlichsten Kunstwerke, erstaunlich, weil sie gegen die Interessen früherer Staaten standen oder von ihnen negiert wurden. Heute ist das Mäzenatentum in den kapitalistischen Staaten fast verschwunden beziehungsweise degeneriert als Möglichkeit für Wertanlage und Steuerabschreibung. Echte Mäzene sind eine Ausnahme geworden, die Zukunft wird diesen Verlust stärker zu beklagen haben.

In den sozialistischen Staaten kann es, da es kein Privateigentum gibt, auch keine Mäzene geben. Aber es gibt auch keine vergleichbare Einrichtung. Natürlich könnten wir sagen, im Sozialismus ist der Staat der Mäzen, und gelegentlich sagt das auch der Staat. Aber ein Staat hat, wie Lenin sagt, andere Aufgaben, er hat divergierende Interessen zu lenken, sein Gewaltmonopol zum Nutzen des Staates einzusetzen, Interessen und Bedürfnisse des Volkes und der Volkswirtschaft auszugleichen. Jeder Staat, auch der unsrige, und jede staatliche Kultureinrichtung – ein Verlag, eine Filmfirma, ein Museum – hat notwendigerweise beschränkte Interessen. Ein Verlag zum Beispiel zeigt Interesse für ein Manuskript genau so lange, wie er eine Möglichkeit zur Publikation sieht, denn das ist sein Geschäft. Aber immer wird es – und ich will bei dem gewählten Beispiel Verlag bleiben – Manuskripte geben, die nicht zu publizieren sind. Ich will politische Schwierigkeiten bei einem Manuskript jetzt außer acht lassen; für die Publikation dieser Manuskripte sorgt, wie gesagt, mit zeitlicher Verzögerung die Zensur. Aber es gab immer und gibt Werke der Kunst, deren hohen Kunstwert erst spätere Zeiten erkennen und wohl auch erst erkennen können. Das Selbstverständnis einer Epoche eröffnet Möglichkeiten und verschließt ebenso natürlich Möglichkeiten. Weder der Verlag noch der Staat noch das Individuum sind daran schuld, es ist eine Beschränkung der Zeit. Und ihr unterliegen auch wir; ein Schelm, der nur Gutes von sich denkt.

Sollten wir nicht daher, um dieser Beschränkung willen und einer Zukunft wegen, der wir Kunstwerke schulden, da wir Kunstwerke früherer Zeiten geerbt haben, überlegen, ob nicht Bewegungsformen zu finden und zu erschließen sind, die, unserer eigenen Beschränkung trotzend, eine Kunst ermöglichen, für die uns erst eine spätere Generation danken kann. Vielleicht können die Künstlerverbände und die Akademie der Künste ein solches – in Ermangelung eines besseren Wortes nenne ich es: sozialistisches – Mäzenatentum ermöglichen. Daß es uns nötig ist, ist beweisbar: ich will hier und stellvertretend nur den Namen Alfred Matusche nennen.

Literatur und Wirkung – ich denke, wir haben einiges bewirkt und wir haben noch viel zu bewirken. Ich wünsche uns allen dazu Kraft und Mut und Rückgrat.

Rainer Kerndl

Ich danke Christoph Hein für seine Ausführungen. Mir ist um die Diskussion nicht bange. Vieles von dem, was er in seiner zum Teil rigorosen Zuspitzung sagte, bietet gewiß Reibungsflächen und Anlaß zum Gespräch. Ich bitte um Wortmeldungen. Gibt es welche, gleich jetzt, zum eben Gehörten? Wenn nicht, bitte ich aufgrund der bereits vorliegenden Wortmeldungen Dorothea Kleine zu sprechen.

Dorothea Kleine

Das überrascht mich jetzt ein bißchen. Was Christoph Hein gesagt hat, geht noch in mir herum, in uns allen wahrscheinlich, und ich kann auf das, was er gesagt hat, noch gar nicht eingehen. Obwohl ich also sehr für eine lockere, spontane Diskussion und gegen akademische Gemessenheit bin, kann ich doch wenig dazu beitragen. Das Thema ist geheimnisvoll verzweigt und verzwickt genug, daß ich mich am Schreibtisch darauf einstimmen mußte, schon um der Gefahr zu entgehen, mich von unüberprüften, daher ungesicherten Augenblickserkenntnissen fortschwemmen zu lassen.

Sehr oft werde ich vom Leser gefragt, warum ich schreibe, warum ich gerade dieses Buch geschrieben habe und warum ich dieses Buch so geschrieben habe, wie ich es geschrieben habe. Solche Fragen machen mich stets ein wenig hilflos, ich reagiere oberflächlich, wohl wissend, daß es eine Erwiderung, aber keine Antwort ist. Diese Gespräche veranlassen mich jedoch, über mich nachzudenken, über meine Schreiberei und natürlich über die Wirkung des Geschriebenen. Dummerweise bin ich eine Frau, so wurde ich schon mit meinen ersten Hervorbringungen von der Kritik in die Schublade Frauen-Emanzipation gesperrt. Doch es liegt mir nichts daran, gegen die Kritik oder die Kritiker zu polemisieren. Über Unabänderliches rede ich ohnehin nicht. Und wem wäre es schon gelungen, sich der Ungerechtigkeit erfolgreich zu widersetzen?

Doch hier, sozusagen entre nous, möchte ich mich doch einmal aussprechen. Mir geht es bei dem, was ich schreibe, nicht um die Befreiung der Frau, mir geht es vielmehr um das Zusammenleben der Menschen, um ethische Werte, auch um die Warnung vor Verlusten, Entfremdung, vielleicht auch – das klingt ein wenig gestelzt – um Modelle einer freundlicheren Welt. Ich möchte, daß die Leser zu neuen, positiven Erkenntnissen kommen. Und ich möchte, daß sie einen Moment innehalten in ihrer Ratlosigkeit, in ihrer Rastlosigkeit, zur Besinnung kommen, sich der Ziele erinnern, zu denen wir einst aufgebrochen sind. Dafür schreibe ich. Das habe ich vor allem in den letzten vier Fernsehfilmen getan, auch in den letzten vier Büchern.

248

Natürlich weiß ich nicht genau, ob mir das alles gelungen ist. Von unseren besten Freunden, den Literaturkritikern, erfahre ich es leider nicht. – Und die Leser? Ich möchte einmal kurz über meine Erfahrungen mit Lesern sprechen. Der satirische Roman „Eintreffe heute", in dem es um die politische Desillusionierung einer im Marxismus-Leninismus bewanderten FDJlerin geht, wurde vom Publikum nicht sonderlich honoriert. Es herrschte Ratlosigkeit bei den Lesern und strenge Stille bei den Rezensenten. Mag sein, daß wir ungeübt sind im Umgang mit Satire, das Lachen über uns haben wir noch nicht geübt. Man nahm alles ernst und pur, und also nahm man übel. Da der Roman wesentlich in einer Bezirksparteischule spielt, war man besonders unwirsch. Jedenfalls habe ich mir vorgenommen, nie wieder eine Satire zu schreiben.

Das Buch „Jahre mit Christine", an das ich bestimmte Erwartungen geknüpft hatte, setzte ein Mißverständnis in die Welt. Frauen hielten mir vor, ich zöge gegen die Emanzipation zu Felde. Das stimmt natürlich nicht. Ich habe lediglich vor den Folgen übersteigerter, übertriebener Emanzipation warnen wollen. Ich denke, daß an erster Stelle im Leben einer Frau die Familie stehen sollte, der Mann, die Kinder, die Harmonie in der Ehe. Auf Platz zwei würde ich den Erfolg im Beruf setzen.

Mit meinem letzten Buch, „Das schöne bißchen Leben", erging es mir sonderbar. Die Wirkung dieses Buches ist groß. Sehr viele Leser betrachten es als eine auf sie gezielte Lebenshilfe. Sie wundern sich, daß da jemand ist, der ihre Sorgen kennt, ihre geheimen Gedanken und Hoffnungen ausspricht. Über die unerwartet große Wirkung des Buches nachdenkend, komme ich zu der Überzeugung, daß der Wunsch nach Identifikation beim Leser groß ist. Der Leser will sich wiederfinden, und auch mir liegt daran, daß er sich in meinen Büchern findet. Ich wünsche mir, daß der Leser sich und seine Probleme erkennt, daß er nicht irritiert und ratlos gemacht wird. Ich will ihn nicht klein und wehrlos machen. Ich will ihn neben mir sehen, aufmerksam und kritisch, weil uns gleiche gesellschaftliche Probleme, gleiche Sorgen bewegen, weil seine Siege auch meine Siege sind, seine Niederlagen auch die meinen.

Neulich hatte ich ein Erlebnis, das mich veranlaßte, über das Thema Identifikation und ihre Handhabung nachzudenken. Bei einer Lesung in meiner Heimatstadt war mir ein Mädchen aufgefallen. Ich hätte schwören können, daß ich sie schon auf anderen Lesungen gesehen hatte. Tatsächlich, sie tauchte immer wieder auf. Irgendwann sprach ich sie an und erfuhr folgende Geschichte: Ihre Mutter litt an der gleichen Krankheit wie die Frau in meinem Buch. Doch im Gegensatz zu der Heldin wollte sie sich der Herzoperation nicht stellen. Die Ärzte redeten auf sie ein, die Familie redete auf sie ein, sie blieb ablehnend. Ihr Mann hörte von meinem Buch. Es gelang ihm, ein Exemplar zu besorgen. Er las es und gab es seiner Frau. Dann dauerte es nur noch kurze Zeit, bis die Frau bereit war. Sie starb bei der Operation. Die Tochter begriff diesen Vorgang nicht, sie wurde nicht fertig damit, und sie sagte immer wieder: Wie kann bedrucktes Papier so eine Wirkung haben?

Ein Wort noch zum Thema Lebenshilfe. Wenn man aufmerksam die Rezensiontätigkeit in unseren Zeitungen verfolgt, hat es den Anschein, als hielte man zwei Schubfächer bereit, in die man DDR-Literatur sortiert: In das eine Fach gehört die richtige Literatur und in das andere die Lebenshilfe. Das klingt wie Rollstuhlliteratur, das klingt wie geistige Sozialhilfe. Das sind Bücher für Gescheiterte, Schwache, Kranke. Das hört sich an wie: Nehmt euch ein Beispiel an dieser Frau, wie tapfer sie ihr Leben meistert!

Über Wirkung von Büchern zu reden heißt auch, über Illusionen zu reden. Habe ich die Illusion, tatsächlich etwas zu verändern, die Taubheit der Seele zu heilen, wie Granin in seinem Beitrag über Barmherzigkeit sagt? Sind Wunschträume dieser Art zweckdienlich? Die entscheidenden Fragen des Lebens werden durch Literatur nicht gelöst. Doch ohne Illusion zu schreiben hieße ja, sich selbst nicht ernst zu nehmen.

Was vermag Literatur wirklich, worin besteht ihre Leistung? Ich denke, daß sie darin besteht, die Wahrheit zu sagen, sie zu verteidigen, für sie einzustehen. Sie werden zugeben, ich habe eine sehr optimistische Sicht auf die Wirkung von Literatur, auf unser Handwerk und unsere Zunft, gar auf unseren Kongreß. Eines Tages werden wir dazu kommen, beim Schreiben der Wahrheit nicht mehr an jene zu denken, die ich die professionellen Stirnrunzler nenne. Das wird eine schöne Zeit. Wenn Schriftsteller zusammenkommen, um über Literatur zu reden, singt jeder seine eigene Messe. Dies also war *mein* Meßgesang.

Rainer Kerndl

Danke, Dorothea Kleine. Dann rufe ich – zur Abwechslung – einen Kritiker: Werner Liersch.

Werner Liersch

Die Themen dieses Vormittags heißen „Literatur und Welt", „Literatur und Geschichte", „Literatur und Wirklichkeit". Unser Thema heißt „Literatur und Wirkung". Sie heißen so, wie ich finde, mit einer gewissen Unschuld. Aber wir sind auf dem Wege, ihnen die Unschuld zu nehmen. Denn was ist das, bitte schön, die Literatur? Was ist an unserer Literatur Literatur?

Im Juni stand ich in der Nähe von jemandem, den wir als Verfasser einer DDR-Literaturgeschichte kennen und von dem mir gesagt wurde, der wäre gar nicht so, das wäre ein wichtiger Mann. Dieser Konrad Franke, denn um den handelt es sich, hat kurz darauf ein alljährlich in Klagenfurt stattfindendes Ereignis in Radio Bremen kommentiert. Da hieß es dann: „Uwe Saeger, Schriftsteller aus Bellin in Mecklenburg, hat gestern den Ingeborg-Bachmann-Preis entgegengenommen. Das Publikum beklatschte die Entscheidung. Die beiden Juroren aus der DDR freuten sich. Einige andere Preisrichter aber, und mit ihnen die Mehrzahl der anwesenden Verlagsvertreter und Journalisten, empfanden in ihrem Herzen Grimm. Das sei, sagten sie einander privat, nicht öffentlich, doch Literatur in den Formen des 19. Jahrhunderts, die man als beste zeitgenössische Literatur ausgezeichnet habe. Der Prosatext enthalte gewiß einige für DDR-Verhältnisse ungewohnte Wahrheiten, aber sie kämen doch im Gewande Fontanes daher." – Der wichtige Mann fragte: Ist das so? Aber es war die Frage eines wichtigen Mannes, und da heißt die Antwort: „Es ist so!"

Nun muß auch ich sagen: Es gibt in unserer Literatur alte Eigenschaften, es gibt in unserer Literatur die alten Eigenschaften von Literatur, sie hat die Eigenschaften von Literatur.

Dazu wäre beispielsweise zu rechnen, daß der Schreibende in einer Erkenntnispflicht gegenüber dem Wirklichen ist oder daß das Reich der Literatur von dieser Welt ist. Es sind, finde ich, durchaus bedenkliche Maximen.

Dem Mißverständnis, dies sei ein Kanon, mag vielleicht noch der Hinweis begegnen, daß hier das Wort „beispielsweise" ausdrücklich gebraucht wird. Aber problematischer ist schon, was denn aus solchen Grundsätzen auch gemünzt wird, etwa rhetorische Tugendhaftigkeit, Weltbeschönigung, erzieherische Funktion der Literatur, schöne Ansichten und so weiter.

Die Frage ist: Wie dem Original nahe bleiben? Ich würde sagen: auch durch Sprache. Durch das Bestehen auf einer Sprache, die genau und empfindlich ist und jenseits aller Behauptungen, die das Wirkliche, unser wirklich unabdingbar offenes Verhalten gegenüber dem, was uns begegnet, unter Beweis stellt. Sprache hat auch immer etwas von Verrat.

Der Gebrauch und die Häufigkeit von Versatzstücken hat auf der anderen Seite vielleicht am wenigsten mit dem Talent der Anwender zu tun. Sprechweisen sind Bewegungsweisen. Wer sich der Wirklichkeit entzieht, dem entzieht sich die Sprache. Ihm hilft kein Wörterbuch der treffenden Ausdrücke aus diesem Dilemma. Die stehende Wendung ist hilflos, einflußlos, bedauernswert, ein Wort kann sie umwerfen.

Auch vor solchem Hintergrund wirkt unsere Literatur. Mir will diese Wirkung zu leicht erscheinen, gar nicht angenehm für die Literatur, sie illusionierend, inflationierend mit einer Tendenz, das zu Ende gehende Affirmative an einigen Stellen durch das bloß Provokative zu ersetzen.

Natürlich hat auch der grimme Bremer Kommentator des Saeger-Textes von einem Inhalt gesprochen, als er von Formen sprach. 19. Jahrhundert, das meint ja nichts anderes als soziales Engagement und Wirkungsabsicht von Literatur, und eine engagierte Geschichte ist das schon. Ein Mann, der eine Funktion hat, erlebt, wie wenig von dem funktioniert, was er versucht, und wie er festgehalten ist, so gerät er in eine andere Dimension, schwebt, fliegt, fällt zu Tode. Hebt er vom Boden ab, oder sind die Verhältnisse bodenlos? Ich weiß es nicht, aber gewiß scheint mir, daß der Mann mit äußerster Energie will, was sein Amt, seine welt-verändern-wollende Idee ist.

Ein Bielefelder Professor hat am Ort der Preisverleihung dieser Prosa vorgehalten, so etwas habe man dort bereits in den fünfziger Jahren lesen können. Er hielt diese Literatur für erledigt, und er hatte so unrecht nicht. Er war ja selbst mit seinen Worten ein lebendiger Beweis. Er kam mir allerdings vor wie der Eunuch, der sich über seine Stimmlage freut und dem auch noch abhanden gekommen ist, welchen Umständen er sie verdankt.

Jedoch, erst die Antworten erledigen die Anfragen. Erst die Änderung der Verhältnisse die Literatur über sie.

Was dort weg soll, was nicht paßt, ist ja eine Literatur, die sich tatsächlich an dem beteiligt, was Menschen tatsächlich leben. Wirkung gehört zu den Tatsachen.

Reich-Ranicki, dessen Verdienst es ist, die Noblesse und die Sachlichkeit der „Bild-Zeitung" in die Literaturkritik eingeführt zu haben, hat das vor kurzem mit nicht zu überbietender Deutlichkeit demonstriert, als er in der „Frankfurter Allgemeinen Zeitung" das Schreiben von Christa Wolf unter das armselige Inventar rechnete, mit dem wir armen Brüder und Schwestern auskommen müssen. Da war zu lesen: „Daß die in Ostberlin lebende Autorin Christa Wolf ein hohes Ansehen genießt und auch viel Zulauf hat, ist nicht verwunderlich. Wo es an Wolle und Seide fehlt, da lassen sich auch mit Baumwolle und Kunstseide gute Geschäfte machen. Daß aber diese Schriftstellerin, deren künstlerische und intellektuelle Möglichkeiten eher bescheiden sind, im Westen ebenfalls nicht ohne Andacht behandelt wird, ja mittlerweile sogar als gesamtdeutsche Mahnerin vom Dienst gilt, ist schon weniger verständlich." Im Ton der Schickeria vermißt Ranicki Urbanität, Esprit und hält alles, was er gelesen hat, für provinziell.

Nun hörte man von einer großen Sache, könnte man von einem Manne aus der bundesdeutschen Provinz, etwa Hattingen, hören, er habe dort eine Funktion und setze sich bis zur Erschöpfung seines Lebens ein, um gegen die Schließung des Hattinger Stahlwerkes und die Entlassung der Arbeiter auch in so etwas wie eine andauernde Sinnlosigkeit ihrer Existenz zu kämpfen. Einen solchen Funktionär lobte ich mir.

Wir haben solche in der Realität, und wir haben solch einen auch in der Geschichte von Saeger. Er hat nur noch nicht das verdiente Ansehen. Von den Gründen will ich einen allgemeinen nennen. Ich denke, die konkreten werden sich beheben lassen. Den allgemeinen möchte ich den Schwierigkeiten zurechnen, die sich aus der Diskrepanz zwischen einer rhetorischen und der tatsächlichen Anerkennung der Widersprüche ergeben, durch die wir hindurch müssen, der Ersetzung des Konkreten durch die Floskel, der Mißdeutung von Realitätssinn als Pessimismus, der Haltung, als bedürfe es, eine Revolution zu machen und sie zu verstehen, in der Hauptsache der Frohnatur.

„Unter Pessimismus versteht man bekanntlich", so war kürzlich in einer Belehrung über den Vorgang, Geschichte zu befragen, zu lesen, „jene Lebenshaltung und Philosophie, die im Gegensatz zum Optimismus die schlechten, traurigen, inhumanen Seiten der Welt in den Vordergrund der Betrachtung rücken" und – ich mache den Satz vollständig – „die Welt für unabänderlich schlecht und das menschliche Dasein für letztlich sinnlos" halten.

Was lassen Beschreibungen zu, in denen das Wort „bekanntlich" vorkommt? Bekanntlich ist die Erde eine im Mittelpunkt der Welt ruhende Scheibe. Bekanntlich hat Gott den Menschen geschaffen. Bekanntlich war General Bersin ein Volksfeind. Sie weisen an, besonders in unserem Fall, wo es um Verständigung ginge. Es sind stehende Wendungen, mit denen Abuladses Film „Die Reue" es zu tun bekommen hat. In ihnen ist alles geklärt, hat sein Epitaph bekommen. Sie brauchen nur übernommen zu werden, das ist die Aufgabe.

Es war zu lesen: „Mit den tragischen Ereignissen der dreißiger Jahre hat der XX. Parteitag abgerechnet. Spätestens seit dieser Zeit kennen wir neben subjektiven wichtige objektive Bedingungen." Von meinen Fragen nur die: Spätestens? War das nicht 1956? Und kennen wir wirklich alle Materialien des XX. Parteitages?

Die Probleme dort spielen im Fernen, Universellen, außen, und diese Wirklichkeitsbeschreibung ohne Wirklichkeit entrückt sich in die Behauptung von Bewertung „in größerem Zusammenhang" oder als „Sinn für das Wesentliche". Unsere eigene Geschichte gibt dort ihre Dialektik auf. Zu großen Teilen sind wir gar nicht mehr an ihr beteiligt, so als wäre die Produktion von Geschichte nicht immer ein Gesamt, als könne man mit ihr in der märchenhaften Weise umgehen: „Die Guten ins Töpfchen, die Schlechten ins Kröpfchen".

Es bleibt aber dabei, daß eines der Elemente der Lebenskraft einer Gesellschaft ihre Fähigkeit ist, ein Verhältnis zu ihren Widersprüchen zu finden. Nun hat Christoph Hein hier etwas über Zitate gesagt, und das war wenig freundlich, aber ich glaube, ein Zitat hat auch noch andere Möglichkeiten als die von ihm aufgeführten: Es stellt auch einen Fundus dar, und es enthält die Möglichkeit, zusammenzufassen. Deshalb erlaube ich mir, hier eine Bemerkung von Lenin einzuschalten: „Das Proletariat fürchtet nicht zuzugeben, daß ihm in der Revolution dieses und jenes großartig gelungen, aber dies und jenes mißlungen ist. Alle revolutionären Parteien, die bisher zugrunde gegangen sind, gingen daran zugrunde, daß sie überheblich wurden und nicht zu sehen vermochten, worin ihre Kraft bestand, daß sie fürchteten, von ihren Schwächen zu sprechen. Wir aber werden nicht zugrunde gehen, weil wir nicht fürchten, von unseren Schwächen zu sprechen, und es lernen werden, die Schwächen zu überwinden."

Das sind für mich nicht einfach Worte, das ist kein moralischer Appell, sondern eine historische Erfahrung und ein Problem unserer Gegenwart. Auch der Ästhetik, die auf die immerwährende Frage „Aber wo bleibt denn das Positive, Herr Kästner?" antwortet.

Von dieser Haltung ist für mich Abuladses Film, und seine Haltung ist es, leere Stellen mit Wirklichkeit auszufüllen, als ein Film – und als ein Vorschlag zum Nachdenken und ohne die verhängnisvolle Absolutheit, die er kritisiert. Das ist ein

Film voller Trauer, daß auch uns *das* passiert ist, der die dunklen Seiten des Menschen nicht negiert und seine Menschlichkeit nicht unter allen Umständen für gesichert hält, sondern darauf hinaus will, daß sie immer der Anstrengung, immer der Verhältnisse bedarf. Und dabei muß es schon bleiben, das ist keine Sache für Unterstellungen.

Nicht das Aussprechen einer solchen Realität ist das Problem, ihr Ausbleiben wäre das Problem. Die Fähigkeit, derartige Fragen nicht zu begraben, sagt etwas über uns aus, sie definiert ein geschichtliches Niveau. Das ist die Botschaft des Films.

In dem, was dem Film als die richtige Methode, die Geschichte zu betrachten, vorgehalten wird, kommt auch Michail Kolzow in dem Wortsarg von den „tragischen Umständen" seines Todes im Jahre 1939 vor. Ich muß, obwohl allgemein sein sehr schön ist, an dieser Stelle doch etwas konkreter werden und sagen: Kolzow wurde wie Tausende Mitglieder der Partei und Parteilose ein Opfer der Stalinschen Massenrepressalien. Kolzow wurde am 12. Dezember 1938 zum letzten Mal in der Redaktion der „Prawda" gesehen, als er dort einen Vortrag über die Geschichte der KPdSU (B) besuchte. Am 13. Dezember 1938 erfuhr sein Bruder Boris Jefimow durch einen Kraftfahrer aus der Redaktion von der Verhaftung. Jefimow überwies in der nachfolgenden Zeit regelmäßig Geld an den Bruder und nahm die Annahme dieser Summen als Zeichen, daß Kolzow am Leben sei. Als sie Anfang 1940 unterblieb, schloß er daraus, die Verhandlung hätte begonnen. Später erhielt er die Mitteilung, Kolzow sei am 1. Februar 1940 zu zehn Jahren Lagerhaft verurteilt. Kolzow kehrte bekanntlich nicht mehr zurück. Es gab Leute, die Boris Jefimow sagten, Kolzow wäre schon 1939 erschossen worden, andere wollten ihn im Lager gesehen haben. Einen Bericht über Kolzows Schicksal, wie es Boris Jefimow erlebte, hat die Zeitschrift „Ogonjok" veröffentlicht.

Auch in der anderen Veröffentlichung wird diesem Schicksal ein erklärendes Wort nachgesagt: *Es hat nicht sollen sein.* Was für eine Antwort.

Ich rechne sie nicht dem Optimismus zu. Der muß noch etwas anderes sein und vielleicht doch eine Sache, über die zu reden lohnt, obwohl das nach Lage der Dinge und was alles schon damit kaschiert wurde, nicht ganz leicht ist.

Eine meiner frühesten, mich verstörenden Erfahrungen war das Küchenhandtuch meiner Tante. Auf ihm stand: „Schaue vorwärts, nie zurück, neuer Mut ist Lebensglück." Ein wohl recht zynischer Spruch, wenn ich an das alltägliche deutsche Leben meiner Tante denke, die 1945 vierzig Jahre alt war. Es gibt eine Art von Optimismus, die zutiefst defätistisch ist.

Ein Autor dieses Charakters kommt nicht weit. Er kann sich nicht nur auf Konflikte einlassen, deren schmerzlose Auflösung sicher ist. Er kann sich nicht mit einem Begriff des Schöpferischen zufriedengeben, der allein Schöpfen aus dem Vorhandenen meint. Er muß Risiken eingehen. Seine Gründe werden moralisch sein. Auch eine Gesellschaft kann das nicht. Ihre Gründe dafür sollten wenigstens praktisch sein. Ohne Suchverhalten hört Entwicklung auf, und hoffnungslose Rückstände stellen sich ein.

Auch aus einem solchen Grunde ist es Zeit, daß die durchaus nicht kurze Geschichte der Denunziation von Realitätssinn als Schwarzseherei ein Ende findet, der Sozialismus nicht in Verbindung mit Küchenhandtuch-Optimismus gebracht werden kann. Denn seine Farbe ist bekanntlich rot und nicht rosa.

Wenn hier in der Hauptsache von Literatur die Rede war, dann ohne Zufriedenheit darüber, wie leicht sie es gelegentlich hat, weil ihr so viele unbesprochene Themen zufallen können. Von dieser Funktion muß sie entschieden abgeben, indem sie entschieden ihre Funktion wahrnimmt.

Rainer Kerndl

Danke schön. – Ich erlaube mir noch einmal darauf hinzuweisen – bitte, Werner, das soll keine Kritik sein –: Wir haben nur noch etwa hundertfünfzig Minuten Diskussionszeit. Ich bitte also, sich in der Redezeit zu begrenzen, es könnte sonst dazu führen, daß ich sehr diktatorisch darauf bestehe, daß jeder, der nach vorn kommt, sein Manuskript auf dem Tisch zurückläßt. – Ich bitte jetzt Frank Weymann.

Frank Weymann

Ich war gerade in Leipzig auf der Dokumentarfilmwoche. An zwei Tagen sah ich eine Reihe sehr interessanter Filme. Aus der Sowjetunion kam unter anderem der Film „Die Männer von der Insel Kischnu", ein Streifen über eine estnische Insel mit einer sechshundert Jahre alten Kultur, die durch bestimmte sehr sozialismuseigene gesellschaftliche Bedingungen auszusterben droht. Ein Film aus Großbritannien zeigte die Streiks in Südafrika und den Kampf des ANC. Beiden Filmen gemeinsam war das Merkmal intensivster Authentizität, bis hin zu solchen Passagen des kommentierenden Textes wie: Dieser Mann starb vor Abschluß der Dreharbeiten. Ein Film aus China zeigte die dort vollbrachten gigantischen Leistungen, wobei man allerdings zu wenig über die Menschen erfuhr. „Der Zwiespalt" aus der Volksrepublik Polen behandelte merkwürdige Einweisungen in eine geschlossene psychiatrische Anstalt, die nicht aufgrund medizinischer Indikation erfolgten. Ein weiterer polnischer Film beschäftigte sich mit Drogenmißbrauch bei Jugendlichen. Wir kamen mit einem nicht sehr aufregenden Film daher, „Wie ein Fisch im Wasser". Da wurde erklärt, was Gewässer sind und was Fische. Ein ČSSR-Film zeigte die Belastungen von Schwestern auf einer Intensivtherapiestation, der spanische Film „Im Namen Gottes" den Widerstand in Chile; er nahm, aus religiöser Sicht, zur Frage der Folter Stellung. Ein Streifen aus den USA war einem Chronisten aus einem Slum in Chicago gewidmet, der sich zum Anwalt der Ungenannten macht. Und „Ist es leicht, jung zu sein?" aus der Sowjetunion fragte der „verlorenen Generation" nach, einer verlorenen Jugend, die sich nicht erklären kann.

Warum spreche ich von diesen Eindrücken? An diesen zwei Tagen spürte ich erneut, als starke emotionale Erfahrung, daß es in der Geschichte ein Davor und ein Danach gibt. Das Davor zeigten die Filme über Südafrika, Chile, die USA. Für uns sind andere Fragen entscheidend und wichtig.

Ich frage mich: Warum eigentlich war ich so angerührt? Christoph Hein zitierte Immanuel Kant, die Literatur rühre an. Ich würde vielleicht von „Betroffenheit" sprechen wollen. Warum ist man eigentlich bei einem bestimmten Film, einem Buch, bei der Darstellung eines bestimmten Gegenstandes betroffen? Man ist betroffen, weil man gehindert ist einzuschreiten. Man sieht auf der Leinwand einen Vorgang, der ungeheuerlich ist, und man hat keine Möglichkeit hineinzugehen, ihn zu beeinflussen, ihn anders verlaufen zu lassen. Man ist betroffen, weil man ausgeliefert, weil man ohnmächtig ist.

Das ist wahrscheinlich eine Seite der Wirkung. Es gibt, wie Christoph Hein sagte, Wirkungen auf der Grundlage von Identifikation: man findet eigene Anschauungen bestätigt. Das trifft gewiß zu. Für mich aber besteht die erste Wirkung von Kunst darin, betroffen zu machen, durch Zorn zu aktivieren.

In den zwei Tagen in Leipzig wurde mir auch klar, daß wir es mit einer neuen Dimension von Wirkung zu tun haben. In unserer Gesellschaftsordnung, der sozialistischen, prallen ja nicht mehr Klassenfronten aufeinander, die gesellschaftlichen Turbulenzen sind von anderer Art. Die Spannungen haben sich aufs Individuum verlagert oder auf Gruppen von Individuen. Das verändert die Denk- und Fühlweisen der Menschen. Unter den heutigen Bedingungen sind bestimmte Individuen und Gruppen zu oft von Entwicklungen ausgespart, oder sie sind noch zu oft Objekt von Verläufen.

Unter Disziplin wird – so glaube ich – allzu häufig Anpassung verstanden, und als solche wird sie gefordert. Die Antwort auf daraus resultierende Anpassungsvorgänge ist oft eine gewisse Verinnerlichung, die den einzelnen vor ebenso große existentielle Probleme stellen kann, wie sie durch äußere Ursachen, durch Entzug notwendiger Existenzvoraussetzungen entstehen.

So bekommen die Probleme auch bei uns neue Dimensionen, eine nicht zu unterschätzende Bedeutung.

Nicht selten wurde unter Widerspruch etwas verstanden, was aus der alten Gesellschaftsordnung nachwirkte. Christoph Hein sagte zu Recht, daß es bei uns auch Widersprüche gibt, die auf dem Boden unserer Gesellschaft entstehen, die von uns selbst produziert werden. Bei uns gibt es kaum noch den Widerspruch zwischen den Klassen, sondern vielmehr den Widerspruch in der Klasse. Diese Besonderheit sollte Grund genug sein, zwischen Gesellschaftsordnungen nicht schematisch zu vergleichen, sondern zu differenzieren. Hartherzigkeit, Machtmißbrauch, das alles sind menschliche Komponenten, die es schon seit Jahrtausenden gibt. Daß sich die Kämpfe, die Tragödien mehr im Individuum und in Gruppen von Individuen abspielen, das ist das Besondere der heutigen Entwicklung, um dessen Verständnis mir es eigentlich geht.

Anders gesagt: Der Hunger formiert uns zu einer einheitlichen Front. Im Appetit aber treten unsere Unterschiede hervor.

Mir geht es um das Kulturniveau. Christoph Hein stellte ganz richtig fest, die Wirkung hängt von der Befindlichkeit oder vom Zustand des Lesers ab. Der Zustand des Lesers wiederum hängt vom ganzen Umfeld der gesellschaftlichen Bedingungen ab. Die Wirkung ist demnach auch abhängig vom Kulturniveau. Und damit meine ich nicht nur Kulturverständnis, sondern Lebenskultur.

Es sollte nicht die Frage sein: Wie halten wir es eine ganze Zeitlang miteinander aus?, sondern vielmehr: Wie kommen wir in die Zukunft hinein? Hierzu gehören viele einzelne Fragen: Genügt es, eine bipolare Fernsehkultur zu haben? Genügen kumulative Volksfeste? Genügen Eigenheime, Kleingärten, Delikatessen, um das Lebensgefühl zu steigern, also der Grund, auf dem Literatur wächst? Wie steht es mit den Erschwernissen der alltäglichen Besorgungen, mit dem Zeitaufwand dafür? Wie steht es mit der Freundlichkeit im Alltag? Wir müssen uns fragen: Wird der Mensch, der Werktätige im Sozialismus, mehr von der Generallinie bestimmt, über die er in den Zeitungen so viel lesen kann, oder wird er mehr geprägt durch die Summe der hundert Kleinigkeiten, denen er im alltäglichen Leben begegnet?

Hiervon hängt auch seine Bereitschaft ab, Geschriebenes aufzunehmen, sei es Publizistik oder Literatur. Dort, wo der einfache Mensch seine Nöte und Bedürfnisse unzureichend oder gar nicht ausgesprochen findet, wo er keine Stimme vernehmen kann, die seinen Sorgen gilt, dort wird er sich abkapseln oder gar resignieren. Das Ergebnis ist die Flucht in die eigenen

Wände und Zäune. Und dann muß man sich auch nicht wundern, daß bei uns womöglich weniger gelesen wird und Gegenwartsliteratur sich schlechter verkauft.

Ich glaube, viele Kräfte erschöpfen sich bei uns mehr durch Reibung als für die Veränderung unserer Probleme. Im letzten Winter hörte ich einen sagen: Der Sozialismus ist so, wie er mich umgibt. Ich fragte ihn, wie er das meine; mir schien das ein schlüssiger Satz. Er war Künstler, machte Abgüsse. In seinem Atelier fehlte die Heizung, und er konnte nicht arbeiten. Ihn verbitterte vor allem die Tatsache, daß seine Arbeit bei den Behörden so wenig Anerkennung fand. Nicht Worte braucht er, sondern funktionierende Radiatoren.

Der Sozialismus ist so, wie er mich umgibt. Das ist die Grunderfahrung, die auch wir akzeptieren müssen, wenn wir darüber nachdenken, wie die Wirkung von Literatur ist. Der Mensch will ja in der Literatur seine Probleme wiederfinden, er möchte etwas über sich hören.

Vor vielen Wochen schrieb ich an den 1. Sekretär der Bezirksleitung Leipzig. Ich informierte ihn über einen Vorgang in seinem Bezirk, bei dem mit einem Menschen falsch umgegangen worden war, bat um Überprüfung und mögliche Änderung. Bis zum heutigen Tag habe ich keine Antwort, und ich habe auch nichts von Veränderungen erfahren. Mancher mag nun vielleicht denken: Nun gut, bei uns mahlen die Mühlen im verborgenen, und irgendwann ist der Kuchen da, den man dann anschneiden kann. Die Frage ist bloß, ob derjenige noch da ist, mit dem man ihn anschneiden kann, und ob er sich dann noch freut.

Wir leben in einer Gesellschaftsordnung, die es erstmals ermöglicht, Widersprüche unblutig auszutragen. Nutzen wir das genügend? Sind wir uns bewußt, daß der subjektive, der menschliche Faktor – sowohl bei der Entstehung als auch bei der Lösung von Widersprüchen – bei uns eine ganz neue, die entscheidende Rolle spielt? Wir müssen dazu beitragen, das große Reservoir an Engagement, an Begeisterung, an Passion erschließen zu helfen. Hier liegen unsere eigentlichen Ressourcen, mittels deren Veränderungen bewirkt werden können.

Unsere Aufgabe als Autoren ist es, auch darüber öffentlich nachzudenken.

Gewiß: Nicht jeder Vorschlag, den ein Schreiber äußert, taugt zur Anwendung. Aber ein unvollkommener Vorschlag ist manchmal besser als gar keiner. Als Arzt weiß ich: Eine schlechte Diagnose ist besser als gar keine, denn über sie kann man diskutieren. Bedenkt bitte: Solange Ärzte keine Diagnosen stellen, können sie nicht behandeln.

Zwischenruf von Rosemarie Schuder
Dann sind sie keine Ärzte.

Das sagt sich leicht. Es gibt Fälle, da kann man gar nicht gleich die richtige Diagnose stellen, ebenso wie es Probleme in der Gesellschaft gibt, wo wir nicht auf Anhieb die Diagnose parat haben. Aber es hilft uns nicht weiter, wenn wir gar keine äußern. Versuche, sich zu äußern, sind Versuche, eine Diagnose zu stellen.

Rainer Kerndl
Danke, Frank Weymann. Wir treten nun in eine Pause ein. Nach der Pause wird als erste Renate Feyl sprechen, die sich spontan meldete, danach Vera Thies, anschließend Heinz Kahlau.

Renate Feyl
Ich habe mich spontan gemeldet, weil mich das Referat von Christoph Hein ermutigt hat, mich in dieser ungeübten Disziplin des Spontanen zu bewähren. Es war für meine Begriffe ein ganz ausgezeichnetes Referat. Ich möchte Satz für Satz unterstreichen, nicht den geringsten Abstrich davon machen, weil in diesem Beitrag endlich einmal unsere Arbeitssituation geschildert wird, die uns seit Jahren bedrückt und betroffen macht. Das beginnt bei der Unsitte des Gutachterwesens und reicht bis hin zur verzögerten Auslieferung von Büchern. All das bedrückt und demütigt uns beim Schreiben. Wir fühlen uns ausgeliefert, und deswegen fand ich das so wunderbar, was in die-

sem sehr streitbaren Beitrag von Christoph Hein gesagt worden ist.

Um das mit einer Episode zu illustrieren: Vor dem Kongreß wurde ich aufgefordert, etwas zur Situation der Schriftsteller zu sagen, zu meiner Befindlichkeit, zu meiner Arbeit. Ich hatte also alle Möglichkeiten, mich sozusagen frei zu entäußern, und habe das auch genutzt. Aufgefordert wurde ich von einer Zeitung, der „Neuen Zeit", und man redete mir dringlichst zu, doch wenigstens eine Seite zu schreiben. Das habe ich getan, und ich möchte Ihnen jetzt diese Seite vorlesen. Ich tue das deshalb, weil sie gestern aus der Setzerei wieder herausgenommen worden ist, da, wie ich hörte, der Chefredakteur kalte Füße bekommen hat und meine harmlosen Worte nicht drucken wollte.

„In den letzten Monaten war ich zu vielen Lesungen aus meinem jüngst erschienenen Roman ‚Idylle mit Professor‘ eingeladen, und immer wieder wurde spürbar, wie stark das Verlangen der Leser nach größerer Öffentlichkeit in der Literatur ist. Vieles in Sachen Literatur findet zwar tagtäglich irgendwo statt und ist oft ein erregendes Forum für Auseinandersetzung und Meinungsverschiedenheit, für den Austausch kontroverser Eindrücke und Empfindungen, aber es bleibt im kleinen Kreis und dringt nicht über die Klubs, die Gewerkschaftsbibliotheken, die Stadtbüchereien oder Seminarräume hinaus. Hinzu kommt, daß ein Gutteil der begehrten Bücher bereits im Augenblick des Erscheinens vergriffen ist, so daß manch einem Leser gar keine Chance gegeben wird, sie wahrzunehmen, geschweige denn zu kaufen, und es oft Jahre dauert, bis eine Nachauflage erscheint.

Was im ‚Leseland‘ bislang noch immer fehlt, ist eine Literaturzeitung, die etwas von jener Vielfalt, Differenziertheit und Streitlust an die Öffentlichkeit bringt, die bis jetzt vornehmlich nur als gesprochenes Wort in den Literaturveranstaltungen oder im Privaten existiert. Eine Literaturzeitung, in der Autoren, Leser, Verleger, Lektoren, Kritiker, Buchhändler und Verwalter der Literatur sich zu Wort melden, in der der Buchmarkt und das Geschehen hinter den Kulissen den Betroffenen als auch nicht Betroffenen erhellt wird. Eine Literaturzeitung, in der Polemik selbstverständlich ist und die die so beschämend vernachlässigte Gattung des Feuilletons wieder zu alter Meisterschaft bringt. Eine solche Literaturzeitung wäre ein wichtiger Schritt hin zu einer kunstsinnigen, kreativen Atmosphäre, die Lesern und Autoren Lust macht, sich einzumischen, sich mitzuteilen, zu sagen, was sie bewegt, betroffen macht oder ermutigt.

Dieses Bedürfnis nach einem öffentlichen Gespräch über Literatur sollte nicht mit einem gleichgültigen Achselzucken abgetan, nicht mit den bekannten Argumenten, wie Papiermangel und fehlende Druckkapazität, beantwortet, sondern als ein Ausdruck geistiger Kultur empfunden werden."

Das ist der Beitrag, der in der „Neuen Zeit" nicht gedruckt worden ist. Und ich frage mich: Wenn nicht einmal mehr das möglich ist, was soll dann – und wir sprechen ja hier über Literatur und Wirkung – noch möglich sein? Dann, befürchte ich, werden die hoffnungsvollen Sätze von Christoph Hein wahrscheinlich Vision bleiben und Utopie. Ich finde, wir sollten die Zeit hier nutzen, um uns darüber Gedanken zu machen, wie wir, vom hohen Roß der Theorie steigend, uns auf den Boden der Tatsachen stellen; wir sollten noch viel entschiedener unsere Arbeitsprobleme erörtern.

Christoph Hein
Für kurze Zeit vertrete ich Rainer Kerndl. Ich danke Renate Feyl für ihren Beitrag, auch für das Vorgelesene, das hier stellvertretend für mehrere Beiträge stehen kann, die in Vorbereitung des Kongresses nicht erschienen sind. – Vera Thies hat das Wort.

Vera Thies
Ich habe keinen Beitrag vorbereitet, denn ich wußte nicht, ob mein Problem von Bedeutung sein wird. Doch der Satz von Christoph Hein „Es ist nicht möglich, zu schreiben und sich bedeckt zu halten" hat mich dazu ermutigt. Mir geht es um die Frage der Herausgabe von Literatur, besonders der aus anderen

Ländern. Sie hätte in vielen Fällen nicht die Wirkung bei uns gehabt, wenn nicht Herausgeber, gute Kenner dieser Literaturen, sich ihrer angenommen hätten, um sie uns vorzustellen – eine Arbeit, die dem Übersetzen von Literatur ja noch vorangeht.

Das ist zum Beispiel wichtig, wenn ein Auswahlband aus dem Schaffen eines Autors herausgegeben oder eine Anthologie zusammengestellt werden soll. Nicht nur ich, sondern eine ganze Reihe von Herausgebern sind der Meinung, daß die Voraussetzungen für diese Tätigkeit noch nicht genügend erkannt, daß die umfangreichen Kenntnisse, die notwendig sind, um uns mit Autoren und Literaturen aus anderen Ländern, deren Werke bei uns kaum oder noch gar nicht bekannt sind, vertraut zu machen, noch nicht genügend anerkannt werden.

In diesem Zusammenhang noch ein Hinweis: Der Autor eines Werkes erhält auch für die Nachauflagen Honorar, ebenfalls in einem gewissen Umfang der Übersetzer; der Herausgeber aber erhält für seine Auswahl und auch für die Kommentierung nur eine einmalige Vergütung. In manchen Fällen wird die Herausgabe jetzt schon besser als früher vergütet, da hat sich schon einiges getan. Aber wirklich ins Blickfeld gerückt ist die Arbeit des Herausgebers, von dem doch in großem Maße die erste Begegnung der Leser mit neuen, noch unbekannten Schriftstellern beziehungsweise Literaturen abhängt, noch nicht; und sie ist auch in der Vorbereitung dieses Kongresses, zum Beispiel in den Materialien des Berliner Verbandes, nur in bezug auf die Herausgabe von DDR-Literatur gewürdigt worden. Die anderen Herausgeber sind nicht genannt worden, ihre Tätigkeit ist anonym geblieben.

Das wollte ich hier sagen, denn auch ein Herausgeber will sich ja zu seiner Arbeit bekennen, das heißt zu seiner Einstellung gegenüber den von ihm vermittelten Autoren und ihren Werken.

Heinz Kahlau

Ich möchte mich bei Christoph Hein ausdrücklich dafür bedanken, daß er mir die Möglichkeit gibt, einen großen Teil meines

Manuskriptes wegzustecken. So kann ich mich darauf beschränken, einen Vorschlag zu unterbreiten.

Nicht nur die Ausbeutung des Menschen, auch die Ausbeutung der Natur gefährdet unsere Existenz. Wer das im Namen einer progressiven Weltsicht verschleiert, schadet nicht nur ihr, sondern der Menschheit. Es gibt keine fortschrittliche Umweltzerstörung, keine vorwärtsweisende Atombombenexplosion, keinen progressiven Massen-Hungertod.

Um an einem Beispiel zu zeigen, wie ich das meine: Der Brotpreis in unserem Lande ist niedrig und stabil. Das ist ein Ausdruck der sozialpolitischen Maßnahmen des Staates. Würde er um einen einzigen Pfennig erhöht und würden die zusammenkommenden Pfennige dem Volk von Angola gegeben, würde daraus eine beachtliche Hilfe. Zugleich käme das Brot in die öffentliche Aufmerksamkeit. Es könnte zu einem landesweiten Gespräch über die Mißachtung des Brotes und seine Verschwendung kommen. Am Ende dieses Volksgespräches über das Brot könnte die Volkskammer beraten, ob ein solcher Vorschlag tatsächlich nützlich wäre. Es könnte sich herausstellen, daß es uns gut täte, über eine solche Selbstverständlichkeit wie Brot in unserem Lande zu reden, öffentlich, offen und ausführlich, alle anderen Meinungen anzuhören, alle Standpunkte zuzulassen, um gemeinsam herauszufinden, wodurch der Vernunft zu der Wirkung verholfen werden kann, die wir brauchen.

Wäre das nicht eine mögliche Übung, die jeden angeht, nichts kostet, nichts gefährdet und vielfache Erfahrung einbringen könnte? Könnten nicht wir Schriftsteller einen solchen Prozeß in Bewegung setzen mit der Kraft unserer Worte? Denn nicht nur um den Brot-Pfennig würde es gehen, auch um ein wenig Problembewußtsein und Demokratie-Übung und Volksbildung.

Rainer Kerndl

Danke, Heinz Kahlau. Nun hat, ich halte das angesichts unseres Themas für wichtig, ein Verleger das Wort, Elmar Faber, Leiter des Aufbau-Verlages.

Elmar Faber

Als Verleger bin ich eigentlich praktizierender Idealist. Deshalb interessiert mich das Thema „Literatur und Wirkung" brennend. Wenn ich darüber rede, möchte ich mir ungern den Posten eines Sachbearbeiters zuweisen lassen. Ich denke, daß ich deshalb nicht über die Sitzgelegenheiten des Verlegers rede, sondern über sein Stehvermögen und seine Bewegungsformen. Denn wir üben, glaube ich, ebenso wie die Autoren den aufrechten Gang.

Jetzt möchte ich rasch ein Stück meiner eigenen Verlegerkonfession freilegen. Ich bin mit Christoph Hein, mit dem ich befreundet bin und von dem in diesen Tagen im Aufbau-Verlag ein erregender Essay-Band erscheinen wird – er heißt „Öffentlich arbeiten" –, einer Auffassung, daß wir eine uneingeschränkte Öffentlichkeit brauchen. Wenn ich diesen Begriff benutze, so denke ich – um es auf eine kurze Formel zu bringen – daran, daß wir Literatur für das Herz brauchen, Literatur für den Verstand und, wenn es gut geht, Literatur für beides. Wir benötigen Literatur in Massenauflagen und Literatur in Kleinstauflagen. Wir brauchen Erwin Strittmatter genauso wie Elke Erb, denn wenn ein Verlag etwas Authentisches leisten will, muß er alles zeigen, dann hat er alles literarisch zu dokumentieren, was die Zeit hervorbringt. Es darf nichts abgeschnitten werden. Seine Produktion sollte so beschaffen sein, daß man einmal sagen können muß: Ja, das ist alles da gewesen.

Denn wenn man die deutsche Literatur- und Verlagsgeschichte befragt, so hat es viele Situationen gegeben, wo Bücher in höchsten Auflagen verbreitet wurden, die fünf oder zehn Jahre später völlig vergessen waren, und es sind Bücher erschienen, die in zehn Jahren nur in wenigen Exemplaren verkauft wurden, beispielsweise Kafkas Romane, und die Jahrzehnte später zu Bestsellern der europäischen Literatur geworden sind.

Dies gehört an die Spitze meines Bekenntnisses, wie ich als Verleger zur Literatur stehe.

Jetzt kommt ein zweites. Es hat sich in unserer Literaturgesellschaft eine sonderbar euphorische Vorstellung eingeschlichen, daß Literatur nur noch produziert werden muß und alle Leute dann wie verrückt darauf warten, sie aus den Regalen der Buchhandlungen nach Hause zu tragen.

Ich habe das Gefühl, daß wir es in den letzten Jahren mit einem zunehmend veränderten Leserinteresse zu tun haben. Ich möchte Ihnen dazu etwas aus meiner Erfahrung erzählen. Lange habe ich darüber nachgedacht, wie es kommt, daß alles das, wozu wir Verleger Halbbelletristisches sagen, also Tagebücher, Memoirenbände, Biographien, Protokolle, Briefbände und so weiter, ein enormes Leserinteresse findet und uns sozusagen aus den Händen gerissen wird. Natürlich ist das der Drang nach authentischen Auskünften über eine Zeit. Es hängt aber auch eindeutig damit zusammen, daß ein Teil unserer Literatur – wie soll man sagen – sich vereinzelt, sich in einen bestimmten Narzißmus einkapselt, daß die Geschichten, die uns angeboten werden, zum Teil immer kleiner und kleiner werden, manchmal so klitzeklein, daß man vergißt – so habe ich das in einem Brief an Christoph Hein formuliert –, daß es neben den Pissoirs von Paris auch noch den Turmbau zu Babel oder die Hängenden Gärten der Semiramis gegeben hat. Und dann wundert man sich plötzlich darüber, daß die Regale in den Buchläden voll sind und unsere Bestände, auch die von zeitgenössischer Literatur, weiter wachsen. Wir müssen uns also Sorgen machen über die Beschaffenheit von Literatur. Es ist zu fragen: Welche Entwürfe legt sie vor, welche Bezüge legt sie frei, in welcher Form erkennen wir uns als Schuldner und Schüler vergangener Jahrhunderte, wie werden wir Bürgen der Zukunft, und wie können wir es bleiben? Ich glaube, das sind Fragen, die zu beantworten uns keiner abnimmt, ob wir Literaturverursacher oder Literaturverbreiter sind.

Ich komme zu einem dritten Problem, zum Verhältnis Autor – Verleger. Dies liegt mir – ich hoffe, meine Autoren können es bestätigen – besonders am Herzen. Ich meine, der Verleger soll seinen Autor immer als Heiligen betrachten. Wenn er aber an eine Stelle kommt, wo er ihn einen Esel nennen muß, so darf er das auch sagen. In der literarischen Provinz, in der wir als Autoren und Verleger arbeiten, dürfen wir an solchen Wahrhaftigkeiten nicht vorbeigehen.

Christoph Hein – und ich teile diese Auffassung völlig – sagt, daß der Stoff der Autor selbst ist. Aber ein Autor kann auch einmal indisponiert sein, ein Autor kann mit falschen Bildern umgehen, er kann sein Handwerkszeug mangelhaft handhaben. Wenn ihm das von Verlegerseite gesagt wird, sollte er hin und wieder einschlägige Erfahrungen akzeptieren. Ich erinnere mich, wie dankbar einmal ein Autor war, als ihm gesagt werden mußte, daß man auf dem kleinen See vor der Moritzburg nicht mit einem großen Luxusdampfer herumkutschieren kann, weil man sonst den einen zum Überschwappen bringt und den anderen in die Brüche fährt.

Nichts weiter soll damit gesagt werden, als daß wir noch besser lernen müssen, uns im Umgang miteinander ernst zu nehmen. Die innovative Schubkraft, die dem Verlegergeschäft innewohnt, könnten wir sicher noch besser für den Strom unserer zeitgenössischen Literatur einsetzen. Dabei weiß ich, daß nicht alles glattgehen kann. In einer Arbeit, wie ich sie betreibe – im Aufbau-Verlag erscheinen 300 Titel im Jahr, ein Riesengewebe an Literatur, das von der Antike bis heute reicht –, muß man notwendigerweise mit vielen Gegebenheiten fertig werden. Man muß jeder Literaturperiode den Platz einräumen, der ihr zukommt, und jedes Buch hat etwas mit Publikumsinteresse zu tun.

Einer meiner großen Vorfahren, S. Fischer, hat immer wieder mahnend darauf hingewiesen, daß die Deutschen unter dem Begriff Literatur lediglich Dichtung verstehen; sie seien auch an dieser Stelle eine weltabgewandte Nation. Damit versuchte er das intime Verhältnis nicht in Vergessenheit geraten zu lassen, das in den Begriffspaaren Buch und Publikum, Autor und Öffentlichkeit steckt und das die Formel vom Geist und vom Geschäft für die Literatur so königlich und so schwerwiegend zugleich macht.

Unter diesem Aspekt komme ich zum Schluß. Noch immer hat Literatur an vielen, vielen Punkten etwas mit Qualität zu tun und – ich sage es ganz bewußt – stets auch etwas mit Leistung. Es gehört zu den Infamitäten unseres täglichen Geschäfts, daß dort, wo man um literarische Leistung ringt, wo man um die

Qualität der Literatur besorgt ist, rasch politische Boshaftigkeit hineingeheimnist wird. Das ist ein absurder Vorgang. Es sollte sich von selbst verstehen, daß beide, Autor und Verleger, in jeder Minute alles dem Leser schuldig sind.

Rainer Kerndl
Danke, Elmar Faber. Das Wort hat Heinz Czechowski.

Heinz Czechowski
Ich möchte, weil wir hier von Literatur und Wirkung sprechen, die Finalstation unserer Bücher, nämlich den Buchhandel, wenigstens einmal erwähnen. Mir scheint es an keine andere Stelle besser zu passen als an diese, nachdem Elmar Faber gesprochen hat. Vielleicht wird es einige der hier anwesenden Autoren, deren Bücher aus diesen oder jenen Gründen Bestseller sind und sich sozusagen automatisch verkaufen, nicht so betreffen wie andere unter uns, die zum Beispiel Lyriker sind: Die Lage in unserem Buchhandel – ich sage es ganz abgekürzt, und das mag Ungerechtigkeiten einschließen – ist, zumindest in der Stadt Leipzig, die ich übersehen kann, katastrophal. Ich sage das so kurz, weil ich sonst eine halbe Stunde reden müßte.
Ich glaube, es ist an diesem Ort und zu dieser Minute des Kongresses wichtig, an die hier anwesenden Verleger und natürlich auch an den Verband zu appellieren, daß bald etwas geschieht, daß der Verband und die Verleger mit dem Buchhandel ernstlich darüber reden, *wie* Bücher verkauft werden.

Rainer Kerndl
Wir nehmen auch das ins Protokoll. Ich bitte jetzt Rudi Strahl, nach ihm spricht Werner Creutziger, danach Hermann Kant.

Rudi Strahl
Vielem von dem, was Christoph Hein gesagt hat, stimme ich ganz und gar zu, vor allem seiner Beschreibung der Situation des Theaters, von der auch ich betroffen bin. Es wäre mir aber unbehaglich, im Raum stehen zu lassen, womit ich nicht ein-

verstanden bin oder was ich mindestens graduell anders sehe. Das betrifft zum Beispiel, was Hein in einer logischen – oder in einer scheinlogischen – Folge in bezug auf das Druckgenehmigungsverfahren oder den Zensor geäußert hat. Ich bin frei von dem Verdacht, nicht zu wissen, wovon ich rede: Auch meine Arbeiten sind, mehr als einmal, Opfer von Genehmigungsverfahren geworden. Nur, bei dieser Gleichsetzung von Zensor und Druckgenehmigungsverfahren rücken automatisch eine Institution und auch ein Mann in den Mittelpunkt unserer Aufmerksamkeit, Klaus Höpcke und seine Hauptverwaltung, die ich im Laufe mindestens der letzten Jahre mehr als Partner zu sehen bekommen habe in unserem Bemühen, auch schwierige – für die Behörden schwierige – Literatur an den Leser zu bringen. Ich erinnere an die beiden letzten großen Schwierigkeiten, den „Hinze-Kunze-Roman" von Volker Braun und an „Neue Herrlichkeit" von Günter de Bruyn.

Ich muß sagen, ich habe bei der Debatte um die Durchsetzung dieser Bücher für den Druck in Klaus Höpcke – das werden die anderen Freunde im Präsidium bestätigen können – einen Partner entdeckt, mit dem sich reden läßt. Mir scheint, ein Wort wie Zensor ist hier nicht am Platze. Wir wissen alle, diese Bücher sind nach Schwierigkeiten zur Welt gekommen. Es wird weitere Bücher geben, die Schwierigkeiten machen, und es wird wieder dazu kommen, daß wir, wie ich sehr hoffe, in ihm einen Partner haben, um Bücher durchzusetzen.

Zu einer anderen Sache, dem Mäzenatentum: Sicher hat, sagen wir, die Kirche im Mittelalter als Mäzen nicht ganz uneigennützig gewirkt. Ich mutmaße, der Staat tut dies ebensowenig. Nur, er befindet sich nicht allein in seinen behördlichen Institutionen in der Situation des Mäzens, sondern delegiert dies auch, zum Beispiel an unseren Verband. Ich sage das mit einigem Stolz, weil ich der Stipendienkommission vorsitze, die eine ganze Menge Geld zu vergeben hat. Mäzen ist womöglich nicht das treffende Wort dafür. Es sind da ein Dutzend Kollegen in sehr kurzen Zeitabständen damit befaßt, über entstehende Literatur nachzudenken und dafür Mittel freizumachen, Mittel, über die der Verband verfügt und die aus dem Kulturfonds kommen, sowie andere Mittel, die in den Bezirken vorhanden sind.

Vielleicht ist weitgehend unbekannt, daß bei uns der Mäzen aus eigener Entscheidung Geld vergeben kann und daß nicht nur der, der solcher Gelder bedarf, einen Antrag stellen kann. Wir haben das Statut der Kommission vor anderthalb Jahren dahingehend geändert, daß auch Kollegen für Kollegen Stipendien beantragen können. Zu unserem Erstaunen wird davon allerdings viel zuwenig Gebrauch gemacht, so daß wir, wie ich jetzt mit Bedauern in den Materialien gelesen habe, in den letzten vier Jahren nur 90 Prozent der uns zur Verfügung stehenden Gesamtsumme ausgeschöpft haben.

Ich appelliere bei dieser Gelegenheit noch einmal an alle Kollegen und an alle Bezirksverbände: Wenn Sie um einen Kollegen wissen, der vielleicht zu scheu ist, selber Stipendium zu beantragen, können Sie es als einzelner oder als Bezirksverband für ihn tun.

Christoph Hein

Ich möchte nur ein Wort zu dem angesprochenen schwerwiegenden Punkt sagen. Ich stimme mit Rudi Strahl völlig überein, daß wir mit Klaus Höpcke als Buchminister vielleicht den fähigsten Mann in dieser Position haben und darüber dankbar und glücklich sein können. Ich füge aber hinzu: In der Rede sprach ich auch von einer Verteidigung des Zensors, weil die Zensur ja den kunstsinnigsten Menschen verkümmern läßt. Das gehörte mit dazu. Und das gilt ganz unabhängig davon, daß ich Klaus Höpcke außerordentlich schätze.

Einen weiteren Punkt verstehe ich nicht. Ich weiß schon, warum ich Zensur gesagt habe, und ich weiß schon, daß das Wort Genehmigungsverfahren an dieser Stelle lieber gehört wird. Ich begreife nur nicht den feinen Unterschied zwischen Genehmigungsverfahren und Zensur. Ihn kann ich nicht nachvollziehen.

Werner Creutziger

„Wer sich der Wirklichkeit entzieht, dem entzieht sich die Sprache", hat Werner Liersch gesagt. Wer sich der Wirklichkeit nicht entzieht, dem entzieht sich die Sprache manchmal auch, oder es drängt sich ihm eine Sprache auf, die für eine kurze Zeit genau die geeignete scheint, auf Dauer aber die ungeeignete ist.

Christoph Hein, dessen Ausführungen ich fast durchweg zustimme, hat am Schluß von einer gewissen Überforderung des Autors gesprochen, die sich dadurch einstellt, daß der Leser in seiner selbstverschuldeten Unmündigkeit meint, der Autor solle vorangehen. Immanuel Kant nennt Aufklärung den Ausgang des Menschen aus selbstverschuldeter Unmündigkeit. Aufklärung, das ist, meine ich, eine gemeinsame Sache von Autor und Leser.

Im ersten Teil des Beitrags von Christoph Hein war die Rede davon, daß die Wirkung der Literatur auf den Leser ein Anzeiger für vieles, für den Zustand der Gesellschaft sei. Ich vermisse hier den Hinweis darauf, daß die Lesefähigkeit eine auch durch den Autor veränderbare Größe ist. Die Lesefähigkeit als eine sehr wichtige Sache, um die man sich zu sorgen hat, war auch Gegenstand eines Aufsatzes von Klaus Höpcke im ND, der vor fast einem Jahr erschienen ist. Mir liegt sehr an der Beachtung dieses Gedankens: daß die Lesefähigkeit durch die Schreibkultur, durch Kultur der literarischen Sprache verändert werden kann, daß in diesem Sinne der Autor Aufklärung betreibt. Unter diesem Gesichtspunkt sind dann solche Fragen wie: Was ist neu und was ist nicht neu in der Schreibweise? – Werner Liersch hat auch davon gesprochen – ziemlich unwichtig. Was ist wichtig an der Schreibweise? Daß die Lesefähigkeit erhalten bleibt.

Hermann Kant

Ich bin mir bis zu diesem Augenblick nicht so ganz sicher, ob es richtig ist, daß ich hier rede. Tue ich es als Inhaber einer bestimmten Funktion, heißt es unvermeidlich: Er muß auch überall reden. Tue ich es nicht, heißt es gegenüber dem Inhaber einer bestimmten Funktion: Jetzt hat's ihm die Sprache verschlagen. Also, ich habe mich entschieden, dem letzten der beiden hier möglichen Gerüchte entgegenzutreten.

Ich räume freilich ein, daß der Vorgabe durch Christoph Hein schon eine gewisse Brisanz innewohnt, und zwar ausdrücklich als Inhaber der gemeinten Funktion. Einen Verband kriegt man nur bewegt, in die richtige Richtung gebracht, dorthin, wo die Interessen seiner Mitglieder sind, wenn die einzelnen Mitglieder dieses Verbandes die entsprechenden Vorgaben leisten. Das heißt ja nicht, daß man nun jedem ihrer Worte zustimmen muß. Ich habe kräftige Einwände gegen so manches Wort.

Aber es heißt zunächst einmal, daß ein Verband nur dann lebt, wenn seine Mitglieder auch das überschießende Wort riskieren und sich vor ihm nicht fürchten. Und ein Verband nun gar, der in der Lage ist, auf die hier ablaufende Weise in Sachlichkeit, Gespanntheit auf das zu hören, was die einzelnen Mitglieder zu sagen wissen, der sollte doch wahrscheinlich in der Lage sein, alles auszuhalten und sich zu bewegen. Also, ich sage ausdrücklich, bei Widerstand in mir und durch mich gegen eine Reihe von Äußerungen von Christoph Hein ...

Zwischenruf
Zum Beispiel?

Herzlichen Dank für die Frage, denn dadurch bin ich legitimiert, etwas zu sagen. Ich nenne gleich ein Beispiel, darf aber zunächst zu Ende bringen: Also, ich bin trotz dieser Einwände sehr dankbar, weil ich glaube, daß eine Leitung, welche auch immer es sein mag, am besten ausgerüstet ist, wenn sie durch ihre Mitglieder scharf prononcierte Vorgaben erhalten hat.

Ich will aber, da nun danach gerufen wurde, Beispiele nennen. Ein paar Nebensachen will ich nur stichwortartig benennen. Wir können vielleicht auf das eine oder andere zurückkommen, wie ich überhaupt meine, daß wir diesen Kongreß in den Versammlungen des Verbandes fortsetzen sollten. Ich glaube, daß manches in seiner Verkürzung einfach zu Mißverständnissen führt. Sie werden, Christoph Hein, im Ernst nicht gern zitiert werden wollen als jemand, der behauptet hat, in der DDR sei das Privateigentum abgeschafft. Das ist zum Beispiel eine Verkürzung. Jeder hier im Raum weiß, was Sie damit meinen, aber das Privateigentum ist nicht abgeschafft worden. Von der Art haben wir einige Dinge. Ich lasse die aber weitgehend weg und wende mich der Hauptsache zu, nach der gefragt wird.

Ein Beispiel, das vielleicht einleuchtend macht, warum man auch beträchtliche Widersprüche anmelden muß gegen das, was Sie gesagt haben: Ich nehme den Komplex Verleger. Elmar Faber hat hier gesprochen, aber er kann sich natürlich nicht gut verwahren gegen Ungerechtigkeit, wo er selber von ihr betroffen ist. Aber dieser Komplex ist von ausgesprochener Ungerechtigkeit und Unklugheit belastet.

Die Ungerechtigkeit besteht darin, daß mit den Verlegern – ich kenne viele Verleger, und also darf ich sagen: *die* Verleger –, nun alle gemeint sein könnten, die Mehrheit von ihnen aber mit dem, was Sie sagten, nicht zureichend beschrieben worden ist. Auch ich kenne, dank der Funktion wiederum und nicht nur dank ihrer, eine Reihe Verleger, ich kenne sie aber vor allem auf eine ganz bestimmte Weise. Ich kenne die Kollegen, die diese Verlage leiten, alle als Leute, die ständig zum Verband kommen, um dessen Rat und Hilfe zu erhalten, nicht um irgendein Buch abwimmeln zu können, sondern nur um Bücher ans Licht zu bringen. Andere Fälle sind mir nicht bekannt.

Da gibt es viele Formen. Es gibt die einfache Form, daß jemand darum bittet, der Verband möge dem Ministerium laut und deutlich mitteilen: Wir sind aber sehr *für* dieses Buch! – Das ist eine sehr einfache Sache und wird häufig gemacht. Dazu haben wir keine weiten Wege zu laufen, der Klaus Höpcke kommt ja zu uns in die Präsidiumssitzungen, da können wir ihm das direkt sagen. Und das tun wir auch.

Es gibt die schon etwas subtilere Form, daß man jemanden aus der Verbandsleitung oder gar die Verbandsleitung selbst um ein Gutachten bittet, daß man einen Autor, der zugleich eine

Funktion im Verband hat, bittet, ein Nachwort zu schreiben, ein Vorwort zu verfassen und dergleichen mehr. Ich will das gar nicht bis in die Verästelung bringen. Auf jeden Fall nähert sich die Verlegerschaft der Autorenschaft, soweit sie in der Verbandsleitung sitzt, als ein Jemand, der Hilfe sucht und Hilfe auch bekommt.

Hilfe gegen wen? könnte jetzt die Frage sein. Es ist ja überhaupt kein Geheimnis, daß sich das Verlagswesen selbstverständlich immer mit anderen Auffassungen, die in anderen Teilen des Staates und der Verwaltung und Leitung dieses Staates zur Literatur da sind, anlegt. Das ist doch ganz klar. Niemand soll jetzt entrüstet sagen: Warum ist denn das so? Es ist auch bei uns so, daß Ökonomen andere Vorstellungen haben von Literatur und dem, was sie soll, daß Landwirte andere Vorstellungen davon haben. Ich will die Skala der Berufsmöglichkeiten hier nicht durchgehen. Und je höher jemand in einer verwaltenden Stelle sitzt und einen Einfluß hat, um so mehr glaubt er zu wissen, wozu Literatur gut sein könne und was in der Literatur nichts zu suchen habe. Daraus lebt doch ein Teil unserer Tätigkeit, daß wir herumlaufen und Leuten, die hervorragende Fachleute auf ihrem Sektor sein mögen, auszureden versuchen, was sie da an merkwürdigen Vorstellungen gegenüber der Literatur haben.

Nein, ich glaube, wenn Sie namentlich machen, wer hier Verleger im Lande ist, wenn Sie anfangen mit dem – wir werden alle älter, also auch er – jetzt leider in Rente gegangenen Hans Marquardt: Das ist doch eine absolute Ungerechtigkeit, dem sozusagen mit dem Verdacht zu kommen, es mangele ihm an Rückgrat. Der Mann hat wirklich Literatur in dieses Land gebracht. Der hat sich, wenn wir „gehen" als – das kennt man ja – „verhindertes Fallen" definieren, in der Tat von möglichem Fall zu möglichem Fall bewegt und hat mit seinem Verlag Literaturgeschichte gemacht, immer riskierend, daß man ihn rausfeuert.

Oder nehmen Sie die Leute von Kiepenheuer, den Roland Links. Was ist in diesem Hause bisher an Büchern erschienen, wo hochmögende Leute gesagt haben: Unmöglich, das kann man nicht, das ist abgetan, das ist erledigt! – Er hat es riskiert.

Natürlich gehört Risiko dazu. Aber in Ihrer Beschreibung fehlt mir gerade die Versicherung, daß diese Kollegen das Risiko auf sich nehmen. Sie haben es angedeutet, aber die Hauptfarbe Ihres Bildes ist, daß das doch recht wankelmütige und mehr nach anderen Dingen schielende Gesellen sind.

Natürlich könnte ich Ihnen jetzt auch Leute nennen, die nun wirklich hin und wieder bewiesen haben, daß sie als Verleger nicht gerade die äußersten Mutskerle sind. Das gibt es selbstverständlich. Ich frage allerdings: Wo sind denn die Autoren, die ausschließlich Mutskerle sind? Im Statistischen verteilt sich das Feigesein auf die Menschheit mit ziemlicher Verläßlichkeit gleichmäßig. Was aber die namentlich zu nennenden Kollegen im Verlagswesen angeht, so sind sie alle darauf aus – ich kenne keine Ausnahme –, das zu machen, was man von ihnen erwartet, nämlich Bücher an Leser zu bringen.

Der letzte Fall war zum Beispiel Aitmatow, „Die Richtstatt". Kräftige Menschen wollten das gar nicht sehen in unserem Buchhandel oder in den Händen unserer Leser. Da haben sich Verleger und der Klaus Höpcke und noch ein paar andere zusammengetan und haben überlegt: Wie macht man das, wie kriegt man das?

Die Geschichte unseres Verlagswesens ist auch eine Geschichte solcher Überlegungen. Jetzt kann jemand, als Gegenargument sozusagen, eine Idealwelt hinstellen und einwenden: „Ja, so ist unsere Welt, aber sie müßt' nicht so sein!" Kann sein, daß sie nicht so sein müßt', aber sie ist wirklich so, und sie ist nur änderbar, verbesserbar, wenn wir es zusammen versuchen.

Elmar Faber hat in seinem Artikel im „Sonntag" ein ziemlich schiefes Bild gewählt, als er die Autoren und die Verleger als „siamesische Zwillinge" beschrieb. Das ist ja bekanntlich ein Phänomen, bei dem nach dem Arzt gerufen wird. Das Bild also traf die Sache nicht, es bezeichnet eine *De*formation. Aber, behaupte ich – und bitte Sie herzlich, daran nichts ändern zu wollen –: Verleger und Schriftsteller sind eine *Formation*.

Günter de Bruyn

Nur ein kurzer Einwurf: Ich glaube, daß Hermann Kant und auch Rudi Strahl hier gegen ein Phantom kämpfen. Christoph Hein hat kein Wort über Personen gesagt. Es geht um die Institutionen, in denen die Leute arbeiten ...

Hermann Kant

„Die Verleger" hat er gesagt.

Günter de Bruyn

... und insofern ist eine Verteidigung von Klaus Höpcke völlig fehl am Platze.

Hermann Kant

Ich verteidige nicht Klaus Höpcke, sondern ich wehre mich gegen dieses pauschale „die Verleger". Die Verleger sind unsere Bundesgenossen.

Rainer Kerndl

Dazu ein Satz von Christoph Hein.

Christoph Hein

Lieber Hermann Kant, ich muß mich offenbar für den schlechten Vortrag meines Vortrages entschuldigen, denn ich bin von Ihnen völlig falsch verstanden worden. Ich habe gesagt, daß unsere Verleger ausreichend Rückgrat haben, daß ich bei jenen von ihnen, die ich kenne – und ich kenne wie Sie eine ganze Reihe –, die Hand dafür ins Feuer lege, daß sie Personen sind, die fähig sind, einen Verlag zu leiten: Es gebe nicht einen von ihnen, der da wackelt. Ich sprach über die „Sitzgelegenheit" der Verleger.

Hermann Kant

Die Stelle habe ich gehört; es war aber nicht die einzige Stelle, die sich auf die Verleger bezog, wie ja Ihr Vortrag überhaupt hervorragend aus Widerspruch produzierenden Widersprüchen besteht.

278

Christoph Hein

Aber, lieber Hermann Kant, bleiben wir bitte mal bei dem einen Punkt. Zeigen Sie mir die Stelle in meinem Vortrag, wo ich auch nur andeutungsweise gesagt habe: der eine oder die Verleger gar taugen nichts. Ich habe behauptet und bin auch der Meinung, daß sie mehr als nur tauglich sind, daß es fähige Männer und Frauen sind, die einen Verlag leiten können, und zwar allein leiten können. Ganz im Gegenteil: Es war eine Verbeugung vor unseren Verlegern. Ich muß zurückweisen, ich hätte gesagt, daß irgendein Verleger oder die Verleger insgesamt nicht genügend Rückgrat haben. Ganz im Gegenteil.

Rainer Kerndl

Ich bin sehr zufrieden mit diesem spontanen Dialog, zu dem auch Roland Links etwas beitragen will, der Leiter der Kiepenheuer-Verlagsgruppe.

Roland Links

Zuerst wenige Worte von einem Betroffenen, und wir sind schnell bei einem neuen Aspekt des Themas. Im Beitrag von Christoph Hein war wirklich manches mißverständlich. Ich finde aber, daß die Situation gar nicht so falsch beschrieben war. Ich finde sogar gut, wie es abgelaufen ist. Denn wir brauchen Klartext. Gleich zu Anfang war von absurden Verdächtigungen die Rede, die nicht sein sollten. Richtig. Das kommt zwischen uns vor. Vom Unterschieben eindeutiger Aussagen war die Rede, die zu unmoralischen Verdächtigungen führen. Richtig. Das kommt vor. Nur, ich kann's genauso von Autoren berichten und kann zum Beispiel, ohne Sie jetzt anklagen zu wollen, Christoph Hein, auch an unsere Gespräche erinnern. Ich fühlte mich selten in meinem Leben so auf dem elektrischen Stuhl wie in Ihrer Wohnung, weil alles, was ich zu sagen versuchte, nicht ankam oder falsch. Wir redeten aneinander vorbei. Ich hatte ein Gutachten von einem Professor, auf das ich mich beziehen mußte, denn allwissend bin ich nicht. Ich habe Germanistik studiert, es ging aber um Zauber, Zauberformeln, Zauberbücher des 18. Jahrhunderts und sollte ein Buch der „Bibliothek des 18. Jahrhunderts" werden. Glaubt jetzt bitte nicht, ich wollte ein persönliches Hick-Hack austragen. Was ich hier zur Sprache bringen will, signalisiert eine ganz bestimmte, auch gesellschaftliche Not.

Ich hatte also das Gutachten eines Theologie-Professors, der mir ganz eindeutig sagte: Links, das können Sie so nicht veröffentlichen, denn da wird gegen eine wissenschaftlich nicht haltbare Definition des Christentums polemisiert. Ich hatte es gelesen, hatte gefunden, daß es gut geschrieben war. Nur, als Nachwort – und ein solches hatte ich nun mal vertraglich bestellt – konnte ich es nicht akzeptieren. Ich versuchte, das meinem Autor zu sagen, aber wir verstanden einander so wenig, als kämen wir von zwei unterschiedlichen Planeten. Er hatte recht, wenn er dauernd sagte: Links, das ist ja alles ganz schön und gut, nur habe ich einen Essay geschrieben. Aber auch ich hatte mit meiner Meinung recht. Daß wir ohne Vermittlung eines Dritten dann doch eine Übereinkunft erzielen konnten, ist tröstlich, ändert aber nichts am demonstrierten Dilemma.

Die Ausnahmesituation, daß es sich nicht um ein Buch, sondern um ein Nachwort handelte, läßt sich durchaus verallgemeinern. Denn es passiert öfters, daß Verleger und Autoren einander nicht verstehen, weil die gesellschaftliche Übereinkunft nicht funktioniert. Am wenigsten scheinen wir von dem zu wissen, worüber wir hier und heute nachdenken wollen: Wirkung.

In Ihrem Interview im „Börsenblatt" haben Sie, Christoph Hein, im Grunde genommen nur gesagt, was Literatur alles *nicht* ist. Sie haben nicht gesagt, was Ihres Erachtens Literatur ist und sein soll. Auch hier, in diesem Raum, scheinen wir uns darüber nicht einig zu sein.

Nun ein Wort zum Buchhandel. Man kann den Buchhandel schulen, ja, gewiß, aber es wird nun einmal mit den Füßen abgerechnet und mit dem Portemonnaie. Ich sagte anfangs: absurde Verdächtigungen. Eine absurde Verdächtigung ist Ihnen in der Tat unterlaufen, wenn Sie sagen: „Der einzige maßgebliche Lektor" sei für unsereinen „der Absatz, die roten Zahlen …"

Zwischenruf von Christoph Hein
Das war eine Stelle, wo ich über den Kapitalismus spreche.

Danke schön. In Ordnung. Ich bleibe aber bei den „Stapeln". Wir subventionieren viel. Stützungen, die wir aufbringen müssen, um viele Bücher, nicht nur Gegenwartsliteratur, mit nicht kostendeckenden Preisen zu bringen, müssen wir wieder hereinholen durch andere Bücher. Denn auch wir müssen gegen die roten Zahlen ankämpfen.

Jeder Verlag hat einen Literaturentwicklungsfonds, mit dessen Hilfe er entstehende Werke fördern kann. Die Entscheidung darüber liegt uneingeschränkt beim Verleger. Ich bin mir – als Verleger – meiner ökonomischen wie meiner politischen Verantwortung bewußt.

Zum Thema „unaufgeklärter Leser" ein historischer Rückblick. 1927 hat die große Absatzkrise zu einer Diskussion geführt, die schließlich sogar in der Akademie der Künste ausgetragen wurde. Wir sollten mal nachlesen, was damals von Heinrich Mann oder Alfred Döblin gesagt wurde.

Mit dem Hinweis auf die Wirkung von Literatur haben sie nämlich eine ernste politische Warnung ausgesprochen: Wenn wir es nicht schaffen, meinten sie sinngemäß, so zu schreiben, daß unsere Leser uns verstehen, werden von anderen gängigere Werke und Parolen geliefert, die wir nicht haben wollten. Und die Faschisten – wie wir heute wissen – haben's getan. Fortschrittliche Schriftsteller, bürgerliche und proletarische, waren damals aus politischer Verantwortung in Sorge um den Leser. Wir sollten heute unsererseits ein Signal aus der gegenwärtigen Situation des immer noch bedrohten Friedens herauslesen. In der Verantwortung für den Leser müssen wir alle uns treffen.

Die Wirkung von Literatur ist dabei der wichtigste Gradmesser. Wir müssen fragen: „Wie wirkt Literatur?" Und: „Wie wirkt Literatur, wenn *wir* sie *nicht* vermitteln?" Hier wurde der Buchhandel kritisiert, gewiß zu Recht. Ich meine aber, daß der Buchhandel weit mehr bewirkt als die heutige Literaturkritik. Was Sie, Christoph Hein, dazu gesagt haben, ist, meine ich, alles in allem sehr wichtig. Aber ich möchte hinzufügen, daß vor allem unsere Literaturkritik die Wirkung von Literatur vernachlässigt hat. In der Regel erfahren wir, daß irgendein Buch das wichtigste etwa vom nördlichen Teil von Südkatalonien ist; eine kurze Inhaltsangabe folgt, und der Wissenschaftler begrüßt die Veröffentlichung. Leider beantwortet er nicht zwei wichtige Fragen: „Brauchen die Leser dieses Buch?" Und: „Wofür brauchen sie es?"

Rainer Kerndl

Danke, Roland Links. Ich kehre nun wieder zur Reihenfolge der bislang Aufgerufenen zurück. Das wäre als erster Klaus Möckel, danach sprechen Walfried Hartinger, Thomas Reschke und Hannes Hüttner.

Klaus Möckel

Ich war eigentlich hierhergekommen, um über meine Erfahrungen mit dem Buch „Hoffnung für Dan" zu sprechen, ohne Zweifel eines der durchaus wirksamen Bücher der letzten fünf Jahre. Und überhaupt wollte ich über die belletristische Behinderten-Literatur in der DDR sprechen, die sich etwa in den letzten zehn Jahren sehr entwickelt und eine große Wirkung erzielt, ja, meines Erachtens europäisches Format erreicht hat. Ich wollte das deshalb tun, weil ich, vielleicht zu Unrecht, befürchtete, daß diese Literatur auf unserem Kongreß sonst – wie schon zu früheren Gelegenheiten – nicht einmal am Rande erwähnt wird.

Des weiteren wollte ich auf diesem Kongreß mit seinem so hohen intellektuellen Niveau nicht versäumen, zu erwähnen, daß es in der DDR sehr wirksame Teile von Literatur gibt, die ebenfalls Gefahr laufen, nicht zur Sprache zu kommen. Ich meine zum Beispiel die phantastische Literatur und die Kriminalliteratur. Auch auf diesem Gebiet sind in den letzten Jahren sehr gute und wirksame Bücher geschrieben worden, sicherlich gleichfalls schwache und solche, die zwar in die Breite gehen, aber keine Tiefenwirkung erzielen. Aber ich meine, man sollte diese Literatur doch zumindest erwähnen. Denn es gibt keine hohe und keine niedere Literatur – es gibt nur eine Fülle von

Literaturkritik für die eine Seite und fast keine Literaturkritik für die andere. Und es gibt ein – sagen wir – Preisverteilungswesen, das die eine Literatur nicht oder kaum berücksichtigt.

Aber ich fühle mich natürlich auch durch den Beitrag von Christoph Hein herausgefordert, etwas zu seinen Ausführungen zu sagen. In vielen Punkten stimme ich mit ihm überein, zum Beispiel in dem, was er über die Konzentration der Verlage dort und hier, über die Presse und über die Dramatik gesagt hat. Widerspruch melde ich dagegen zu dem Punkt Zensor und Zensur an.

Ich will hier nicht etwa Stellung für den Zensor nehmen. Aber ich möchte über den Begriff „Kulturpolitik" sprechen. Ich bin der Auffassung, daß eine Gesellschaft keine Revolution machen kann – und ich gehe immer noch davon aus, daß wir Revolution machen wollen –, wenn sie auf jegliche Kulturpolitik verzichtet. Ich gebrauche da gern folgendes Bild: Ich betrachte die Kultur als eine Kugel und die Kulturpolitik als einen Schlauch. Alle, die an der Kultur mitarbeiten, versuchen, die Kugel in dem Schlauch vorwärtszuschieben, während es bestimmte Kräfte gibt, die diesen Schlauch zusammenpressen. Fällt der Schlauch weg, dann rollt die Kugel irgendwohin. Es gibt dann nur noch *einen* Zensor für die Literatur – die Ökonomie. Ich bin dafür, den Schlauch so weit wie möglich zu machen, hier große Toleranz walten zu lassen, im Sinne der französischen Aufklärung etwa. Daran sollten wir alle mitarbeiten. Aber ich möchte auf diesen Schlauch, auch als Reibungsfläche, eigentlich nicht verzichten.

Walfried Hartinger

Wir alle sind, nach einem längeren Lernprozeß, im Umgang mit Literatur, sozialistischer zuvörderst, reifer geworden. Und wir schleppen noch immer einen Gedankenballast mit uns, der den Zugang zum literarischen Text erschwert; je differenzierter wir unser Kunstverständnis entwickeln, um so mehr stören uns Verengungen im theoretischen Begreifen dessen, was Literatur ausmacht.

Wir begreifen inzwischen, daß man – um mit Lenin zu sprechen – „dem alten, halb Oblomowschen, halb krämerhaften russischen Prinzip: der Schriftsteller schreibt, wie's kommt, der Leser liest, wie's kommt, den Boden unter den Füßen wegziehen muß".

Auch wissen wir längst, daß die zwar nicht propagierte, aber letztlich meist gedachte Losung „So wie wir heute lesen, werden wir morgen arbeiten" der eigentümlichen Wirkung von Literatur gerade entgegenarbeitete. Wir verstehen, daß nicht der Stoff, sondern die Haltung Bedeutung schafft, der Standpunkt den Gehalt bestimmt. Wir beachten heute mehr als früher, daß sich sozialistische Literatur erst im bewußten, in vielen Momenten auch organisierten Umgang mit ihr verwirklicht, daß Literatur langsam wirkt, aber lange, daß sich die besondere sozialistische Qualität unserer Literatur nicht an „Ausweisworten", wie Georg Maurer dies nannte, an Lokalisierungsindizien und Abbildaktualismen erweist.

Und dennoch behaupten sich – meist aus den fünfziger Jahren überkommene – Vorstellungen von der Literatur und ihrer Wirkungsweise zäher als gedacht, konstituieren sie noch häufig die Maßstäbe der Beurteilung, behindern sie den Aufschluß der aktuellen literarischen Produktion. Diese alten Vorstellungen lassen sich offensichtlich darauf zurückführen, daß der literarische Text gewissermaßen auf das Modell der Wissenschaft, auf die Verfahrensweise der Publizistik festgelegt wird, dergestalt, daß über ihn, den literarischen Text also, primär Erkenntnisse zu machen, Handlungsweisen abzuleiten, politisch-ideologische Orientierungen zu übernehmen, Einblicke in beziehungsweise Auskünfte über Gesetzmäßigkeiten des historischen Prozesses zu gewinnen wären.

Literatur aber stellt – es ist heute oft gefragt worden, was sie eigentlich zu leisten hat –, wie mir scheint, ein Medium der Lebensverständigung dar. Geprüft wird in ihr, was Menschen mit ganz unterschiedlichen Bedürfnissen und Interessen, sehr differenzierten Ansprüchen, spezifischen Erwartungen und erfahrenen Verletzungen unter gegebenen Bedingungen erwirken und zu erwirken vermögen. Der Schriftsteller setzt, indem er seine Gestalten in die Auseinandersetzung, in die Kollision führt, sich selbst und den Leser den Spannungen menschlicher Existenz unter jeweiligen Anforderungen aus. Jene Spannungen aber sind weder auf ein – sagen wir – gesellschaftliches Verhältnis, auf eine dem Inhalt eines Werkes ausschließlich eingeschriebene Mitteilung noch überhaupt auf den Text, wie er vorliegt, reduzierbar: sie sind ebenso aus der ästhetischen Formierung wie aus der Kommunikation, in die sich der Leser mit dem Kunstwerk begibt, zu erschließen. Und der Grad der Spannung, in die wir versetzt werden, erwächst aus dem Widerspruch zwischen erfahrener, nicht zu überspringender, also auch zu akzeptierender Existenz des Menschen und dem Anspruch nach – um es mit einem vielzitierten Wort zu sagen – Grenzüberschreitung, nach reicher, einmaliger Entfaltung des Menschen, erwächst aus dem Widerspruch zwischen erfahrener bedrohter und dem Wunsch nach einer befreiten Menschheit.

Diese die Wirkung von Kunst ausmachende komplexe Spannung, die uns der Autor im Ganzen des Werkes als Mitteilung und Kommunikation aufbaut, kann sich genau dann nicht entfalten, wenn Kunst auf das Wissenschaftsmodell und die Verfahren der Publizistik festgelegt wird. Literatur wird – man erlaube mir diese Formulierung – ent-spannt, wenn sie nicht auf ihren synthetisierenden Charakter, sondern auf einzelne herauszupräparierende Erkenntnisse hin gelesen wird.

Brauns „Hinze-Kunze-Roman" ist keine politische Streitschrift, die Texte der sogenannten Frauenliteratur verstehen sich nicht als Traktate der Frauenemanzipation, Heins Roman „Horns Ende" oder Strittmatters „Wundertäter III" sind nicht Lehrbücher, die die Geschichte der fünfziger Jahre aufarbeiten; jene Bücher, die den Lebensgeschichten sozial Gefährdeter oder Erkrankter nachgehen – von ihnen war gerade die Rede –, verstehen sich nicht als Gerichtsprotokolle oder Krankenberichte. Der Schriftsteller kann und will nicht den Politiker, den Gesellschaftswissenschaftler, den Philosophen, den Historiker, den Juristen oder den Psychiater ersetzen. Daß Autoren mitunter in solche Rollen gedrängt werden, will freilich als Indiz dafür genommen werden, daß der öffentliche Austausch über gesellschaftlich bewegende Fragen häufig ausbleibt, die Literatur dann allein als Auskunftsbüro genutzt wird. Mißverständnisse im Umgang mit Kunst, Ärgernisse sind dann kaum auszuschließen. Sie sind auch dann nicht von der Hand zu weisen, wenn der literarische Text zwar als Kunstwerk rezipiert wird, aber schließlich doch mehr oder weniger reinlich zwischen Inhalt und Form geschieden, die Formierung eher als schöner Zierat denn funktionell betrachtet wird. Außerdem wäre es sehr klug, die Autoren zur politischen Publizistik anzuregen, weil dann ihre eigene Literatur von verschiedenen Funktionen entlastet würde.

Es bleibt also in den orientierenden wie vermittelnden Institutionen, also in der kulturpolitischen Tätigkeit im engeren wie im weiteren Sinne, wozu der Literaturunterricht in der Schule, die Literaturkritik, die Arbeit in den Medien gehören, noch viel zu tun, um einen Umgang mit Kunst und Literatur zu entwikkeln, der ihnen gemäß ist und nichts von der komplexen Spannung des Kunstwerkes wegnimmt, die uns in der Ganzheit unserer Existenz und Gesellschaftlichkeit betrifft.

Thomas Reschke

Merkt ihr was? Wir haben einen Schriftstellerkongreß, auf dem diskutiert wird. Es ist lange her, daß wir so etwas hatten.

Was ich sagen wollte, ist ziemlich kurz zu sagen. Ich finde, die Zeit, in der geistige, künstlerische Leistungen dem Verbraucher vorenthalten werden, sollte ein für allemal vorbei sein. Literatur und Wirkung: Wirkung kann Literatur nur haben, wenn sie den Verbraucher erreicht. Die Verleger, hier vielfach angesprochen, sind viel besser, als manche zu glauben scheinen. Ich bin seit mehr als 30 Jahren im Verlagswesen. Ich sehe, daß ich einen Verleger habe – Jürgen Gruner –, der wahrlich ein engagierter und mutiger Verleger ist.

Wir machen unter anderem sowjetische Literatur, und ich kann sagen, daß die sowjetische Literatur bei uns immer sehr verantwortungsvoll verlegt worden ist. Gewiß, einiges an sowjetischen Titeln hätte wegbleiben können, darum wäre es nicht schade gewesen, aber andererseits gibt es schmerzliche Lücken. Und davon will ich einige nennen. Dudinzews Roman „Der Mensch lebt nicht vom Brot allein" wurde uns bis heute vorenthalten, ebenfalls Jewtuschenkos Gedicht „Stalins Erben". Axjonows Roman „Fahrkarte zu den Sternen", wurde bei uns nicht verlegt, und nicht verlegt wurde der Roman „Die Kathedrale" von Oles Gontschar. Dieses letzte Beispiel ist besonders interessant. Es ging dort um die Erhaltung einer Kathedrale, in Kiew, glaube ich, die wegen Baufälligkeit abgerissen werden sollte. Es war aber gerade die Zeit, als in Leipzig eine bedeutende Kirche gesprengt wurde. Und diejenigen, die diesen Roman nicht drucken wollten, sahen offenbar die Vision vor sich, daß nach Erscheinen des Romans die gesamte Leipziger Bevölkerung Barrikaden um die Kirche errichtet, um die Sprengung zu verhindern.

Seit etwa zwei Jahren kommt vorsichtiger Optimismus auf. Ich persönlich spüre das sehr deutlich, nachdem ich Zustände von schlimmster Staatsverdrossenheit erlebt habe. Ein gewisser Optimismus kommt auf, und wir sollten uns darüber freuen und daraus die Zuversicht schöpfen, daß eben die Zeit der Unterdrückung geistiger und künstlerischer Leistungen vorbei ist.

Ganz soweit ist es noch nicht. Das Theaterstück „Der Aufstieg auf den Fudshijama" von Aitmatow brauchte von dem Moment an, wo es fertig übersetzt war, bis zur Premiere 1986 fünfzehn Jahre. Nicht zugelassen wird zur Zeit das Stück „Der Sarkophag" von Wladimir Gubarew, das sich mit den Ereignissen von Tschernobyl beschäftigt. Und vorenthalten wird uns der Film – nicht „Die Reue", sondern: „Die Buße" – die Übersetzung ist richtiger – von Tengis Abuladse. Statt dessen wurde uns in der Zeitung das Machwerk dieses H. Wessel vorgesetzt. Ich empfand seinen Artikel als einen brutalen Fußtritt gegen den zaghaft aufkommenden Optimismus. Ähnlich wirkte der Aufsatz von Wolfgang Harich in „Sinn und Form". Ich finde, die Zeit für so etwas ist vorbei, das sollte es nicht mehr geben. Und wir sollten die Möglichkeit haben, auch über diesen Film zu diskutieren.

Hannes Hüttner

Da wir hier von Wirkung reden, sollten wir auch vom Leser sprechen. Normalerweise denkt der Autor nicht an diesen Unbekannten, für den er letzten Endes schreibt. Aber er setzt ihn voraus. Er glaubt in seinem optimistischen Verhältnis zur Welt daran, daß es immer genug Leser gäbe. Mit solch einer Formel wie der vom „Leseland DDR" reden wir uns das sogar ein. Wir vertrauen darauf, daß bei uns die Einwohner mit Lesebedürfnissen zur Welt kommen. Natürlich ist das falsch. Es wird bei uns viel gelesen, aber letzten Endes zählt auch in diesem Land nur ein kleiner Teil der Einwohner zu den literarisch motivierten Lesern, denen, die auf Bücher begierig sind. Es ist also wichtig, Leser-Reserven zu erschließen.

Ich nenne zwei Möglichkeiten. Die erste ist die verbesserte Ausbildung von Lesern in der Schule. Es hat bei uns eine Überarbeitung der Lehrpläne „Deutsche Literatur" gegeben, die seit diesem Jahr abgeschlossen ist. Der Kanon an Büchern, der Empfehlungsfundus, wurde erweitert und aktualisiert. Der Lehrer kann den eigenen und den Geschmack seiner Klasse stärker berücksichtigen. Was sich aber kaum geändert hat, ist die Tatsache, daß die Schule Literatur in erster Linie als Lehrstoff behandelt. Bestimmte Aspekte werden hervorgehoben, andere werden vernachlässigt. Hervorgehoben wird der inhaltliche Aspekt, die soziale Aussage, die historische Bedeutsamkeit, vernachlässigt werden der hedonistische Aspekt, die anregende, beflügelnde, spielerische Seite der Literatur, ihr ästhetischer Aspekt bei der Wirklichkeitsaneignung. Lesen wird zu sehr als sachbezogene Kulturtechnik gelehrt, während die Aneignung von Literatur durch vergnügliches Lesen in der Schule nicht erlernt wird. Der Lehrer ist darauf auch nicht vorbereitet, er ist unsicher, was Wesen und Funktion von Literatur anbetrifft, es gibt zu wenig Freiraum für individuelle Textinterpretation durch die Schüler.

Das beste Indiz dafür ist die völlige Trennung des Unterrichtslesens von der Freizeitlektüre der Kinder. Zwischen beiden gibt es keine Verbindung. In den Lehrplänen sind vier oder fünf Stunden *im Schuljahr* für die Beschäftigung mit außerunterrichtlicher Medienrezeption vorgesehen, werden aber kaum genutzt. Der Lehrer hat keinen Einfluß auf das Leseverhalten seiner Schützlinge nach der Schule. Es genügt ihm, wenn der Schüler zum Stichwort „Kabale und Liebe" antworten kann: Dies ist das erste deutsche Tendenzdrama. Wird das Kunstwerk seziert statt genossen, bleibt es als etwas Ungenießbares im Gedächtnis. Der Weg zur Kunst wird weiter. Auf dieser Basis werden der Trennung von Kunst und Kitsch Wege bereitet. Lesen geht im Jugendalter stark zurück, vor allem dann, wenn es nicht zum eigenständigen Bedürfnis geworden ist.

Nebenbei gesagt: In der Schule wird für meine Begriffe auch die technische Lesefähigkeit nicht genügend gefördert. Unsere Kinder sind nicht dafür gerüstet, schnell und dabei korrekt zu lesen. In Zahlen ausgedrückt: Sie erreichen nach meiner Schätzung nur ein Viertel der möglichen Lesegeschwindigkeit.

Eine zweite Möglichkeit, Leser-Reserven zu erschließen und Literaturwirkung zu verbreitern, sehe ich in einer verbesserten Medienforschung.

Ich bin ein Anhänger des Satzes, daß es prinzipiell keine Medienkonkurrenz geben muß, weil jedes Massenmedium spezifische Bedürfnisse abdeckt. Aber Menschen haben eine bemessene Zeit. Die weisen sie zu. Von einem Jugendlichen wissen wir, daß er pro Tag anderthalb Stunden fernsieht, ebensolang Radio hört und allenfalls eine halbe Stunde liest – als Durchschnitt genommen. Die Lektüre für den Deutschunterricht ist darin eingeschlossen. Wie beeinflussen sich nun Medien gegenseitig? Überträgt sich der vordergründige Aktionismus vieler Fernsehfilme besonders aus den Westkanälen auf den Leser, der den Aspekt des Schönen in der Literatur aus dem Auge verliert und nur noch wissen will: Was geschieht da? Wie verwickelt die Handlung sich, wie geht sie zu Ende? Oder widersteht der literarische Leser und wählt stärker aus?

Ist es so, daß der Bilderschutt, der die Köpfe der Vorschulkinder füllt – und mit dem Begriff meine ich nicht die Qualität der Sendungen insgesamt, sondern die Tatsache, daß mindestens ein Drittel, wenn nicht die Hälfte der Eltern von Vorschulkindern ihnen gestattet, Programme anzuschauen, die die

Kinder nicht verstehen –, daß dieser Schutt die Kinder beeinträchtigt, ihre eigenen Bilder zu denken, wenn es zum Beispiel heißt: Es war einmal ein Mädchen, das hieß Rotkäppchen …? Daß die Fähigkeit des Kindes, sein Buch im eigenen Kopf vorzustellen, zu inszenieren, durch allzu viele Klischees klischiert wird?

Wir haben in diesem Leseland DDR eine nur punktuelle, eine sehr zersplitterte, kaum kooperierende und zum Teil schon wieder abgebaute Leseforschung; von einer Medienforschung ist kaum zu reden. Hier muß sich etwas ändern. Am besten wäre es, wenn der Verbund der Medien selbst eine solche Forschung entwickelte, denn die mir bekannten Institute unseres Landes werden in absehbarer Zeit nicht in der Lage sein, größer angelegte empirische Medienwirkungs- und -interferenzforschung zu betreiben. Das scheint mir nötig, um der Rolle des Buches gerecht zu werden.

Denn die Erfahrungen der Menschheit, auch ihre ästhetischen und emotionalen Erfahrungen, sind in Büchern gespeichert. Das Buch wird seine Gestalt wandeln. Aber wie es auch aussehen mag – tragbarer Schirm, der Speicherdaten wiedergibt, oder abrufbarer Ausdruck vom zentralen Speichersilo –, es wird Buch, portable, stets verfügbare Zeichenmenge bleiben und braucht dazu den Leser, der es entziffert.

Rainer Kerndl

Danke schön. Ich bitte jetzt Harald Hauser, nach ihm sprechen Dieter Mucke und Herbert Otto.

Harald Hauser

Ich meine, daß dieser Kongreß der erste wirkliche Literaturkongreß war, den wir überhaupt hatten. Bis jetzt jedenfalls ist eine solche Fülle an Anregungen und Impulsen gegeben worden, daß man Mühe haben wird, sie voll auszuschöpfen. Ich finde das großartig. Eine kurze Bemerkung zu Renate Feyl: Wenn sie statt „hinter den Kulissen" geschrieben hätte „in Amtsstuben", wäre der Artikel vielleicht gekommen. Ein paar Konzessionen muß man manchmal machen.

Die Einschätzung der Verleger in der Kontroverse zwischen Hermann Kant und unserem Referenten Christoph Hein war sehr aufschlußreich, nicht für die beiden, sondern für das Thema. Ich bin voll einverstanden mit dem, was Kant sagte, und dementsprechend voll einverstanden mit dem, was Hein sagte, denn er hat ja in seiner Zwischenbemerkung noch einmal verdeutlicht, daß hier, was die Verleger angeht, keine Differenzen bestehen.

Womit ich nicht einverstanden bin – er hat aber davon gar nicht gesprochen –, das sind unsere Intendanten. Bei denen ist, anders als bei unseren Verlegern, Feigheit nun wirklich eine gängige Charaktereigenschaft. Es gibt natürlich auch Intendanten, die mutig sind und etwas rausbringen. Aber wenn man keinen DDR-Autor riskieren will, kann man immer aufs „Weiße Rößl" zurückgreifen. Man könnte Dutzende von Stücken sowjetischer Autoren nennen, zum großen Teil auch bei uns gespielt, die, wären sie von DDR-Autoren geschrieben worden, bei uns auf gar keinen Fall herausgekommen wären.

Zwischenruf
Bücher auch!

Bei Büchern kenne ich das nicht so. Sicher kann man da ähnliches finden.

Jetzt kommen wir zum Entscheidenden, zur Frage der Zensur. Ein wichtiger Punkt ist doch der: Wenn wir als Schriftsteller mit unseren Lektoren, mit unseren Dramaturgen und mit unseren Freunden und Kollegen und im Verband die Höhe der Literatur erreichen, die wir eigentlich alle haben wollen, politisch, ideologisch, geistig, literarisch, stilistisch, dann gibt es überhaupt keine Ansätze, gar keine Möglichkeit mehr für Zensur, gleichgültig, wie man sie einschätzt, wie man sie zum Beispiel in einem bestimmten Amt sieht. Ich würde hierauf genau dasselbe antworten, was schon gesagt worden ist: Dieses Amt ist bestimmt nicht *die* Zensur. Aber es gibt natürlich – auch Hermann Kant hat das ja umschrieben gesagt – genügend Leute, die praktisch Zensurfunktionen ausüben zu dürfen glauben.

Und das wird um so mehr zurückgehen, je sicherer wir auf dem Boden dieser Zeit stehen, in der wir leben, dieser Zeit in ihrer ganzen umfassenden Bedeutung. Muß ich noch deutlicher werden? Ich glaube nicht.

Zum Stichwort „Wirkung". Sie ist nicht nur beschränkt auf den Leser, den Zuschauer oder Hörer. Wirkung ist ja zum Beispiel in der Sowjetunion gewesen, daß es Schriftsteller waren, die verhindert haben, daß das Projekt der Umleitung der Flüsse nach dem Süden, das eine Katastrophe gewesen wäre, durchgeführt wurde. Das haben Schriftsteller gemacht. Und daß der Ladogasee und der Baikal rein gehalten werden, das haben Schriftsteller bewirkt, unter anderem Rasputin und viele andere. Gorbatschow hat ihnen dafür gedankt. Ich glaube, daß wir solche Möglichkeiten auch haben. Einige wurden schon genannt.

Es gibt auch direkt vor unseren Augen einiges. Ich greife ein ganz klein wenig zurück: Ursprünglich wollte ich Jura studieren, ich wollte ein Strafvollzugsreformer werden. Wenn ich heute unsere Strafanstalten anschaue – und das habe ich getan –, dann muß ich sagen, hier sind wir noch ungefähr hundert Jahre hinter der Geschichte zurück. Da können wir eigentlich auch etwas tun. Wir haben jetzt eine ganze Menge Leute entlassen. Aber was wird aus denen? Bewährungshelfer gibt es ganz, ganz wenige, und ob sie immer qualifiziert sind, bezweifle ich. Könnten, müßten wir da nicht eingreifen? Die Resozialisierung, die Wiedereingliederung in die Gesellschaft ist doch eine ganz wichtige Aufgabe, nicht nur für einen einzelnen Autor, der darüber schreibt, sondern eigentlich für uns alle.

Noch eine vielleicht provozierende Anmerkung hierzu: Ich meine, daß das Wort „Strafe" überhaupt absurd ist. Strafe? Die Gesellschaft hat das Recht, sich vor Verbrechern zu schützen. Aber bei den meisten Fällen müssen wir uns sagen: Was an Negativem in unserer Gesellschaft geschieht, geschieht doch nicht, weil da irgendwelche seltsamen Leute uns unmotiviert schaden wollen, sondern weil diese Gesellschaft noch nicht imstande ist, alle Verbrechen und Schäden vorbeugend zu verhindern. Müssen wir uns hier nicht verantwortlich fühlen? Das wäre eine der Möglichkeiten, etwas zu tun.

Gestern hat Rosemarie Schuder das Sammeln für ein Kinderwerk an der Grenze zu dem grauenhaften Apartheidstaat angeregt. Heute hat Heinz Kahlau angeregt, einen Brotpfennig zu erheben, um zu helfen, in der Welt den Hunger und die Katastrophen, die wir vor Augen haben, zu verringern. Ich denke an die Fahrräder für Vietnam, für die wir seinerzeit gesammelt haben. Das war die Idee eines Schriftstellers, nämlich von Kurt Stern. Im Endergebnis haben wir nicht nur tausend, sondern dreitausend Räder nach Vietnam senden können, und sie haben, wenn auch nur zu einem minimalen, mosaikartigen Teil, zum Sieg des vietnamesischen Volkes über die amerikanischen Angreifer beigetragen. Wir sollten diese Gedanken von Rosemarie Schuder und von Heinz Kahlau aufnehmen. Bisher ist noch niemand darauf eingegangen. Sicher sind wir einverstanden, aber machen wir es doch bitte.

Diese Art der Wirkung von Literatur – durch die Leser hindurch hinaus in die Gesellschaft – ist, meine ich, eine der wichtigsten überhaupt.

Dieter Mucke

Es ist hier schon viel Kluges gesagt worden, manchmal mehr oder weniger verdünnt, manchmal so pur, daß es einigen offenbar den Atem verschlagen hat. Ja, es ist schon so, daß sich spätestens dann nichts mehr unter den Teppich kehren läßt, wenn nichts mehr unter den Teppich paßt.

Die Diskussionsgrundlage von Christoph Hein habe ich mit als das Brillanteste und Scharfsinnigste empfunden, was ich bisher auf dem Kongreß zu hören bekam. Einen persönlichen Affront gegen den einen oder den anderen Verleger oder gegen den einen oder den anderen Kulturfunktionär habe ich nicht herausgehört. Es war eine haargenaue Situationsanalyse. Man möchte ihr nur mehr Öffentlichkeit wünschen. Und ich frage mich, wenn so ein Artikel wie der von Wolfgang Harich in „Sinn und Form" gedruckt wird, warum kann zum Beispiel diese Diskussionsgrundlage nicht auch publiziert werden?

Ich halte es auch für paradox, wenn wir immer und immer wieder fordern, es müsse alles öffentlicher werden, wir sollten die Leute mehr einbeziehen, zugleich aber über Öffentlichkeit unter Ausschluß der Öffentlichkeit diskutieren. Das ist eine groteske Situation. Und die gilt es, meine ich, zu ändern.

Nun fragt sich also, wie das geändert werden könnte und sollte. Und da kommt man, glaube ich, nicht umhin, Grundfragen der sozialistischen Demokratie zur Debatte zu stellen, nicht nur in der Literatur, sondern auch in der Philosophie und in der Gesellschaftswissenschaft. Es reicht eben nicht aus, daß die Gorbatschow-Reden im ND gedruckt werden, wenn gleichzeitig sehr eigenartige Vergleiche im Raum herumschwirren, die letztendlich zu einer Halbherzigkeit führen, die diese neuen Gedanken, diese neue Schubkraft in der gesellschaftlichen Entwicklung hemmt.

In diesem Zusammenhang noch etwas. Seit vielen Jahren fällt mir auf, daß in unserem gesellschaftlichen Zusammenleben etwas nicht stimmt in bezug auf – betrachten wir es statistisch – bestimmte Bevölkerungsgruppen. Es ist doch so, daß die statistisch größte Bevölkerungsgruppe die der Parteilosen ist. Und ich meine, daß, um unser ganzes gesellschaftliches Leben produktiver zu machen, zukünftig weniger auf die Parteizugehörigkeit geschaut werden müßte, auch wenn es zum Beispiel um Leitungsfunktionen geht, sondern auf Kriterien, die uns allen von Nutzen wären.

Herbert Otto

Ich will mich bei Christoph Hein für diese Einleitung ebenfalls bedanken. Alles, was ich Kritisches dazu zu sagen hätte, ist gesagt, am Ende bleibt mein Dank dafür.

Wir wissen, daß wir auf die Beschaffenheit der Gesellschaft und auf das Urteil über diese Beschaffenheit einwirken. In welchem Maße wir das tun, bleibt umstritten. Die einen sagen, wir bewirken eigentlich nichts, die anderen überschätzen unsere Wirkung. Das wissen wir alle. Der „Werther" hat gewirkt, Schiller mit diesem oder jenem, Büchner, wenn auch zeitversetzt.

Denken anzuzetteln haben wir, wie Hermann Kant gestern sagte.

Eines der schönsten und tiefsten Geheimnisse aber, die unserem Schreiben innewohnen, ist: *Was* bewirken wir in den Gedanken, in den Gefühlen derer, die uns lesen? Oder wie Anna Seghers einmal sagte: Wir ändern womöglich sogar ihre Entschlüsse. Das sind Sternstunden, das geschieht sicher ganz selten. Wenn eines unserer Bücher hunderttausendmal gelesen ist, können wir fast sicher sein: Wir haben hunderttausend verschiedene Bücher geschrieben, denn jeder Leser liest sein Leben mit hinein. Wissen wir aber, in welche Lücken und Räumlichkeiten, die wir ihm bereithalten, der Leser mit Phantasie und mit Urteil hineingeht? Und wieviel liest er womöglich heraus, was wir weder hineingeschrieben noch überhaupt gedacht haben? Unzählige andere, das wissen wir auch, benutzen unsere Texte als Einschlafmittel. Das sind mehr, als man glaubt. Ich sage das wirklich ohne Zorn oder Verstimmung; denn es betrifft ja nicht nur uns, es betrifft Hemingway genauso wie Tolstoi oder García Márquez. Aber zwei, drei gelesene Seiten sind allemal besser als eine Dormutil, das sollte auch der Gesundheitsminister anerkennen.

Zu dem direkten Einfluß auf die Entscheidung eines Lesers. Ich weiß von vier jungen Ehen, die ich mit „Zeit der Störche" verhindert habe, „unüberlegte Eheschließung" nennen die Fachleute das. Und es waren immer die jungen Mädchen, die nach dem Lesen der Geschichte ihren Entschluß noch einmal überdenken wollten.

Zu einem anderen Roman, auch in der NBI abgedruckt, gibt es zwei Stöße von Leserbriefen, dafür und dagegen, beide etwa gleich hoch. Die einen loben die Hauptfigur und ihre Freude am Wagemut, am Risiko, die anderen wittern Anarchie. Einer, ein Arbeiter, schreibt sogar: „Wir brauchen keine komplizierten Menschen." Ein anderer: „Gegen den Verfasser dieser Sudel-Geschichte ist Emile Zola ein Waisenknabe" – das letzte Wort aber mit ei geschrieben. Einer aus Dresden – der die NBI immer an eine Familie im Hause weitergab, die aber eine vierzehnjährige Tochter hatte – schrieb: „Solange dieser Roman abgedruckt wird, werde ich die ‚NBI' nicht weitergeben, sondern in den Ofen stecken."

Aber was wir mehr oder weniger durch Zufall oder durch Leserbrief über das erfahren, was wir bewirken, ist ja weniger als die Spitze des Eisbergs. Was aber ist mit den verborgenen neunundneunzig Hundertsteln?

Ich möchte schon wissen, was ich bewirke. Aber möchte ich mehr wissen oder gar alles wie Fausts Gehilfe? Ich hoffe, daß unsere Gruppe „Literatur und Wirkung" nicht etwa bewirkt, daß jetzt ein wissenschaftliches Team bestellt wird, das da ausrückt, diese Terra incognita wissenschaftlich zu entdecken, zu durchforschen, Schlüsse daraus zu ziehen. Ich wüßte nicht, welche Schlüsse und wozu sie gut sein sollten. Schrieben wir dann etwa anders? Mit weniger Spaß, mit weniger Qual und mehr Verantwortung? Wir sollten dieses Rätsel so lassen, wie es ist, uns mit den Spitzen begnügen, die wir über dem Wasser sehen, und das Geheimnis nicht antasten.

Rainer Kerndl
Danke, Herbert Otto. Das Wort hat Klaus Walther.

Klaus Walther
Zwei Sätze zu Dieter Mucke: Die Möglichkeit zu gesellschaftlichem Engagement ist, denke ich, bei uns für jeden vorhanden. Wir sollten sie allerdings noch besser nutzen.

Ein paar Bemerkungen zur Situation der Literaturkritik; Christoph Hein hat sie im Bild des permanenten Verhältnisses von Hund und Katz doch ein wenig pauschal beschrieben, wiewohl ich das übrigens gar nicht ablehnen würde, weil es auch seine anmutige Seite hat und weil wir ja kein Verhältnis herstellen wollen, in dem wir ständig einer Meinung sind. Festzustellen ist, daß die Kritik bei uns sehr unterschiedlich entwickelt ist und daß beispielsweise das, was an Kritik in unseren Zeitschriften und auch in manchen Zeitungen erscheint, im theoretischen Niveau weitaus besser ist als das, was in der Mehrzahl der Zeitungen erscheint.

Auch an den Zeitungen und unter den Kritikern bemühen sich

immer mehr Leute um die Möglichkeit des aufrechten Ganges und um das, was als Aufgabe vor der Literaturkritik steht, nämlich Literatur in ihrer ästhetischen Eigenart zu vermitteln. Noch besser kann das im Meinungsstreit geschehen. Dazu ist es notwendig, daß wir auch unter uns diese Kultur der Diskussion entwickeln. Kürzlich habe ich mich in einer Zeitschrift kritisch zu einem Autor geäußert, als Ergebnis habe ich aus der Nähe des Wohnorts dieses Autors einen Brief bekommen, in dem mir unterstellt wird, daß ich einer Maffia angehöre, die zur Niedermachung dieses Autors angetreten ist. Das läßt sich vielleicht als „Sizilianische Verteidigung" bezeichnen, aber mit Kultur des Umgangs und des kritischen Gesprächs unter uns hat das, glaube ich, wenig zu tun.

Der Zustand der Literaturkritik in Teilen der Tagespresse ist allerdings vielfach so, daß man schon eine zutreffende Inhaltsbeschreibung mit Freuden liest. Das hängt sicher weniger mit Mut zusammen, sondern eher mit der Qualifizierung des Kritikers und seiner Honorierung: Wenn man einen Kritiker in der Tagespresse nicht besser bezahlt als einen Verfasser von Vorschlägen für Wanderwege im Harz, dann kann man vermutlich auch nicht erwarten, daß da mehr Literaturverständnis vorhanden ist als bei einem Verfasser von Ratschlägen für Wanderwege im Harz. Der Literaturkritiker in der Tagespresse ist – das muß man ganz deutlich sagen – ein Tagelöhner. Auch da muß etwas geändert werden.

Das eigentlich Wichtige aber scheint mir zu sein, daß wir auch von uns aus Bemühungen unternehmen müssen, selbst etwas zu verändern. Wir haben in der Karl-Marx-Städter „Freien Presse" seit zehn Jahren eine Beilage, die vierteljährlich einmal Literatur bringt. Und da gibt es etwas, was es nach Meinung vieler überhaupt nicht geben könnte, nämlich daß Autoren über ihre Kollegen schreiben. Sie tun dies manchmal noch etwas zaghaft, vor allem was kritische Momente angeht, aber sie tun es. Und auch in der Zusammenarbeit mit den Kollegen der Zeitung haben wir etwas von der Kultur des kritischen Umgangs miteinander gelernt. Da gab es Streit, und da gab es auch Beiträge, die nicht gedruckt worden sind. Aber wenn wir nicht selber unternehmen, solche Dinge zu verändern, dann verbleiben wir in einer Haltung, die unserer Zeit und dem, wovon wir gerade gesprochen haben, nicht entspricht.

Rainer Kerndl

Danke, Klaus Walther. – Ich sagte bereits eingangs, daß eine Reihe von Diskussionsmeldungen nicht direkt an mich gingen, sondern schon gestern im Organisationsbüro einliefen. Ich nenne jetzt die Namen derer, die meines Wissens noch sprechen wollen. Wenn das in dem einen oder anderen Fall nicht zutrifft, dann bitte ich das hier zu sagen. Es sind Horst Ulrich Wendler, Jochen Hauser, Joachim Wohlgemuth, Gerhard Branstner, Klaus Udo Szudra und Ralph Grüneberger. Ist dem so? – Bis auf Branstner treffen die Meldungen demnach zu. Dann rufe ich jetzt Horst Ulrich Wendler auf.

Horst Ulrich Wendler

Eines spielt bei diesem Kongreß, der sonst so unerhört interessant ist, bisher keine Rolle, das ist die Wirkung der Massenmedien, die wir gewiß nicht abstreiten können. Dabei haben wir es vielleicht nicht immer mit erstklassiger Literatur zu tun. Die Anforderungen des Fernsehens stellen schon ein Kriterium dar: Zum Beispiel, daß die Sendung nicht schon um 20.15 Uhr wieder abgedreht wird, weil sie in der ersten Viertelstunde den Erwartungen der Zuschauer nicht entsprochen hat.

Allerdings, was als Literatur zu gelten hat und was nicht, ist mir nicht immer klar. Und unsere Zeitungskritik hilft dabei gerade hinsichtlich der Fernsehproduktion überhaupt nicht.

Andererseits dürfen wir nicht vergessen, daß diese Sendungen, anders als bei jedem anderen Medium, zum gleichen Zeitpunkt von Millionen gesehen werden. In der DDR sind es immerhin über zwölf Millionen potentielle Zuschauer. Dazu kommt bestimmt noch einmal eine gleiche Zahl in den Grenzgebieten. Das kann man nicht einfach übergehen. Überdies ist es eine Tatsache, daß diese Fernsehfilme, ob sie nun literarisch bedeutend sind oder nicht, in einer großen Anzahl weit über die halbe Welt verkauft werden, von Mittelamerika bis in den Fernen Osten. Und diese Filme zeigen ja letzten Endes das Leben in der DDR. Sie zeigen Menschen, die bei uns leben. Ob es nun gültig gezeigt wird oder nicht, es ist das Bild der DDR, das Millionen Menschen zu sehen bekommen.

Ich plädiere deswegen dafür, daß dieser Kongreß die Probleme der Autoren mit den Massenmedien nicht einfach übergeht. Und Probleme gibt es genug, nicht nur ökonomische, sondern vor allem auch solche der Zusammenarbeit: daß die Autoren nach allgemeiner Ansicht immer mehr zu Rohstofflieferanten für das Fernsehen werden, also nicht eigentlich dazugehören. Wenn der Kongreß bewirken kann, daß dieser Zustand sich ändert, daß das Fernsehen wie in früheren Zeiten wieder dazu übergeht, mit seinen Autoren kollektiv zusammenzuarbeiten, sie in die Planung und die Strategie seiner Kulturpolitik einzubeziehen, dann wäre das ein großer Gewinn.

Seit Jahren bemühen wir uns im Berliner Dramatik-Aktiv, die Verbindung zum Fernsehen aufrechtzuerhalten, aber Entscheidendes erreichen wir nur mit der Kraft des ganzen Verbandes. Deswegen möchte ich die Aufmerksamkeit des Kongresses, solange er noch tagt, auch auf die Probleme der Autoren lenken, die für die Massenmedien arbeiten.

Jochen Hauser

Wahrscheinlich bin ich ein von Grund auf kranker Mensch. Ich gestehe, daß ich gern Zeitungen und Zeitschriften lese, und ich wage dieses Geständnis auch hier coram publico. Ich rede von DDR-Zeitungen und -Zeitschriften, ich bin ja hier Bürger. Ich mag die Presse, nicht so, wie sie ist, ich mag einfach das Fach Journalismus. Und ich halte eine Zeitung, eine Zeitschrift für etwas, was mir außerordentliche Möglichkeiten bietet. Ich freue mich stets, wenn ein Artikel von mir in der Zeitung erscheint, etwas über Nikaragua oder eine Erzählung von mir. So viele Leser bekomme ich ja sonst nie. Würde Uwe Kant ein Buch über China schreiben, was ich sehr wünsche – eines weiß ich sehr genau: So viele Leser, wie er mit seiner Artikelserie in der „Freien Welt" erreicht hat, würde er nie haben. Darüber sollte man sich eigentlich freuen.

Ich kenne sehr viele Redakteurinnen – es sind ja meist Frauen, diese armen Menschen – und Redakteure in unseren Zeitschriften, die sich etwas einfallen lassen und die, wenn sie sich etwas haben einfallen lassen, leiden, denn ihren Einfall wollen sie auch durchsetzen. Also: Am besten ist, es fällt einem nichts ein, dann kann man keine Fehler machen. Ich finde, daß diese Leute es nicht verdient haben, wenn wir pauschal sagen: Die Presse ist etwas, das wir lieber mit Ironie und Verachtung strafen wollen.

Gerade aus meiner Liebe zur Presse unterbreite ich zwei Vorschläge. Der erste ist leichter zu realisieren, der zweite schwerer.

Der erste Vorschlag: Ich weiß nicht, ob es noch ein anderes Land in der Welt gibt, in dem Zeitschriften erscheinen, die keinen Sinn für Shortstorys, also für Kurzgeschichten haben. Es gibt bei uns nichts, wo ich eine Kurzgeschichte unterbringen kann, es sei denn das „Magazin", da muß sie aber lebhaft amourösen oder kriminalistischen Einschlag haben – und das ist nicht jedermanns Sache. Ich halte das für ein Unding. Ein wichtiges Genre verkümmert. Sollten wir hier nicht Abhilfe schaffen?

Der zweite Vorschlag: Diese zwei Beiträge über den Film „Die Reue", von dem schon ein paarmal die Rede war – ich kann so etwas ja verkraften. Mir tun nur die Verfasser leid. Ich sage: Diese armen Würstchen. Oder ich denke auch was anderes. Ich lese das und sage mir, na gut, es ist nicht deine Meinung, ich rege mich darüber auf, es war eine anregende Lektüre. Dann erwarte ich, daß am nächsten Tag oder in zwei Tagen jemandem die Gelegenheit gegeben wird, zu schreiben: Ich habe den Film anders gesehen, ich bewerte das anders. Und es entstünde – der Konjunktiv ist hier sehr angebracht – etwas, was es in unseren Zeitungen wahrscheinlich überhaupt nicht mehr geben kann, darf, soll, muß: Streit. In unseren Zeitungen wird nicht gestritten, in unseren Zeitungen kommen gewisse Wörter, Wendungen, Begriffe, Themen, über die ich falle, sobald ich nur den Fuß vor die Haustür setze, nicht vor.

In unseren Büchern kommen sie zum Glück vor – und zu unserem Pech. Zum Pech der Buchschreiber hat das Buch schon deshalb einen Vertrauensbonus, weil da etwas vorkommt, was die Leute alle kennen, was sie in unseren Zeitungen aber nicht lesen. Ich meine: Wenn unsere Zeitungen besser werden, haben es die Buchautoren schwerer bei uns und müssen sich mehr anstrengen. Also, ich würde mich ganz gern mehr anstrengen müssen.

Rainer Kerndl
Ich danke Jochen Hauser sehr für seinen mir sehr sympathischen Beitrag und rufe Joachim Wohlgemuth auf.

Joachim Wohlgemuth
Ich kenne diese Schwierigkeiten nicht, die manche Kollegen mit Manuskripten hatten. Müßte ich deshalb ein schlechtes Gewissen haben? Zusammenarbeit mit Verlag und Druckgenehmigungsverfahren liefen ab, wie ich sie mir als Autor vorstelle. Das gebe ich hier gern bekannt.
Nun zum Thema unserer Arbeitsgruppe: Ich bin vor vierzehn Jahren aufs Land gezogen und habe dort ein Lehrlingsheim kennengelernt mit einem Lehrmeister, der die Verhältnisse im Heim so gestaltete, daß sich die Lehrlinge „wie zu Hause fühlen". Solche Ziele sind bei Heimleitern umstritten.
Nach fünf Jahren Partnerschaft mit der Ausbildungsstätte begann ich ein Buch. Die Arbeit dauerte wiederum fünf Jahre. Während dieser zehn Jahre habe ich nicht nur versucht, andere Heime kennenzulernen, sondern auch theoretische Grundlagen, Heimordnung, Hausordnungen und so weiter. Die „Junge Welt" druckte das Buch in Fortsetzungen, was ich als großes Glück empfand. Auflage über eine Million. Wann erhält man für ein Buch so eine Möglichkeit? Nach dreißig Fortsetzungen trafen schon die ersten Beschimpfungen ein. Erfreulicherweise schrieben Leser später auch freundliche Briefe, etwa fünfhundert bis zum Abschluß des Druckes.
Eines Tages besuchte mich ein Leser aus Berlin. Staatssekretariat für Berufsbildung. Er lud mich ein in eine Diskussionsrunde mit dem Staatssekretär. Ein Staatssekretär akzeptierte

mich als Gesprächspartner für seinen Arbeitsbereich! Der Besucher überließ mir ein Dokument, das nannte sich „Entwurf einer Heimordnung für Lehrlingswohnheime" vom 23. Oktober 1984, und sagte, daß man sich um eine neue Heimordnung mit mehr Freiheiten für die Lehrlinge bemühe und der Entwurf von allen Ministern diskutiert werde. Als ich einwandte, daß ich kein Minister sei, sagte er: „Aber wir haben den Eindruck, Sie wissen in Heimen gut Bescheid." In der neuen Heimordnung fand ich später einen wichtigen Gedanken meines Buches wieder: „Die Wohn- und Lebensbedingungen sind so zu gestalten, daß sich die Lehrlinge im Lehrlingswohnheim wohlfühlen." – Auch das zähle ich zur Wirkung von Büchern.

Rainer Kerndl

Selbst wenn wir unsere Zeit etwas überziehen, sollten wir die zwei noch anstehenden Wortmeldungen berücksichtigen. Wir waren so gut, wir sollten es bis zum Schluß sein. Einverstanden? – Dann bitte Klaus Udo Szudra, nach ihm Ralph Grüneberger.

Klaus Udo Szudra

Die Frage nach den Wirkungsmöglichkeiten und Wirkungsabsichten von Literatur stellt sich im Prozeß des Schreibens wohl niemandem so eindringlich und unaufhörlich wie dem literarischen Übersetzer. Anders als bei einer wissenschaftlichen Übersetzung reduziert sich der Vorgang ja hier nicht auf ein technisches Geschehen, das sich bei entsprechender Fachkenntnis oder Routine und durch Inanspruchnahme eines guten Wörterbuches gewissermaßen von selbst erledigt, sondern die vermittelnde Reproduktion der ursprünglichen Werkgestalt bedeutet für den Literaturübersetzer die Bewußtmachung der in seiner Vorlage angelegten und angestrebten Wirkungen, die nur auf dem Wege einer verantwortungsvollen Rezeptionsleistung zu erschließen und demzufolge in die zielsprachliche Fassung zu überführen sind.

In gewisser Weise teilt der Literaturübersetzer das Schicksal jenes Lesers, der mit einem literarischen Werk zum ersten Mal konfrontiert wird. Auch der Übersetzer ist ja im Regelfall der erste Leser oder Rezipient des ihm zur Verpflanzung in die heimische Kulturlandschaft anvertrauten Werkes und seine Arbeit das Produkt einer schöpferischen Auseinandersetzung mit dem betreffenden Werk oder – wie Rita Schober die literarische Übersetzung generell definiert – das in einer anderen Sprache schriftlich fixierte Ergebnis seiner verständigen Lektüre.

Die Verantwortung, die er als Übersetzer für das seinem fachlichen Können und ästhetischen Einfühlungsvermögen anheimgegebene Werk übernimmt, ist also beträchtlich. Er soll ja – wie Werner Creutziger dies einmal ausgedrückt hat – nicht nur Kenntnis von den Dingen geben, nicht nur eine informatorische Dienstleistung erbringen, sondern auf die „bekannte, bewährte Weise der Literatur eine Rezeption möglich machen, in der sich das Werk möglichst genau als das verwirklicht, was der Autor geschaffen hat".

Während also der Schöpfer des Originalwerkes Spielraum in der künstlerischen Organisation seiner Wirkungsabsichten hat, ist der Übersetzer an die Vorgaben eines fertigen Modells gebunden und darf sich als Subjekt in die neue Gestaltgebung nur insofern einbringen, als er im Ergebnis seiner verständigen Lektüre die jeweils zweckdienlichste Variante für die taktische Umsetzung der Wirkungsstrategie des Autors auswählen und mit größtmöglichem Geschick realisieren muß. Die Probleme, die sich hierbei für ihn ergeben, werden bekanntlich um so schwieriger, je älter die Texte sind, die es für die Gegenwart nutzbar zu machen gilt, ganz zu schweigen von den vielfältigen Genres und dichterischen Handschriften, die im Laufe der Jahre seinen Weg kreuzen.

Wer in einem solchen Metier mit Anstand bestehen will, muß sich also außer dem als selbstverständlich vorauszusetzenden handwerklichen Instrumentarium ein gewisses theoretisches Rüstzeug erarbeiten, das es ihm gestattet, sein Amt als künstlerischen Mittler fundiert und schöpferisch wahrzunehmen. Für ihn, den Übersetzer, gilt – mutatis mutandis –, was Robert Weimann 1972 in seinem Buch „Literaturgeschichte und Mythologie" als gesellschaftlichen Auftrag an den marxistischen

Literarhistoriker formuliert hat: Er muß sich den Doppelcharakter des vergangenen Kunstwerkes, die in ihm beschlossene Dialektik von Aktualität und Geschichtlichkeit, von einstigem Bezug und gegenwärtiger Bezüglichkeit bewußtmachen, um dessen überzeitliche Wirkungspotentiale freizulegen und die gewesene Modernität (s)eines Autors davor zu bewahren, zur kaum mehr rezipierbaren Antiquität zu werden.

Damit ist sinngemäß der Kontext umrissen, in den auch der literarische Übersetzer seine Vermittlungstätigkeit zu stellen hat, die sich – grob verkürzt – als möglichst unbeschädigender Transport künstlerisch geprägter Sprachinhalte und in einem übergreifenden Sinne als gestaltende Wiederaufbereitung der in dem fremden Werk jenseits der Grenzen von Ort und Zeit enthaltenen Wirkungen mit dem Anspruch ihrer Eingliederung in die nationale Zielkultur, im Idealfall als deren Amalgam, beschreiben läßt.

Um diesen Effekt zu erreichen, muß er dem eigentlichen Übersetzungsakt einen Prozeß der literarischen Erschließung und Bewertung voranstellen, also die für die ganzheitliche Wirkungsabsicht des Autors entscheidenden Strukturen des Werkes ermitteln und auf dem Wege der Analyse der Einzelkomponenten zu einer synthetisierenden Gesamtschau der „Gestalt" des zu übersetzenden Werkes als eines planvoll organisierten Geflechts von Beziehungszusammenhängen vordringen. An dieser Stelle will ich meine Bemerkungen abschließen, skizziere aber zusammenfassend noch die Kernthese, von der ich ausgehe: daß für die Herstellung der geforderten Äquivalenzbeziehungen zwischen dem Original und seiner Kopie der Wirkungsaspekt, also die vorgestellte Wirkung in einem Prozeß der literarischen Kommunikation zwischen dem Autor und dem Vermittler und dem Leser, das organisierende Zentrum für alle dem Übersetzer abgeforderten Einzelentscheidungen ist, daß er Kompaß, Regulativ, Bestätigungsinstanz ist und daß der Übersetzer ohne ständige Bezugnahme auf die vorgestellte Wirkungsabsicht seines Autors eigentlich gar keine richtigen Entscheidungen treffen kann, sondern in seiner Lesart willkürlich wird.

Ralph Grüneberger

Wenn alle etwas sagen, ist damit immer noch nicht alles gesagt. Deshalb unterbreite ich einen Vorschlag. Ich bin das zweite Mal bei einem Kongreß dabei, und ich fand den IX. recht unspannend. Ich würde mich freuen, wenn diese Höhe, die der Verlauf des Kongresses bisher zeigt, unsere Debatte auch zwischen den Kongressen bestimmen würde. Insofern sollte die Diskussion, die hier begonnen hat, mindestens die Öffentlichkeit der NDL erreichen und dort unter Kollegen weitergeführt werden, auch die Aussprache der anderen Arbeitsgruppen, um auch dort mitlesen, mitdenken und mitreden zu können.

Rainer Kerndl

Danke schön. Allerdings muß ich Ralph Grüneberger wie auch andere Kollegen daran erinnern, daß sie mit Vehemenz Türen einrennen, die offen stehen; denn ich hatte eingangs mitgeteilt, daß wir alles mitschneiden. Wie lange es dauert, bis es gedruckt und herausgegeben wird, das weiß ich nicht, aber es wird vom gesamten Kongreß, das heißt auch von dem, was in den vier Arbeitsgruppen gesagt wurde, ein komplettes Protokoll geben.

Ich danke allen Beteiligten für die disziplinierte und intensive Teilnahme. Wenn wir uns, was gar nicht zu vermeiden ist, manchmal schlangengleich ein wenig vom Thema entfernten, landeten wir doch zum Schluß immer wieder bei „Literatur und Wirkung". Im übrigen meine ich, daß wir so, wie wir debattiert haben, auch weiter im Spiel bleiben sollten, weil mehr als ein Problem benannt wurde, das in der künftigen Arbeit des Verbandes, auch in den einzelnen Bezirksorganisationen, eine Rolle spielen sollte und spielen muß.

Inhalt

sholi · Peter Gosse · Robert Roshdestwenski · Joochen Laabs
Jean Villain · Benedikt Dyrlich · Egon Richter · Helmut
Richter · Karlheinz Steinmüller

Arbeitsgruppe IV: Literatur und Wirkung   224
   Leiter: Rainer Kerndl
   Diskussionsteilnehmer: Christoph Hein (Diskussionsgrund-
   lage) · Dorothea Kleine · Werner Liersch · Frank Weymann
   Renate Feyl · Vera Thies · Heinz Kahlau · Elmar Faber
   Heinz Czechowski · Rudi Strahl · Werner Creutziger · Her-
   mann Kant · Günter de Bruyn · Roland Links · Klaus Möckel
   Walfried Hartinger · Thomas Reschke · Hannes Hüttner ·
   Harald Hauser · Dieter Mucke · Herbert Otto · Klaus Wal-
   ther · Horst Ulrich Wendler · Jochen Hauser · Joachim
   Wohlgemuth · Klaus Udo Szudra · Ralph Grüneberger